谨以此书纪念世界社会主义500年

超越乌托邦

《社会主义从空想到科学的发展》解读与启示

袁秉达 卢肖文 时青昊 卜新兵◎著

上海人民出版社

目 录

绪论 世界社会主义与中国特色社会主义

历史是现实的根源，任何一个国家的今天都来自于昨天。历史是最好的老师，也是最有说服力的教科书。只有了解一个国家从哪里来，才能弄懂这个国家今天怎么会是这样而不是那样，也才能搞清楚这个国家未来会往哪里去和不会往哪里去。世界社会主义历经500年风雨飘摇和战斗洗礼，已然成为人类文明发展势不可挡的时代潮流和必然趋势。党的十八大以来，习近平围绕世界社会主义500年历史进程与中国特色社会主义发表了一系列重要讲话，其实质是返本归真、不忘初心，深刻揭示中国特色社会主义与科学社会主义的历史渊源，为中国特色社会主义正名，雄辩地证明中国特色社会主义就是科学社会主义，揭示了中国特色社会主义道路自信、理论自信、制度自信和文化自信的力量之源。历史就是我们的一切，厘清世界社会主义历史与中国特色社会主义的关系，有助于我们深刻领悟习近平新时代中国特色社会主义思想，全力以赴地实现民族复兴的中国梦。回望历史，展望未来，我们将满怀信心地为人类对更好社会制度的探索提供中国方案。习近平关于世界社会主义500年历史经验的深刻总结与高度概括，给我们打开了思想空间，深化了研究层次，拓阔了实践领域，增强了自信源泉。

一、纵横捭阖：以世界历史大视野回顾和瞻望社会主义大趋势

习近平以世界历史大视野，阐述了世界社会主义500年发展历程，简明生动地展现了世界社会主义发展相继实现的三次历史性飞跃。

1. 社会主义思想从空想到科学的发展

社会主义的第一次历史性飞跃，是从空想到科学的发展，涵盖了第一时间段和第二时间段的发展过程。

第一时段:空想社会主义的产生和发展。以 1516 年英国人托马斯·莫尔的《乌托邦》一书发表为标志,空想社会主义思潮开始萌生和发展。空想社会主义缘起与当时特定的历史条件直接有关,在西欧普遍建立所谓“理性的王国”即资本主义国家后,正义、平等、博爱没有得到真正的实现,于是一些激进的思想家开始对启蒙学者们所提出的各种原则进行了进一步的、更加彻底的发展。从莫尔到欧文等志士仁人,从“乌托邦新岛”的憧憬到“新和谐公社”等试验,空想社会主义在人类文明艰辛探索的道路上留下了一曲动人心魄的空想悲歌。为了使社会主义变为科学,就必须首先把它置于现实的基础之上。

第二时段:马克思和恩格斯创立科学社会主义理论体系。科学社会主义是时代的必然产物。19 世纪 30 年代,资本主义伴随机器大工业时代的到来而快速发展,使它固有的基本矛盾日益暴露。周期性的经济危机爆发引起巨大的社会震荡或社会灾难,为人们认识社会主义必然代替资本主义规律提供了客观依据。马克思、恩格斯在批判地继承了德国古典哲学、英国古典经济学和英、法空想社会主义合理成果的基础上,创立了唯物史观和剩余价值学说,并依靠这两大发现创立了科学社会主义。以 1848 年《共产党宣言》发表为标志,社会主义从空想变为科学。科学社会主义是关于无产阶级解放运动的性质、条件和一般目的及其发展规律的科学,指明了无产阶级彻底解放的正确道路,即通过无产阶级革命,推翻资产阶级统治,用无产阶级专政代替资产阶级专政,建立社会主义社会,并最终实现共产主义目标和方向,它是直接指导无产阶级革命斗争的理论武器,是行动中的马克思主义。

2. 社会主义运动从理论到实践的发展

社会主义的第二次历史性飞跃,是以苏俄为标志的社会主义从理论到实践的发展,涵盖了第三时间段和第四时间段的发展过程。

第三时段:列宁领导十月革命胜利并实践社会主义。19 世纪末 20 世纪初,资本主义从自由竞争阶段进入垄断阶段,世界进入帝国主义与无产阶级革命时代。在俄国,列宁把马克思主义基本原理与时代特征和俄国实际相结合,带领党和人民发动十月革命取得了伟大胜利,世界上第一个社会主义国家宣告诞生,实现了社会主义由理论到实践的历史性飞跃。

第四时段:苏联社会主义模式逐步形成。在俄国十月革命的鼓舞下和苏联的帮助下,二战后世界上先后有十几个国家走上了社会主义道路,建立了社会主义国家,形成了与资本主义世界分庭抗礼的社会主义阵营。在斯大林当政时期,苏联形成了中央高度集权的经济、政治、文化等制度和体制。历史地看,苏联模式虽然取得了巨大的成就,但其弊端也较为明显。正是因为苏联模式的僵化和固化,所以使苏联社会主义制度逐渐丧失了生机和活力。终于导致 1989 年东欧国家先后发生剧变,1991 年苏共解散、苏联解体,使世界社会主义遭受了重大曲折。

3. 社会主义制度从中国特色到多国模式的发展

社会主义的第三次历史性飞跃,是从中国特色社会主义道路的突破,到推进世界社会主义多样化的发展,涵盖了第五时间段和第六时间段的发展过程。

第五时段:1949 年新中国建立以后,我们党对社会主义的探索和实践。以毛泽东为核心的中国共产党人把马克思列宁主义与中国社会主义革命和建设实际相结合,探索社会主义改造道路。1956 年生产资料所有制社会主义改造基本完成,标志着我国成功地实现了从新民主主义到社会主义的伟大转变,实现了近代中国社会最伟大的变革。在社会主义建设初期,由于我们缺乏经验,只能照抄照搬苏联模式,但在实践中,我们党很快地觉察到苏联模式的局限,明确提出"以苏为鉴",探索中国工业化道路。毛泽东发表的《论十大关系》、《关于正确处理人民内部矛盾》等重要讲话,是这一探索的科学理论总结。从总体上看,当时,我们党已经初步触及了中国社会主义建设的一系列基本问题,奠定了社会主义的制度基础、物质基础和理论准备,并积累了宝贵的经验教训。可惜由于历史的局限,这些正确思想没有很好地坚持和发展。及至"文化大革命"期间,由于"左"的严重错误和少数坏人的破坏,出现了"文化大革命"的悲剧。错误往往是正确的先导。人们总是在走了弯路之后,才会深刻反思教训,从中悟出事物的规律。

第六时段:新时期我们党作出进行改革开放的战略抉择、开创和发展中国特色社会主义。1978 年党的十一届三中全会实现了伟大的历史性转折,我国社会发展进入新时期。以邓小平为主要代表的中国共产党人深刻总结历史经验和教训,在毛泽东前期探索的基础上,开辟了中国特色社会主义道路,形成了邓小平理论,把我们党对社会主义的认识提高到了新的水平。其后，江泽民、胡锦涛带领党和人民续写中国特色社会主义大文章，增添了精彩的篇章。“三个代表”重要思想和科学发展观是对邓小平理论的丰富和发展。特别是以习近平同志为核心的党中央，在党的十八大以来提出了“四个全面”战略布局，开拓了中国特色社会主义新境界，创立了习近平新时代中国特色社会主义思想。新中国成立以来，我们这个十几亿人口的发展中大国取得了辉煌成就和宝贵经验，充分证明中国特色社会主义理论体系是指引我们前进的伟大旗帜，中国特色社会主义道路是实现社会主义现代化的正确道路，中国特色社会主义制度是我们的真正优势。

二、追本溯源：中国特色社会主义是科学社会主义的新发展

科学社会主义既是一种学说，也是一种运动，更是一种制度，它们是三位一体有机统一构成的社会主义实现形态。习近平关于世界社会主义 500 年的重要论述，对科学社会主义、世界社会主义和中国特色社会主义的科学阐释，集中体现为坚持中国特色社会主义道路、理论、制度的价值取向和治国理政的新理念新思想新战略。

1. 探究中国特色社会主义的内涵与渊源

习近平在论述世界社会主义 500 年时，沿用了“社会主义”、“空想社会主义”、“科学社会主义”、“主义”、“理论”、“实践”、“道路”、“革命”、“建设”、“事业”、“改革开放”、“制度”、“模式”、“中国特色社会主义共同理想”、“共产主义远大理想”等基本范畴，拓展了科学社会主义的科学内涵和广阔外延。同时，必须指出，中国共产党在演绎中国特色社会主义的过程中，进一步形成和发展了一整套具有时代气息、中国特色、民族气派的中国特色社会主义的重要范畴，如：中国特色社会主义的思想路线、理论精髓；基本理论、基本路线、基本纲领、基本经验、基本原则、基本要求；根本制度、基本制度、具体体制和运行机制；改革、发展和稳定；党内民主和人民民主；依法治国和以德治国；物质文明、政治文明、精神文明、和谐社会和生态文明建设；科学发展、和谐发展、和平发展；小康社会与四个现代化等，极大地拓展了中国特色社会主义内涵和外延。

从习近平使用“中国特色社会主义”术语来看，大致有五方面的基本含义：一是中国特色社会主义是一个科学的理论体系，也是一面光辉的旗帜；二是中国特色社会主义是一条正确的道路，是实现中华民族伟大复兴的必由之路；三是中国特色社会主义是一项伟大的事业，它在实践中不断开拓新境界；四是中国特色社会主义是一种符合中国国情的制度体系，包括中国特色社会主义的根本制度、基本制度、具体制度，以及相应的管理体制和运行机制等；五是中国特色社会主义是一种价值取向，是亿万人民的共同理想，是社会主义核心价值体系的重要组成部分，也是党和人民的共同追求。

习近平从历史与现实相结合的维度论述世界社会主义，有利于我们考证中国特色社会主义与科学社会主义的思想来源、理论渊源和内在逻辑。现在，国内外有些人以为我们搞的不是科学社会主义，是“挂社会主义牌子，走资本主义路子”，搞“中国特色的资本主义”。针对“中国现在搞的究竟是不是社会主义”的质疑和困惑，回应五花八门的误解和曲解。习近平通过对世界社会主义500年发展史的追本溯源，深化了中国特色社会主义的理论渊源，揭示了中国特色社会主义固有的品格特征。他强调：“中国特色社会主义是社会主义而不是其他什么主义”。[1]“中国特色社会主义，既坚持了科学社会主义基本原则，又根据时代条件赋予其鲜明的中国特色。”[2]中国特色社会主义，是科学社会主义理论逻辑和中国社会发展历史逻辑的辩证统一，是植根于中国大地、反映中国人民意愿、适应中国和时代发展进步要求的科学社会主义。

2. 坚守科学社会主义的基本原则

习近平在比较了苏联与中国的社会主义实践探索与发展的经验教训之后，强调指出：“科学社会主义基本原则不能丢，丢了就不是社会主义。”[3]实践证明，坚持科学社会主义基本原则，就是坚持社会主义。2012年，党的十八大提出了新时期坚持和发展中国特色社会主义的“八项基本要求”：必须坚持人民主体地位、必须坚持解放和发展社会生产力、必须坚持推进改革开放、必须坚持维护社会公平正义、必须坚持走共同富裕道路、必须坚持促进社会和谐、必须坚持和平发展、必须坚持党的领导。这八项基本要求，鲜明地指出了中国特色社会主义的发展主体、发展途径、发展动力、价值取向、

---

[1][2][3]《习近平在新进中央委员会的委员、候补委员学习贯彻党的十八大精神研讨班开班式上的重要讲话》，《人民日报》2013年1月6日。

根本原则、社会理念、发展模式与领导核心。集中体现了中国共产党对科学社会主义基本原则的丰富与发展。

3. 展现中国特色社会主义的实践品格

习近平论述世界社会主义500年历史，阐发了“列宁开始了社会主义实践”、“中国共产党对社会主义的探索和实践”等重要内容，他始终从实践的维度来谈论社会主义，体现了把社会主义置于现实基础之上的科学品格。科学社会主义作为行动中的马克思主义，天生具有实践的品格，社会主义在实践中发展和完善。列宁曾经指出：“现在一切都在于实践，现在已经到了这样一个历史关头：理论在变为实践，理论由实践赋予活力，由实践来修正，由实践来检验。”〔1〕“对俄国来说，根据书本争论社会主义的时代也已经过去了，我深信一去不复返了。今天只能根据经验来谈社会主义。”〔2〕列宁揭示了当代社会主义是伴随实践不断发展的伟大事业。

“时代是思想之母，实践是理论之源”。习近平坚持中国特色社会主义的实践品格，强调实践发展永无止境，解放思想永无止境，改革开放也永无止境，停顿和倒退没有出路，改革开放只有进行时、没有完成时。他要求我们“干在实处永无止境，走在前列要谋新篇”。实践发展永无止境，我们认识真理、进行理论创新就永无止境。

生机勃勃的社会主义事业是亿万人民群众自己开创的事业。习近平强调，社会主义是干出来的。正是靠着工人阶级和广大人民埋头苦干、真抓实干的拼搏精神，我们才能实现一个又一个伟大目标，取得一个又一个丰硕成果。展望未来，实现第一个百年奋斗目标胜利在望。他指出，中华民族积蓄的能量太久了，要爆发出来去实现伟大的中国梦。共产党员特别是党员领导干部要做共产主义远大理想和中国特色社会主义共同理想的坚定信仰者和忠实践行者。我们既要坚定走中国特色社会主义道路的信念，也要胸怀共产主义的崇高理想，矢志不移贯彻执行党在社会主义初级阶段的基本路线和基本纲领，做好当前每一项工作。

习近平治国理政的风格和实干精神，集中体现为一个“实”字。其中包括，坚持党的实事求是的思想路线、发扬求真务实的优良作风、提倡实干兴邦的苦干精神、形成老老实实、踏踏实实、扎扎实实、实实在在的风格；提出

〔1〕《列宁全集》第33卷，人民出版社1985年版，第208页。

〔2〕《列宁全集》第34卷，人民出版社1985年版，第466页。

重实际、说实话、办实事、出实招、求实效的要求；明确领导干部谋事要实、创业要实、做人要实；通过改革发展让老百姓得到看得见、摸得着的实惠。坚持和发展中国特色社会主义要有逢山开路、遇河架桥的精神；不断有所发现、有所创造、有所前进，不断推进理论创新、实践创新、制度创新；越是发展中面临的矛盾比较突出，越是要时刻牢记目标；过了一山再登一峰，跨过一沟再越一壑；发扬“钉钉子”精神，敢于啃硬骨头，敢于涉险滩，既勇于冲破思想观念的障碍，又勇于突破利益固化的藩篱等。这种求实、务实、踏实、朴实、严实的作风和气质，正在潜移默化地融入中国特色社会主义的实践之中，成为一种新的风尚。

三、中国方案：彰显中国特色社会主义的世界意义

中国特色社会主义是由道路、理论体系、制度构成的统一整体。党的十八大以来，以习近平同志为核心的党中央把道路问题作为关系党和国家事业兴衰成败第一位的问题，把推进21世纪马克思主义中国化的思想理论建设放到核心地位，把中国特色社会主义制度建设摆在突出位置，充分发挥我国社会主义制度的优越性。习近平强调中国特色社会主义是实践、理论、制度紧密结合的，既把成功的实践上升为理论，又以正确的理论指导新的实践，还把实践中已见成效的方针政策及时上升为党和国家的制度。所以，中国特色社会主义特就特在其道路、理论体系、制度上，特就特在其实现途径、行动指南、根本保障的内在联系上，特就特在这三者统一于中国特色社会主义伟大实践上。三位一体的落脚点是制度，理论创新和实践突破旨在推进制度创新。坚持和完善现有制度，从实际出发及时制定一些新的制度，构建系统完备、科学规范、运行有效的制度体系，使各方面制度更加成熟更加定型，为夺取中国特色社会主义新胜利提供更加有效的制度保障，让科学社会主义在21世纪焕发出新的蓬勃生机。

1. 道路问题是社会主义生死存亡的根本问题

中国特色社会主义是科学社会主义理论逻辑和中国社会发展历史逻辑的辩证统一，是植根于中国大地、反映中国人民意愿、适应中国和时代发展进步要求的科学社会主义，是全面建成小康社会、加快推进社会主义现代

化、实现中华民族伟大复兴的必由之路。

习近平深刻揭示了中国特色社会主义的历史由来与艰辛发展,“它是在改革开放30多年的伟大实践中走出来的,是在中华人民共和国成立60多年的持续探索中走出来的,是在对近代以来170多年中华民族发展历程的深刻总结中走出来的,是在对中华民族5 000多年悠久文明的传承中走出来的,具有深厚的历史渊源和广泛的现实基础”。[1]习近平还侧重于将苏联模式失败的教训与中国特色社会主义道路的成功经验相提并论,进行比较。正当世界社会主义“山穷水尽疑无路”之际,中国特色社会主义“柳暗花明又一村”,预示世界社会主义发展的美好愿景。中国特色社会主义具有深厚的历史渊源、广泛的现实基础、深远的世界意义。

一个国家实行什么样的主义,关键要看这个主义能否解决这个国家面临的历史性课题。历史和现实都告诉我们,只有社会主义才能救中国,只有中国特色社会主义才能发展中国,这是历史的结论、人民的选择。中国决不能犯颠覆性的错误,我们既不走封闭僵化的老路,也不走改旗易帜的邪路,坚定不移走中国特色社会主义人间正道,我们的道路才能越走越宽广。真正做到“千磨万击还坚劲,任尔东西南北风”。我们就是要有这样的道路自信、理论自信、制度自信、文化自信。

2. 科学回答当代中国改革发展与治国理政的基本问题

随着中国特色社会主义道路的不断发展,我们的实践经验越来越丰富,理论创新越来越深刻,制度体系必将越来越成熟,我国社会主义制度的优越性必将进一步显现。在现阶段实现中国梦的两个“百年战略”的进程中,“建设什么样现代化强国、怎样建设和治理中国”的重大基本问题已经摆在全党面前,亟待我们对此作出科学的理论回答和实际应对,为人类探索更好社会制度提供中国方案。

习近平治国理政的顶层设计与社会主义核心价值观的追求,“实质上回答了我们要建设什么样的国家、建设什么样的社会、培育什么样的公民的重大问题”。[2]由习近平提出的民族伟大复兴“中国梦”与两个一百年奋斗目标演化而来的“法治中国”、“平安中国”、“诚信中国”、“和谐中国”、“美丽中

---

〔1〕《习近平在第十二届全国人民代表大会第一次会议上的讲话》,《人民日报》2013年3月18日。

〔2〕习近平:《青年要自觉践行社会主义核心价值观——在北京大学师生座谈会上的讲话》,《人民日报》2014年5月5日。

国”、“健康中国”等目标；逐步形成的科技强国、文化强国、网络强国、航空强国、航天强国、海洋强国、核工业强国等一系列强国战略；以及“富强民主文明和谐”的核心价值观与2049年中国实现社会主义现代化的宏伟目标的高度融合，就是要回答在中国这样经济、文化落后的东方人口大国，究竟要“建设什么样现代化强国”的重要命题已经跃出水面；与此同时，围绕“怎样建设和治理中国”的重大课题的研究探索，也风生水起，全面铺开。党的十八大以来，习近平和党中央提出了“四个全面”战略布局、“五位一体”的建设布局、科学发展的“五大理念”、两个文明都要强等一系列治国理政的新理念、新思想、新战略。21世纪中国治理、中国方案，就是要解决“建设什么样现代化强国、怎样建设和治理中国”的基本问题。我们党对这一重大基本问题的回答，就是21世纪中国特色社会主义发展新的切入点、着力点和生长点。

习近平把全面深化改革与全面依法治国作为“姐妹篇”紧密结合，有机统一、整体推进。我国宪法以国家根本法的形式，确立了中国特色社会主义道路、中国特色社会主义理论体系、中国特色社会主义制度的发展成果，反映了我国各族人民的共同意志和根本利益，成为新时期党和国家的中心工作、基本原则、重大方针、重要政策在国家法制上的最高体现。实质上要使中国特色社会主义走向民主化、制度化、法治化，使国家治理走向现代化。

3. 为人类对更好社会制度的探索提供中国方案

虽然中国古代孔子就有“小康”和“大同”思想，古希腊有柏拉图的《理想国》，反映了人类先祖对理想社会制度的执著追求。但是，社会主义是世界近现代史上出现的替代资本主义制度的一种特定社会思潮。社会主义思想起源于英国人托马斯·莫尔1516年所著的《乌托邦》，该书的全称是《关于最完美的国家制度和乌托邦新岛的既有益又有趣的金书》，从构思到成书、从书名到内容，都凸显了对资本主义制度的批判和否定，体现用社会主义“最完美的国家制度”替代资本主义制度的理想和追求。迄今为止，人们对社会主义崇高理想和美好制度的执著追求已历时500年之久。

空想社会主义诞生以后，在其300多年的发展历程中，始终坚持以社会主义美好制度代替资本主义制度的价值取向。从《乌托邦》、《太阳城》和《伊加利亚旅行记》等引人入胜的文学描绘，到摩莱里的《自然法典或自然法律的真实精神》，草拟一部未来社会实行公有制度的法律草案，再到空想社会主义三大家实施的带有初步“实践性质”的理想社会制度的局部“试验”和社会“示范”,如圣西门对人类未来黄金时代的“实业制度”的憧憬与追求、傅立叶的“法郎吉”与“社会和谐”试验、欧文的“新和谐”共产主义移民区试验、卡贝的伊加利亚共产主义移民区的试验等,都是矛头直指资本主义“制度”问题。可以说,社会主义思潮与生俱来的品格就是以推翻资本主义制度为己任,以实现社会主义、共产主义美好制度为使命。

马克思、恩格斯创立的科学社会主义,不仅在理论与实践的结合上深刻揭示了社会主义制度代替资本主义制度的必然趋势和发展规律,而且科学地预测了社会主义制度代替资本主义制度的实现路径与发展进程。特别是1871年马克思在《法兰西内战》中,用巴黎公社的新经验进一步论证和丰富了无产阶级革命必须首先彻底打碎资产阶级国家机器,实现工人阶级执政的思想。马克思认为,巴黎公社在政治、经济、教育等方面所采取的措施,体现了巴黎公社“实质上是工人阶级的政府,是生产者阶级同占有者阶级斗争的结果,是终于发现的、可以使劳动者在经济上获得解放的政治形式”。马克思、恩格斯晚年提出经济文化落后的俄国,可以在一定条件下“跨越资本主义制度卡夫丁峡谷”的大胆设想。落后国家经过革命胜利以后,在西方无产阶级的帮助下,充分吸收和借鉴现代资本主义文明成果,可以实现社会主义的现代化。其主旨还是围绕社会主义制度代替资本主义制度的历史性命题和发展大趋势,符合人类文明的发展规律。

十月革命取得胜利后的一百年来,社会主义国家开启了在实践中改革完善社会主义制度的新探索。列宁在领导第一个社会主义国家建设的最初阶段,曾经连续五年推行改革,力图完善和巩固新生的社会主义国家制度,形成了比较好的思路,积累了新的经验,也有深刻的教训。在斯大林当政时期,逐步形成了僵化的“苏联模式”。其制度和体制上积弊太深,以及前苏联党和政府在改革中出现的严重失误是导致苏联解体的根本原因。

新中国建立以来,毛泽东带领党和人民从实际出发,建立并不断完善了人民代表大会制度、中国共产党领导的多党合作和政治协商制度、民族区域自治制度以及基层群众自治制度等一整套政治制度。这套制度同时借鉴吸收了人类政治文明的有益成果,既充分尊重和保障个人民主权利,又能形成共同意志、集中力量办大事,充满活力又富有效率。毛泽东奠定了中国社会主义的制度基础,功不可没。但是,由于缺乏经验,我们在探索中也出现过严重的挫折。

在新时期，邓小平分析了“文化大革命”的深刻教训，揭示了党和国家领导制度、干部制度方面存在的官僚主义、权力过分集中、家长制、干部领导职务终身制等主要弊端及其严重危害。为了克服官僚主义现象和肃清封建主义残余，邓小平主张推进党和国家领导制度的改革并不断完善党和国家的领导制度，从制度上保证党和国家政治生活的民主化、经济管理的民主化、整个社会生活的民主化。在改革开放30多年探索的基础上，我们推进社会主义制度自我完善和发展，在经济、政治、文化、社会等各个领域形成一整套相互衔接、相互联系的制度体系。其中包括：人民代表大会制度这一根本政治制度，中国共产党领导的多党合作和政治协商制度、民族区域自治制度以及基层群众自治制度等构成的基本政治制度，中国特色社会主义法律体系，公有制为主体、多种所有制经济共同发展的基本经济制度，按劳分配为主体、多种分配方式并存的分配制度，以及建立在根本政治制度、基本政治制度、基本经济制度基础上的经济体制、政治体制、文化体制、社会体制等各项具体制度。中国特色社会主义制度，是当代中国发展进步的根本制度保障，集中体现了中国特色社会主义的特点和优势。

党的十八大进一步强调“要把制度建设摆在突出位置”。[1]习近平在党的十八大以后发表的关于制度建设的重要论述，具有重要的现实意义与深远的历史意义。习近平和党中央坚持把完善和发展中国特色社会主义制度，推进国家治理体系和治理能力现代化作为全面深化改革的总目标。通过全面深化改革与全面推进依法治国，使各方面制度更加科学、更加完善，实现党、国家、社会各项事务治理制度化、规范化、程序化，并把各方面制度优势转化为管理国家的效能，更好地发挥中国特色社会主义制度的优越性。

习近平指出，中国特色社会主义制度是特色鲜明、富有效率的，但还不是尽善尽美、成熟定型的。中国特色社会主义事业不断发展，中国特色社会主义制度也需要不断完善。他多次引用邓小平1992年在视察南方重要谈话中的名言：“恐怕再有三十年的时间，我们才会在各方面形成一整套更加成熟、更加定型的制度。”[2]其深刻的寓意，就是我们要通过推进全面深化改革、全面依法治国，到2022年使我国社会主义一系列制度体系巩固、完

〔1〕 胡锦涛：《坚定不移沿着中国特色社会主义道路前进　为全面建成小康社会而奋斗》，人民出版社2012年版，第25页。

〔2〕 习近平：《习近平谈治国理政》，外文出版社2014年版，第10页。

善、定型,走向国家治理体系和治理能力的现代化。在经济社会发展、制度改革定型和国家治理现代化方面,提供富有特色、卓有成效的中国方案。

习近平在纪念建党95周年之际,回望历史,展望未来,满怀信心地指出:中国共产党领导中国人民取得的伟大胜利,使具有5 000多年文明历史的中华民族全面迈向现代化,让中华文明在现代化进程中焕发出新的蓬勃生机;使具有500年历史的社会主义主张在世界上人口最多的国家成功开辟出具有高度现实性和可行性的正确道路,让科学社会主义在21世纪焕发出新的蓬勃生机;使具有60多年历史的新中国建设取得举世瞩目的成就,中国这个世界上最大的发展中国家在短短30多年里摆脱贫困并跃升为世界第二大经济体,彻底摆脱被开除球籍的危险,创造了人类社会发展史上惊天动地的发展奇迹,使中华民族焕发出新的蓬勃生机。〔1〕我们要不忘昨天、把握今天、瞻望明天,为共圆中国梦而不懈奋斗。

纵观社会主义发展史,经济文化比较落后的发展中国家,建设社会主义的核心内容,实质上就是实现社会主义的现代化。中国特色社会主义走出一条既不同于西方国家的现代化发展道路,又不同于苏联模式的传统社会主义道路,创造了一种非西方文化传统的文明类型,并且取得了巨大成功。中国特色社会主义所蕴含的核心价值和发展趋势,代表着人类社会的发展方向,日益得到国际社会的广泛认可,预示着世界社会主义的美好图景。

在和平发展时代,中国特色社会主义的制度优势要在更广阔的世界舞台上呈现出自信和优势。习近平要求我们"从世界和平与发展的大义出发,贡献中国智慧、中国方案"。"世界那么大,问题那么多,国际社会期待听到中国声音、看到中国方案,中国不能缺席"。〔2〕"中国共产党人和中国人民完全有信心为人类对更好社会制度的探索提供中国方案"。〔3〕

总而言之,习近平对世界社会主义500年波澜壮阔历史的梳理和概括,以其独特视角揭示了科学社会主义超越乌托邦的划时代意义,涵盖了十月革命近100年来苏联兴亡与中国崛起的艰辛探索历程,对苏联模式与中国特色社会主义进行了国际比较,阐明了中国特色社会主义实质上就是科学社会主义,我党对科学社会主义的坚持和发展、创新和突破,有利于我们更加坚定地开拓21世纪马克思主义新境界。

---

〔1〕〔3〕 习近平:《在庆祝中国共产党成立95周年大会上的讲话》,《人民日报》2016年7月2日。
〔2〕 习近平发表2016年新年贺词,《人民日报》2016年1月1日。

上篇:经典解读

- 科学社会主义的入门之作
- 科学社会主义的思想来源
- 科学社会主义的理论基石
- 科学社会主义的基本原理

第一章
科学社会主义的入门之作

恩格斯的《社会主义从空想到科学的发展》首先发表于 1880 年法国社会主义杂志《社会主义论坛》，后来又以单行本的形式在同年出版，是科学社会主义的经典名著，马克思称之为“科学社会主义的入门”，它在马克思主义发展史上具有独特的地位和意义。《社会主义从空想到科学的发展》系统地介绍了社会主义的来龙去脉、科学社会主义产生与发展的历史过程、科学社会主义的基本原则和主要原理等。该书既通俗易懂，又有严谨的学术性，是“学术化”与“大众化”相结合的光辉典范。

第一节　《社会主义从空想到科学的发展》的写作背景

19 世纪 70 年代，欧洲正经历着急剧变化。欧洲主要资本主义国家的生产力迅猛发展，科学和技术空前繁荣，资本主义正在从自由竞争阶段向垄断阶段过渡，国际工人运动也进入了“集结”力量，“为迎接未来战斗”作准备的时期。时代的变迁和工人阶级斗争迫切需要科学社会主义理论的指导。继《共产党宣言》之后，《资本论》(第一卷)和《反杜林论》等著作的发表，标志着科学社会主义日益成熟。在上述背景下，应无产阶级革命斗争的需要和马克思主义传播的要求，恩格斯在《反杜林论》部分章节的基础上改写成了《社会主义从空想到科学的发展》。

1. 欧洲形势的新变化

1870 年，普法战争爆发。战争对法国和德国，乃至整个欧洲都带来了重要影响。1871 年，法国战败引起了巴黎工人起义，建立了巴黎公社。巴黎公社是人类历史上第一个工人阶级政权。但是，当时公社领导人没有采纳马克思的忠告，犯了两个致命的错误：第一，工人武装没有乘胜追击，彻底消灭梯也尔的反动军队；第二，法国工人阶级没有把巴黎公社的革命成果迅速扩展到全国。结果，反动势力卷土重来，巴黎公社坚持了72天，最终遭到反动军队的残酷镇压。巴黎公社失败后，马克思及时总结了巴黎公社的经验教训，发表了《法兰西内战》。马克思高度评价法国工人阶级的壮举：公社的真正秘密就在于“它实质上是工人阶级的政府”。[1]巴黎公社失败以后，法国乃至整个欧洲工人运动都长期处于低潮。

法国战败，导致法兰西第二帝国垮台和法兰西第三共和国建立。法国和普鲁士签订了投降条约，法国赔款50亿法郎，再加上战争损失，总的经济损失达200亿法郎，致使经济发展投入不足。法国还向德国割让了矿藏丰富的阿尔萨斯和洛林，致使资源匮乏。在加上法国付清赔款之前，德国占领法国北方六省，造成国内市场狭窄。上述因素综合起来，影响了法国在第二次工业革命中的发展，法国在欧洲大陆的霸权地位从此衰落。与此同时，德国则获得了良好的发展机遇。普鲁士打败了法国，从而排除了法国对德国统一的干扰。1871年1月18日，普鲁士国王威廉一世在法国凡尔赛宫正式即位为德意志帝国的皇帝，德意志统一最终完成，德国获得了统一的国内市场；德国从法国攫取的战争赔款和割占的领土，为德国经济发展提供了额外的投资和资源；随之而来的第二次工业革命，使德国获得了跳跃式的发展。普法战争在法德两个大国之间种下了仇恨，也改变了欧洲列强之间的力量格局，德国从此走上了对外扩张的道路，为以后更大规模的战争埋下了伏笔。随着德国经济迅速发展，德国工人阶级队伍日益壮大，新兴的无产阶级需要科学社会主义的理论指导；普法战争之后十年，整个欧洲工人阶级解放运动逐渐走出低潮，特别是法国工人运动再度兴起，也迫切需要马克思主义的指导。

19世纪70年代，科学技术突飞猛进，以电动机和内燃机的发明为主要标志，电力在各个工业部门广泛应用，新交通工具被创制出来，新的通讯手段得到了广泛应用，化学工业逐步建立起来。欧美发达国家第二次工业革命的基本特点如下：

第一，在第一次工业革命时期，技术发明主要由技师来完成；在第二次工业革命时期，专业科研人员则发挥了更加重要的作用，各国纷纷开始建立

〔1〕《马克思恩格斯文集》第3卷，人民出版社2009年版，第158页。

工业研究实验室，把自然学科领域的新发现应用于工业生产，自然科学研究成果成为重要的生产要素。

第二，以电力、石油为主的新型能源替代了旧能源煤炭，与蒸汽机相比，电动机和内燃机更为方便高效，在新型能源和动力机器的基础上，新的规模庞大的工业体系形成了。

第三，重工业在第二次工业革命时期一跃成为社会生产力中最有支配能力的部门，并取代了轻纺工业的主导地位。

在第二次工业革命的推动下，主要资本主义国家的产业结构和规模都发生了改变，必然对社会阶级结构产生影响；相应地，工人阶级队伍的数量和质量都发生了变化，工人阶级的斗争也必然呈现出新特点。

2. 资本主义新发展

第二次工业革命促进了生产力提高，企业组织形式也发生了变化，在原有的股份制的基础上，出现了"托拉斯"和"国家财产"等企业组织形式。资本主义开始从自由竞争向垄断阶段发展。

股份制一定程度上适应了社会化大生产的要求，缓解了资本主义的基本矛盾。建立重工企业往往需要巨额资金，而单个私人资本对此又无能为力。这反映了生产社会化和资本主义私有制之间的矛盾。通过股份制，不同企业之间通过控股和参股进行联合，形成了更大规模的企业。马克思评论说："假如必须等待积累去使某些单个资本增长到能够修铁路的程度，那么恐怕直到今天世界上还没有铁路。但是，集中通过股份公司转瞬之间就把这件事完成了。"〔1〕

随着生产力进一步发展，股份制这种企业组织形式"也嫌不够了"，于是出现了"托拉斯"。恩格斯描述道："国内同一工业部门的大生产者联合为一个'托拉斯'，即一个以调节生产为目的的联盟；他们规定应该生产的总产量，在彼此间分配产量，并且强制实行预先规定的出售价格。"〔2〕

邮政、电报和铁路等产业天然地具有更强的"社会化"要求，即使"托拉斯"也无法满足这种"社会化"的要求，于是出现了"国家财产"。恩格斯说："无论在任何情况下，无论有或者没有托拉斯，资本主义社会的正式代表——国家终究不得不承担起对生产的管理。这种转化为国家财产的必要

〔1〕《马克思恩格斯文集》第5卷，人民出版社2009年版，第724页。
〔2〕《马克思恩格斯文集》第3卷，人民出版社2009年版，第557页。

性首先表现在大规模的交通机构，即邮政、电报和铁路方面。”[1]“国家财产”的实质是国家介入生产，以适应社会化大生产的要求，即“国家资本主义”。

“托拉斯”和“国家财产”是两种垄断组织形式，以此为标志主要资本主义国家开始从自由竞争阶段向垄断阶段过渡。19 世纪末，英国已经从自由资本主义过渡到了垄断资本主义阶段，但其他国家还没有完成这个过程。1894 年，恩格斯说：“如果说英国现在已度过了我所描写的这个资本主义剥削的青年时期，那末其他国家则刚刚踏进这个时期。”[2]到 20 世纪初，英国之外的主要资本主义国家也开始进入垄断阶段。

针对资本主义的新变化，恩格斯晚年做了深度考察，并亲自到美国进行实地调研，在《社会主义从空想到科学的发展》再版时，他及时增加了股份制、托拉斯、国家财产等垄断资本主义新情况、新变化、新发展，体现了马克思主义与时俱进的理论品质。

3. 阶级关系的新调整

19 世纪 70 年代，随着资本主义的发展，工人阶级和资产阶级之间的矛盾有所缓和，主要表现在以下几个方面：

(1) 经济上，贫富分化有所缓和

2014 年，法国经济学家皮凯蒂出版了《21 世纪资本论》一书。在大量数据分析的基础上，皮凯蒂说明：大约从 1870 年开始，主要资本主义国家的贫富分化问题有所缓和，而这个阶段正是自由资本主义向垄断资本主义的过渡阶段。“事实上，今天我们所掌握的所有历史数据表明，直到 19 世纪下半叶——甚至是到最后的 30 年——才出现了工资购买力的显著上升。从 19 世纪第一到第六个十年中，工人的工资一直停滞在非常低的水平——接近、甚至不如 18 世纪及其之前的水平。”[3]但是，“19 世纪后三分之一时期，工资终于开始慢慢增加：工人阶级的购买力显著提升并不断扩大范围，这一现象从根本上改变了当时的社会现状，即使极端不平等依然存在而且在某些层面直至‘一战’前依然有增无减……持久技术进步的可能性以及稳定增长的生产率，这些在一定程度上可以作为平衡私人资本积聚进程的重要因素”。[4]

---

[1] 《马克思恩格斯文集》第 3 卷，人民出版社 2009 年版，第 558 页。
[2] 《马克思恩格斯选集》第 4 卷，人民出版社 2012 年版，第 422 页。
[3] 托马斯·皮凯蒂著：《21 世纪资本论》，巴曙松等译，中信出版社 2014 年版，第 8 页。
[4] 同上书，第 10 页。

恩格斯早在19世纪就敏锐地观察到了工人阶级经济状况的改善。1895年，恩格斯再版了《英国工人阶级状况》，在再版序言中，恩格斯说："当英国工业垄断地位还保存着的时候，英国工人阶级在一定程度上也分沾过这一垄断地位的利益。这些利益在工人阶级中间分配得极不均匀：取得绝大部分的是享有特权的少数，但广大的群众至少有时也能沾到一点。"[1]工人阶级内部开始出现分化，资产阶级在工人中培育了"工人贵族"，这种状况在最为发达英国更加明显。"工人贵族"对工人运动产生了不良影响。恩格斯说："正因为如此，所以从欧文主义灭绝以后，英国再也没有过社会主义了。"[2]所以，恩格斯特别关注科学社会主义的传播和发展，高度重视用科学社会主义教育和武装工人阶级。

（2）政治上，工人阶级获得了一些政治权利

资产阶级革命带来了一项重要成果——议会政治。从19世纪60年代末开始，欧洲各国的工人相继争取到了普选权，可以通过合法的议会斗争，来表达自己的政治诉求。恩格斯指出，在1848年，资产阶级政府对选民还有财产的资格限制，但"1867年和1884年的议会改革已经大大接近于普选权"。[3]工人不再完全依赖"非法"手段进行斗争，而是采取议会政治的"合法"手段。合法斗争促进了工人政治力量的发展。例如，到19世纪末，英国工党已经成为除保守党和自由党之外的第三大政治势力，恩格斯在他的著作里说："几天以前结束的议会选举向两个官方的政党——保守党和自由党——清楚地表明，今后他们对第三个政党即工人政党不能置之不理了。"[4]法国曾被誉为欧洲最民主的国家，19世纪70年代，法国工人阶级也获得了一定的民主权利，工人运动领导人保尔·拉法格已经是里尔市的议员。无产阶级解放条件发生的新变化新机遇，迫切要求恩格斯对无产阶级革命策略的调整和抉择给予宝贵的指导。

（3）工厂内部的劳资关系有所改善

在工厂内部，由于工人的斗争，企业主和工人的关系有所改善。恩格斯说明，随着企业规模扩大，资本主义企业采取了一些有利于工人的措施，包括几个方面：第一，"工厂区内的实物工资制被取消了，通过了十小时工作日

〔1〕〔3〕《马克思恩格斯选集》第4卷，人民出版社2012年版，第426页。
〔2〕同上书，第430页。
〔4〕同上书，第432页。

法案,并且实行了一大串比较小的改良措施”。[1]第二,工会和资本家的矛盾有所缓和,“企业规模越大,雇用的工人越多,每次同工人发生冲突时所遭受的损失和营业困难也就越多。因此,工厂主们,尤其是大的工厂主们,就渐渐感染了一种新的精神。他们学会了避免不必要的纠纷,默认工联的存在和力量,最后甚至发现罢工——发生得适时的罢工——是实现他们自己的目的的有效手段。过去带头同工人阶级作斗争的最大的工厂主们,现在却首先起来呼吁和平和协调了”。[2]第三,工厂主们越来越意识到“没有工人阶级的帮助,资产阶级永远不能取得对国家的完全的社会统治和政治统治。这样,两个阶级之间的相互关系就逐渐改变了。从前让所有工厂主望而生畏的工厂法,现在他们不但自愿地遵守,甚至还容许把它推广到所有工业部门中去”。[3]

4. 马克思主义的新任务

从 19 世纪 70 年代起,随着资本主义向垄断阶段过渡,阶级矛盾有所缓和,这种阶级关系的新变化给工人运动带来了重要影响。工人运动内部出现了两种新的情况:一是马克思主义的真理性迫使它的敌人不得不装扮成马克思主义者,从内部来反对马克思主义;二是垄断资产阶级开始收买工人阶级中的上层分子,培植“工人贵族”做他们的代言人。这种情况使形形色色的资产阶级学说、假社会主义学说盛行,在工人政党和工人群众中助长了机会主义思潮,造成了思想混乱。

在各种思潮中,杜林主义最为凶险。他的理论风靡一时,不仅机会主义者纷纷出来捧场,而且连德国社会民主党的某些领导人也受到迷惑。例如,党的领袖倍倍尔曾经认为杜林的作品可以“为了党的利益介绍出来并加以利用”,为此他还亲自以《新共产主义者》为题在党的中央机关报上发表文章推荐杜林的著作。德国社会民主党领导人威廉·李卜克内西等人看到了问题的严重性,请求恩格斯对杜林主义进行批判,于是恩格斯发表《反杜林论》这部著作,捍卫和发展了马克思主义。19 世纪七八十年代,国际工人运动面临的主要任务,是聚集无产阶级革命力量,迎接未来战斗。这就需要进一步确立马克思主义在工人阶级政党中的指导地位,使其成为各国工人运动的行动指南。同时,广泛传播科学社会主义,有利于教育广大工人群众,帮

[1][2] 《马克思恩格斯选集》第 4 卷,人民出版社 2012 年版,第 420 页。

[3] 同上书,第 426 页。

助他们提高斗争觉悟，明确发展方向。为此，恩格斯应法国工人党创始人之一保尔·拉法格的请求，编写了《社会主义从空想到科学的发展》这本通俗小册子。

恩格斯在《社会主义从空想到科学的发展》1892年英文版导言中说明："这本小册子本来是一本大书的一部分。"〔1〕这本"大书"就是《反杜林论》。1876—1878年期间，恩格斯以《欧根·杜林先生在科学中所实行的变革》为题写了一系列批判文章，从1877年起连续刊登在德国社会民主党机关报《前进报》上，并于1878年夏集印成书，该书被称为《反杜林论》。到1880年，恩格斯把《反杜林论》中的部分内容抽出来，改写成了《社会主义从空想到科学的发展》这本小册子。

(1) 捍卫马克思的理论

恩格斯在1892年序言中说明："大约在1875年，柏林大学非公聘教师欧根·杜林博士突然大叫大嚷地宣布他改信社会主义，不仅向德国公众提出一套详尽的社会主义理论，而且还提出一个改造社会的完备的实际计划。自然，他与他的前辈发生了冲突；首先，他将满腹怒气发泄在马克思身上。"〔2〕

杜林是德国哲学家、经济学家，生于1833年，比马克思小15岁。杜林的父亲是普鲁士王朝的地方官。杜林12岁那年，他父亲去世了，从此家境败落，杜林被送到孤儿院。杜林很勤奋，20岁时考上了柏林大学法律系。大学毕业后，杜林成为柏林高级法院的见习法官。不幸再一次降临在杜林身上，他患了严重的眼病。28岁这一年，杜林已经无法正常工作，退出了法律界；同样是在这一年，杜林拿到了博士学位。杜林娶了一位农民的女儿，依靠妻子安排生活和抄写文稿。就这样，杜林发表了大量作品。后来，杜林被柏林大学聘为讲师，一个私立女子中学也请他任教员。杜林因为批判当时的大学教育，结果柏林大学终止了他的讲师职位，私立女子中学也不再聘任他。

1867年，《资本论》第一卷出版以后，杜林开始在报刊上写文章批判马克思，说"马克思的思想和文体不成样子，语言有下流习气，还带着英国化的虚荣心……"。随后，杜林相继出版了《国民经济学和社会主义批判史》(1871)、《国民经济学和社会经济学教程》(1873)和《哲学教程——严格的科

〔1〕〔2〕《马克思恩格斯选集》第3卷，人民出版社1995年版，第695页。

学世界观和人生观》(1875)等著作,系统地阐述了他的"社会主义"理论,从哲学、政治经济学和社会主义领域向马克思提出了挑战。

杜林的"社会主义"是假社会主义理论。恩格斯指出:"杜林先生正是这种放肆的伪科学的最典型的代表之一,这种伪科学现在在德国到处流行,并把一切淹没在它的高超的胡说的喧嚷声中。"[1]杜林坚持私有制,认为没有私有制就没有自由,消灭私有制只是一种幻想。杜林所谓"改造社会的完备的实践计划",只是主张在小私有制基础上实现联合——为此,他杜撰了一种社会主义模型"经济公社",这和社会化大生产是背道而驰的。

为了捍卫马克思主义,消除各种"伪科学"在工人中的影响,马克思、恩格斯认为,必须对杜林进行彻底的批判,阐明科学社会主义的基本原理。当时,为了保证马克思对《资本论》第二卷和第三卷的修改,恩格斯毅然放下手头的工作,中断了《自然辩证法》的研究和写作,承担了批判杜林著作的艰巨任务。恩格斯不得不把一切工作和写作都搁下来,去收拾无聊的杜林。

(2) 消除杜林学说的恶劣影响

1871 年,巴黎公社被镇压之后,法国工人运动步入了低谷。同时,由于在普法战争中获胜,德国完成了统一,经济快速发展,工人阶级队伍迅速壮大,欧洲工人运动的中心从法国转移到了德国。但德国作为后起国家,其工人运动的理论水平并不高,因此工人比较容易受到各种"非科学"的社会主义流派的影响。这种状况为杜林提供了机会,造成了思想混乱。

爱森那赫派和拉萨尔派的合并加剧了当时的思想混乱。19 世纪 70 年代初,德国存在着两大工人政治组织,它们共同构成了今天德国社会民主党的前身:一个是奥古斯都·倍倍尔和威廉·李卜克内西领导的爱森那赫派,另一个是拉萨尔领导的拉萨尔派。其中,爱森那赫派和马克思、恩格斯的立场更为接近,但远远没有达到科学社会主义的理论水平。《马克思传》的作者梅林这样描述:"两派都还离马克思和恩格斯所创立的那种科学社会主义很远。它们对于历史唯物主义的方法差不多没有任何概念。而它们对于资本主义生产方式之谜也是同样地一窍不通。"[2]德国工人政党"两派"领导人的理论水平很低。例如,爱森那赫派的领导人倍倍尔和李卜克内西自称是马克思主义者,但实际上他们那时候并没有真正掌握马克思主义,对他们

〔1〕《马克思恩格斯文集》第 9 卷,人民出版社 2009 年版,第 9 页。
〔2〕 梅林:《马克思传》,人民出版社 1965 年版,第 630 页。

来说，马克思主义的核心是一本密封的书。

1874年，倍倍尔在狱中看到了杜林的著作，在《人民国家报》上发表文章赞颂杜林："继马克思的《资本论》之后，杜林的最新著作属于经济学领域最新出现的优秀著作之列。"[1]马克思、恩格斯看到倍倍尔的文章，对倍倍尔的错误观点提出了批评。社会民主党的另一主要领导人李卜克内西给恩格斯写信说："你们是否有根据认为，此人是个无赖或暗藏的敌人呢？我了解到的关于他的情况使我深信，他虽然有些糊涂，但十分诚实，并且坚决站在我们一边。"[2]倍倍尔和李卜克内西不仅不去抵制杜林的错误思想，反而支持杜林。这样，杜林在德国社会民主党内拥有了很多信徒，造成了思想混乱。

(3) 维护德国社会民主党的团结统一

1875年，正当杜林的思想在德国工人中造成混乱的时候，适逢爱森那赫派与拉萨尔派合并，爱森那赫派的领导人李卜克内西和倍倍尔向拉萨尔派做了无原则的让步。两个工人政党的合并，虽然壮大了工人政党的力量，但也加剧了德国社会民主党的思想混乱。为此，马克思专门写了《哥达纲领批判》，批评李卜克内西和倍倍尔拿工人政党的原则做交易。

杜林不是德国社会民主党的党员，但他公开在党内纠集了一批人，要另立所谓的"新党"，使德国社会民主党面临着分裂的危险。正是在这种情况下，恩格斯在1892年英文版导言中说："这件事发生时，德国社会党的两派——爱森纳赫派和拉萨尔派——刚刚合并，因而不仅力量大增，而且更重要的是能够全力以赴地对付共同的敌人。德国社会党正在很快成为一股力量。但是，要使它成为一股力量，首先必须使这个刚刚赢得的统一不受危害。可是，杜林博士却公然准备在他周围建立一个宗派，作为未来的独立政党的核心。因此，不管我们是否愿意，我们必须应战，把战斗进行到底。"[3]马克思、恩格斯认为，要挽救德国社会民主党，必须批判杜林。

实践证明，通过对杜林的批判，取得了两个效果：第一，提高了德国党的理论水平，马克思主义在党内广泛传播；第二，使德国党避免了分裂，加强了

〔1〕《研究〈反杜林论〉参考资料》，三联书店1986年版，第41页。

〔2〕原载《威·李卜克内西与卡·马克思和弗·恩格斯通信集》，1963年海牙版，胡文建，梁建华编译；转引自薛俊强：《恩格斯〈社会主义从空想到科学的发展〉研究读本》，中央编译出版社2013年版，第16页。

〔3〕《马克思恩格斯选集》第3卷，人民出版社1995年版，第695页。

团结。由于德国社会民主党成熟起来，并加强了团结，就经受住了后来的考验——1878年5月和6月，德皇威廉一世两次遇刺，俾斯麦政府向国会提出“反社会党人非常法”，规定一切旨在威胁国家根本制度的组织、活动和言论必须予以禁止。德国社会民主党在这样的高压之下挺了过来，逐渐成为世界社会主义运动中最有威望的大党。

《反杜林论》的基本内容包括几个部分：引言介绍了该书出版的历史背景；引论分两章阐述了社会主义怎样从空想变成科学；第一编、第二编和第三编分别从哲学、政治经济学和社会主义领域阐明了马克思主义的发展。这个大部头著作第一次全面、完整、系统地阐述了马克思主义三个组成部分，是马克思主义的百科全书。

《反杜林论》对马克思主义的发展产生了深远的影响。本来，马克思、恩格斯本人并没有将马克思主义分为哲学、政治经济学和科学社会主义三个组成部分。杜林对马克思的学说进行了比较深入的研究，从哲学、经济学和社会主义学说三个方面攻击马克思；恩格斯自然也不得不从这三个方面反驳杜林、阐明马克思的学说。于是，《反杜林论》第一次从哲学、经济学和社会主义三个方面系统地阐明了马克思和恩格斯所创立的学说。沿着恩格斯的思路，列宁首次明确地把马克思主义划分为哲学、经济学和社会主义学这三大组成部分。列宁这个观点见于《马克思主义的三个来源和三个组成部分》一文，发表于布尔什维克在彼得堡公开出版的《启蒙》月刊。列宁的这篇文章发表于1913年3月，为纪念马克思逝世30周年而作。从20世纪20年代起，苏联根据列宁的观点，在各级党校和高等院校分设三门课程。直到今天，中国的党校和高校仍保留着这个传统。

(4)《社会主义从空想到科学的发展》的公开出版

恩格斯在1892年序言中说：“根据我的朋友保尔·拉法格(现在是法国众议院里尔市的议员)的要求，我曾把这本书中的三章编成一本小册子，由他译成法文，于1880年出版，书名为《空想社会主义和科学社会主义》。”[1]

保尔·拉法格，是马克思的二女儿劳拉的丈夫，法国社会党的创始人。1871年巴黎公社失败以后，法国工人运动一度陷入低潮。1879年，法国工人运动开始复兴，这年10月，有觉悟的法国工人在马赛召开社会主义者代表大会，会上决定创建法国社会党。要建党，迫切需要完成两个任务：第一

[1] 《马克思恩格斯文集》第3卷，人民出版社2009年版，第500页。

个任务是制定党纲。由法国社会党的创始人盖德出面，请马克思、恩格斯起草了党纲。第二个任务是传播科学社会主义。当时德国是欧洲工人运动的中心，法国的社会主义者希望了解德国工人运动的理论和实践。据原民主德国学者考证，当时法国《社会主义评论》杂志编辑贝努瓦·马隆找到了保尔·拉法格，请拉法格设法帮助法国社会主义者了解科学社会主义。于是，拉法格请恩格斯写一本宣传科学社会主义的通俗读物，以帮助法国工人提高理论水平。[1]恩格斯认为，比起马克思《资本论》那样厚的著作，小册子的宣传鼓动作用要快得多。于是，恩格斯将《反杜林论》中的三章抽出来，形成了一本小册子；并从形式到内容都做了修改，使其成为一本独立的论著。该书最初的名称是《空想社会主义和科学社会主义》，最终定名为《社会主义从空想到科学的发展》。

这本只有几十页的小册子一发表，就受到各国无产阶级的普遍欢迎。到1892年为止，被译成十几种文字，成为风靡欧洲的畅销书，其影响力甚至超过了《共产党宣言》和《资本论》，在国际共产主义运动中产生了巨大的影响。

第二节 《社会主义从空想到科学的发展》的框架结构

《社会主义从空想到科学的发展》全书由《马克思写的1880年法文版前言》、《1882年德文第一版序言》、《1891年德文第四版序言》、《1892年英文版导言》和正文三章组成。

《前言》、《序言》和《导言》是《社会主义从空想到科学的发展》的重要组成部分，主要介绍了时代背景、写作意图、成书经过、基本内容、主要特点等。1892年英文版《导言》篇幅最长，着重分析了资产阶级怎样从革命走向反动，并揭示唯物主义与宗教、历史唯物主义与历史唯心主义的斗争的阶级实

〔1〕 雷纳特·梅尔克耳：《论恩格斯〈社会主义从空想到科学的发展〉的产生、意义和影响》，《马列主义研院资料》1984年第3期。

质和历史过程，教育无产阶级要用唯物史观和科学社会主义来武装自己，并去推翻资本主义制度。归纳起来说，《1892 年英文版导言》的主要内容有三方面：第一，说明唯物主义与唯心主义、唯物主义与宗教的斗争的历史过程，揭示哲学斗争的阶级实质，阐明了科学社会主义的理论基础——唯物史观；第二，说明科学社会主义在斗争中不断得到传播；第三，社会主义革命要在欧洲取得胜利，需要各国无产阶级的共同努力。

正文共分三章。分别阐述了科学社会主义的思想来源、科学社会主义的理论基石和科学社会主义的基本原理。恩格斯在《社会主义从空想到科学的发展》中，以科学的论证、严谨的逻辑，紧紧抓住社会发展规律这个中心，从三个方面论证了社会主义从空想到科学的发展过程和历史必然性。在两大发现的基础上，批判乌托邦社会主义的空想，继承乌托邦社会主义的理想，创造性地把它发展为科学。〔1〕

1. 空想社会主义是科学社会主义的思想来源

恩格斯提出：现代社会主义绝不是凭空而生的，它的产生既有物质经济根源，又有思想理论来源。恩格斯这里说的"现代社会主义"，指马克思、恩格斯创立的社会主义，即科学社会主义。现代社会主义不是基于空想，它产生的物质经济根源是"两个矛盾"：资产阶级和无产阶级之间的阶级矛盾、企业内部生产的高度组织化和整个社会生产的无政府状态之间的矛盾——这"两个矛盾"是资本主义基本矛盾的表现形式。现代社会主义的思想理论来源是空想社会主义，尽管在马克思、恩格斯创立现代社会主义之前存在着形形色色的"社会主义"流派，其共同思想理论来源都可以追溯到空想社会主义。

在第一章，恩格斯主要论述了三个问题：

(1) 空想社会主义的产生发展

空想社会主义的产生和当时特定的历史状况连在一起，在西欧普遍建立所谓的"理性的王国"即资本主义国家后，正义、平等、博爱没有真正实现。于是一些激进的思想家开始对启蒙学者们所提出的各种原则进行了进一步的、更加彻底的发展。其中圣西门、傅立叶、欧文是三位伟大的代表人物。

---

〔1〕 据高放查证，在《牛津英文辞典》中，乌托邦有"空想"(dream，fantsy)和"理想"(ideal)双重含义。社会主义从乌托邦到科学的发展，表明马克思、恩格斯是批判了乌托邦中的空想，继承了乌托邦中的理想，进而把它发展为科学。《观察与思考》(杭州)2016.9.p.11，转载《世界社会主义运动》2016.5.p.9。

(2) 空想社会主义的积极成果

空想社会主义者揭露和批判了资本主义生产方式及其后果，启发了工人的觉悟；他们对未来社会提出了一系列积极主张和设想，为马克思、恩格斯创立科学社会主义提供了有益思想材料；在他们的社会历史观中，包含着向唯物史观趋进的合理因素，这为马克思、恩格斯创立唯物史观提供了启示。空想社会主义为科学社会主义的诞生作了思想准备，是科学社会主义的直接思想来源。科学社会主义是对空想社会主义批判的继承。

(3) 空想社会主义的历史局限

空想社会主义之所以是空想的，就在于：空想社会主义者用唯心史观观察历史，把理性作为衡量历史的唯一尺度，把社会主义看作是绝对真理和正义的体现，脱离了无产阶级对资产阶级斗争的实际，找不到实现社会主义的依靠力量和实现途径。恩格斯评价说，空想社会主义这种不成熟的理论，是同当时不成熟的资本主义生产状况、不成熟的阶级状况相适应的，因为解决资本主义问题的办法还隐藏在不发达的经济关系中，所以只有从空想社会主义者的头脑中产生出来。[1]针对空想社会主义的局限性，恩格斯得出了一个重要的结论：为了使社会主义从空想变为科学，就必须首先把它置于现实的基础之上。

2. 两个伟大的发现使社会主义从空想变为科学

在第二章，恩格斯阐发了马克思的唯物史观和剩余价值学说的两大发现，使社会主义实现了从空想到科学的历史性飞跃。

(1) 思维方法的变革

恩格斯提出：当我们考察自然界或人类历史或我们自己的精神活动的时候，存在着形而上学的思维方法和辩证思维方法。思维方法决定着我们认识世界的出发点和能力。以往我们找不到对历史的正确评价和改变现实的途径，根源在于思维方式上的缺陷。

(2) 唯物史观的创立

恩格斯提出，唯物主义历史观为科学社会主义的创立提供了世界观和方法论。当人们用唯物辩证法去分析社会历史运动时就会发现，人类的历史除原始社会外，都是阶级斗争的历史，而阶级之间的斗争则根源于物质利益的冲突。社会存在决定社会意识，整个历史运动都是生产力和生产关系

〔1〕《马克思恩格斯文集》第3卷，人民出版社2009年版，第528页。

矛盾运动所决定的自然历史过程。

(3) 剩余价值学说的创立

唯物史观的创立揭示了社会发展的一般规律，马克思运用唯物史观去分析资本主义社会的具体运动过程，创立了剩余价值学说。剩余价值学说揭露了资本家发财致富的秘密就在于对工人剩余劳动的无偿占有，这说明无产阶级和资产阶级的矛盾是对抗性的，这种矛盾只有通过社会变革，推翻资本主义制度才能最终得以解决。唯物史观和剩余价值学说的创立，为科学社会主义奠定了坚实而科学的基础。

3. 科学社会主义的基本原理

第三章是全书的重点，其中心内容是阐明科学社会主义的基本原理。恩格斯运用唯物史观深刻地分析了资本主义社会的基本矛盾的表现和弊端，论证了社会主义代替资本主义的历史必然性，预测了共产主义社会的基本经济特征，阐述了无产阶级伟大历史使命和科学社会主义的根本任务。

(1) 资本主义基本矛盾运动的必然趋势

恩格斯提出：一切社会变革和政治变革的终极原因都应当到生产方式和交换方式即经济关系的变革中去寻找，一切用来解决社会弊端的手段，应当从现存的经济关系的物质事实中发现出来。科学社会主义是资本主义矛盾冲突在工人阶级头脑里的反映。资本主义的基本矛盾是生产的社会化与生产资料私人占有之间的矛盾。这个矛盾表现在两方面：一是工人阶级和资产阶级的对立；二是个别工厂生产的有组织性和整个社会生产的无政府状态之间的对立。资本主义基本矛盾的发展必然导致周期性的经济危机。经济危机使生产力遭到极大破坏，也使无产阶级更加贫困化。这表明资本主义的生产关系已经容纳不下生产力的发展，生产力的社会属性要求解除私人占有对它的束缚，建立适合社会化大生产的社会主义生产关系是历史发展的必然。

(2) 未来社会的基本特征

恩格斯设想：未来新社会应该体现为生产力高度发展；由社会占有全部生产资料；为满足全社会和每个成员的需要而进行有计划的生产；用产品经济代替商品生产；随着生产力迅速发展，人们的生活水平不断提高；一切社会成员的体力和智力获得充分的自由发展和运用。

(3) 无产阶级的历史使命和科学社会主义的任务

恩格斯指出:无产阶级的历史使命,是推翻资本主义和建设共产主义,实现无产阶级以及全人类的解放。科学社会主义是无产阶级解放运动的理论表现,其任务是使无产阶级掌握科学社会主义理论,认识无产阶级解放的性质、条件和目的,无产阶级以科学社会主义为指导实现自己的历史使命。

第三节 《社会主义从空想到科学的发展》的地位意义

《共产党宣言》的公开发表,标志着马克思主义的诞生,社会主义实现了从空想到科学的历史性飞跃。《社会主义从空想到科学的发展》的出版,则标志着科学社会主义创立的历史过程第一次得到完整的总结和叙述,并开创了马克思主义大众化、科学社会主义通俗化的历史先河。《社会主义从空想到科学的发展》在科学社会主义发展史上具有极其重要的地位与意义。

1. "概述社会主义发展史"的经典著作

《社会主义从空想到科学的发展》在世界共产主义运动中产生的影响非常广泛。马克思亲自校阅了此书,并用法文给该书写了出版前言。马克思称赞它说:"在这本小册子中我们摘录了这本书[1]的理论部分中最重要的部分;这一部分可以说是科学社会主义的入门。"[2]列宁称这是一部"概述社会主义发展史"的书[3],它同《共产党宣言》一样,是每个有觉悟的工人必读的书籍。这部著作在恩格斯生前就已经用 14 种文字全文或摘要发表了,总计出版了 57 版。到 1917 年为止,被译成 20 种文字;到 1945 年为止被译成 30 种文字;到 1982 年,它至少被译成了 70 种文字,在世界各地得到传播。

[1] 指恩格斯的《反杜林论》。

[2] 《马克思恩格斯文集》第 3 卷,人民出版社 2009 年版,第 493 页。

[3] 《列宁专题文集〈论马克思主义〉》,人民出版社 2009 年版,第 58 页。

在我国，1912 年 6—9 月在上海出版的《新世界》半月刊上节译和连载了《社会主义从空想到科学的发展》这部著作，译名为《理想社会主义与实践社会主义》，译者是施仁荣。1920 年，李大钊指导下的"马克思学说研究会"把这本书列为阅读书目。这部著作最早的中文全译本，是 1925 年上海《民国日报》副刊《觉悟》连载的柯柏年根据英译本翻译的《空想的及科学的社会主义》。[1]延安时期，该书以"马克思和恩格斯的丛书"之一的形式出版。1945 年党的七大，毛泽东推荐给领导干部重点学习的马克思主义五本书中，就有此书。1949 年 2 月，此书又被定为"干部必读"书目之一。新中国成立之后，此书成为向广大党员干部和群众进行马克思主义教育的基本教材。

《社会主义从空想到科学的发展》之所以有如此重要的地位和广泛的影响，是因为它是马克思、恩格斯思想成熟时期的重要著作，是恩格斯对"科学社会主义"进行的既"学术化"又"大众化"，既"系统化"又"通俗化"总结的经典名著。

2. 科学社会主义的奠基作、代表作、权威作

恩格斯在写作《社会主义从空想到科学的发展》的时候，不到 60 岁，精力旺盛，经验丰富，理论成熟。《社会主义从空想到科学的发展》不仅吸收了《共产党宣言》、《资本论》等经典著作中的重要理论成果，而且直接采集了《反杜林论》"理论部分中最重要的部分"。而《反杜林论》又被誉为马克思主义百科全书。完全可以说，《社会主义从空想到科学的发展》是恩格斯最成熟的科学社会主义的理论著作。因此，赵曜认为，《社会主义从空想到科学的发展》"这本书从发表到现在，始终是科学社会主义的奠基作、代表作、权威作"。[2]

3. 科学社会主义通俗化的巨大成功

《社会主义从空想到科学的发展》既是一部学术性著作，同时也是马克思主义"大众化"的典范。恩格斯这本书的最初目的就是在法国工人中宣传马克思主义。1880 年，由拉法格出面，请恩格斯写一本宣传科学社会主义的读物，以帮助法国工人提高理论水平。由于宣传对象主要是工人群众，所

〔1〕《马克思主义研究参考资料》第 19 卷科学社会主义研究，中央编译出版社 2014 年版，第 105、106 页。

〔2〕赵曜：《科学社会主义的奠基之作——纪念恩格斯的著作〈社会主义从空想到科学的发展〉发表 120 周年》，《科学社会主义》2000 年第 5 期。

以“纯学术性的著作”如何“大众化”的问题应在恩格斯的考虑之中。1880年,《社会主义从空想到科学的发展》在法国出版,获得了巨大的成功。德国工人也产生了出版宣传科学社会主义通俗读物的需求。1882年,在苏黎世的德国社会民主党中央机关报《社会民主党人报》的编辑部感到,在德国社会民主党内也迫切需要出版新的用于宣传的、人人易懂的小册子。当他们把这件事提请恩格斯的时候,恩格斯认为,写得比较简练而又不损害内容并不是件容易的事,但是他还是表示赞同。他表示愿意在去海滨疗养的时候,认真考虑,“尽力而为”。从大雅默斯海滨疗养回来之后,恩格斯开始完成《社会主义从空想到科学的发展》的德文版。对此,恩格斯在1892年英文版导言中回忆说:“这时,苏黎世的《社会民主党人报》编辑部告诉我,在德国社会民主党内普遍感到迫切需要出版新的宣传小册子,问我是否愿意把这三章用于这一目的。我当然同意这样做,并把我的著作交给他们处理。”〔1〕

4.“入门之作”与“学术著作”的完美统一

科学社会主义是工人阶级解放斗争的行动指南,科学理论应该武装工人群众、指导革命实践。因此,学术性与通俗化的统一是科学社会主义的内在要求。恩格斯在这方面做出了初步尝试和杰出贡献。然而,“通俗”是否会降低该书的“学术性”?学术界对此有不同意见。

一种观点认为,《社会主义从空想到科学的发展》是一部“入门”之作、“通俗”之作。例如,在《马克思恩格斯选集》中,关于《社会主义从空想到科学的发展》的注释说:“1880年恩格斯应保·拉法格的请求把《反杜林论》中的三章(《引论》的第1章、第3编的第1章和第2章)改写成为一篇独立的通俗的著作。”在其他关于恩格斯的著作选读、年表中也采取了这一说法。〔2〕把《社会主义从空想到科学的发展》说成是“通俗”的著作,其主要依据是马克思“科学社会主义的入门”的评语,“入门”一词即“通俗”之说的由来。

另一种观点认为,《社会主义从空想到科学的发展》是一部“纯学术性的著作”,把它说成“通俗读物”,不符合马克思、恩格斯对本书的评价。这种观点的依据还是马克思和恩格斯为该书所写的前言和导言。在1880年的法

〔1〕《马克思恩格斯文集》第3卷,人民出版社2009年版,第494页。

〔2〕《马克思恩格斯选集》第3卷,人民出版社1995年版,第850页;《马克思主义经典著作选读》,人民出版社1999年版,第589页;《马克思恩格斯生平事业年表》,人民出版社1976年版,第430页。

文版前言里，马克思说这本书是我们摘录了《反杜林论》里面的“理论部分中的最重要的部分”。[1]“理论部分中的最重要的部分”和理论的“入门”，显然是不一样的——“入门”的汉语含义通常包含“粗浅”、“初级”、“浅层次”的意思。但恩格斯在1892年英文版导言中指出，《反杜林论》“这一著作原来根本不是为了直接在群众中进行宣传而写的。这样一种首先是纯学术性的著作怎样才能适用于直接的宣传呢？在形式和内容上需要作些什么修改呢？”恩格斯解释道：因为在形式方面，主要是使用外国术语的问题，少数可以删去，多数属科学技术术语，德国工人已经习惯了。至于内容，书中对资本主义社会矛盾的分析，对工人来说是容易接受的，因为它是对工人的生活条件本身的概括。如果说，在阅读上有困难的话，那将出现在资产阶级的奴仆中——国会议员和政府官员，对于这些“有教养”的人来说，阅读上的困难是他们的阶级本能产生的，他们总是一再确凿无误地表明他们的惊人的无知以及对社会主义的抵制。即这种由于阶级本能产生的“误解”和“抵制”根本无法用写作方法的变更——例如“通俗化”，加以解决。[2]所以，恩格斯认为，把这部“纯学术性的著作”用来“直接在群众中进行宣传”，还是适用的。

上述两种不同观点同样引证马克思和恩格斯本人关于该著作的前言和导言，是否自相矛盾呢？“入门”著作和“纯学术性的著作”是否可以兼容？“学术性”著作能够“大众化”吗？“大众化”是否会降低“学术性”？这些是颇值得探讨的话题。

这里有必要对“入门”一词的翻译略作说明。“入门”的译法，已经存在了多年，在广大的读者中，有着深远的影响。“入门”在德文中是“enifuhrung”，其基本含义是“引言”、“介绍”、“输入的思想”。这个词翻译成中文，若不考虑语言环境，译成“入门”当然可以。但德语“enifuhrung”和汉语“入门”的含义还是有区别的。考虑到汉语“入门”确实容易被误解为“粗浅”之意——长期以来，不少学者确实把《社会主义从空想到科学的发展》看作是“粗浅”的、“初级”的读物，无形中贬低了《社会主义从空想到科学的发展》本来的“学术性”。国内学者魏鸿彬认为，“einfuhrung”这个词，在这里译成“导论”，比较更符合德文本意，同时可以消除“入门”译法带来的误解。[3]

---

〔1〕《马克思恩格斯文集》第3卷，人民出版社2009年版，第493页。

〔2〕同上书，第494页。

〔3〕参考魏鸿彬：《〈社会主义从空想到科学的发展〉是恩格斯改写的一部通俗的著作吗?》，《理论探讨》1991年第6期。

在恩格斯的这部著作里，“学术性”与“大众化”可以兼容。“学术性”著作可以“大众化”；而“大众化”并不降低恩格斯著作的“学术性”。《社会主义从空想到科学的发展》是一部“大众化”了的“学术性”的著作。从内容方面来看，恩格斯还是回避了一些深奥的理论，例如该著作对《资本论》的相关理论涉及较少，应该是考虑到了工人群众的理论水平，显然是出于“大众化”要求。

总之，《社会主义从空想到科学的发展》是“学术性”和“大众化”相结合的典范。

第二章
科学社会主义的思想来源

《社会主义从空想到科学的发展》的第一章主要说明科学社会主义的思想来源。科学社会主义的直接思想来源是空想社会主义，而空想社会主义是从启蒙思想发展而来。恩格斯描述了空想社会主义三百多年的发展历程，说明了空想社会主义的积极思想成果和历史局限性；并追溯了启蒙思想对欧洲空想社会主义的影响。在历史回顾的基础上，恩格斯明确提出：只有把社会主义置于现实的基础之上，空想才能够变成科学。

第一节　现代社会主义的界说

“现代社会主义”，是恩格斯在《社会主义从空想到科学的发展》中反复使用的重要基本范畴。实际上，“现代社会主义”和“科学社会主义”都是指马克思、恩格斯创立的社会主义；只不过“现代社会主义”是从时间上来界定马克思、恩格斯创立的社会主义，而“科学社会主义”则是从内容上来界定马克思、恩格斯创立的社会主义。因此，有必要厘清“社会主义”的基本概念。

1. 社会主义释义

“社会主义”一词，最初是从古拉丁文字引申过来，其含义是“同伴”、“同伙”、“善于社交”等。1516 年，英国人托马斯·莫尔发表了《关于最完美的国家制度和乌托邦新岛的既有益又有趣的金书》(简称《乌托邦》，Utopia，空想的国家)，被人们公认为社会主义的开山之作。但是，在《乌托邦》书中并没有出现“社会主义”这个名词。“社会主义”这个名词，最早出现在 1803 年意大利传教士朱利安尼的著作中，在他看来，“社会主义”是由上帝安排好的传统的社会制度——反映了在资本主义早期，传统价值体系日益崩溃，面对种种丑恶的社会现象，一些宗教人士试图用上帝的名义重建传统价值体系。欧文和圣西门在1827年和1832年主办的刊物、出版的著作中，已经把“社会主义”作为资本主义的对立物、作为未来理想社会的专有名词。

“科学社会主义”是从内容上与形形色色的“非科学”的社会主义流派区分开来。1873年，恩格斯在《论住宅问题》中首次使用了“科学社会主义”名词。[1]1874年，马克思在《巴枯宁〈国家制度和无政府状态〉一书摘要》中明确指出，“‘科学社会主义’，也只是为了与空想社会主义相对应时才使用”。[2]所以，“科学”是对应“空想”而言的，正是克服了空想，社会主义才变成了科学。“科学社会主义”有广义和狭义之分。广义的科学社会主义，是指整个马克思主义思想体系，包括了马克思主义哲学、政治经济学和狭义的科学社会主义三个组成部分。狭义的科学社会主义，则是指马克思主义三个组成部分之一。由此，我们可以得出一个结论：《社会主义从空想到科学的发展》是从《反杜林论》抽出三章编辑而成的小册子，更加偏重狭义科学社会主义。

“现代社会主义”是从时间上进行界定，把马克思、恩格斯创立的社会主义与历史上存在的、当时仍然存在的“社会主义”流派区分开。如果在时间上对各种“社会主义”流派进行追溯，它们共同的思想源头是空想社会主义。马克思、恩格斯所说的“现代”是相对于“古代”而言的，他们把工业化之前的社会称为“古代社会”。在空想社会主义产生的时代，工业化还没有充分展开，资本主义的基本矛盾还没有充分暴露，消除资本主义弊端的解决方案还被不发达的经济生产遮蔽着，因此空想社会主义思想家对资本主义的批判和对未来社会的设想只能是出自他们的头脑中的想象。可见，时代条件是造成空想社会主义局限性的主要原因。只有到了现代，只有到了工业化充分展开的时候，才能克服空想社会主义的局限性：1825年，英国爆发了世界上第一场经济危机；19世纪30年代，欧洲出现了三大工人运动，工人阶级作为一支独立的政治力量登上历史舞台。马克思、恩格斯顺应时代发展的需要，把社会主义推进到一个新的时代高度。恩格斯正是在这样的特定语境下来使用“现代社会主义”范畴。

---

〔1〕《马克思恩格斯选集》第3卷，人民出版社1995年版，第199页。

〔2〕同上书，第290页。

总之,“现代社会主义”与“科学社会主义”都是指马克思、恩格斯创立的社会主义。“现代社会主义”是从时间维度来界定社会主义;而“科学社会主义”是从内容维度来界定社会主义。

2. 社会主义的源起

在《社会主义从空想到科学的发展》中,恩格斯沿着时间维度对“现代社会主义”进行追溯,说明了“启蒙思想”、“空想社会主义”、“科学社会主义”三者之间的发展逻辑:

(1)“科学社会主义”和“空想社会主义”的区别和联系

恩格斯首先对“科学社会主义”和“空想社会主义”进行了界说,说明了二者之间的区别和联系。“科学社会主义”和“空想社会主义”的根本区别在于:“现代社会主义,就其内容来说,首先是对现代社会中普遍存在的有财产者和无财产者之间、资本家和雇佣工人之间的阶级对立以及生产中普遍存在的无政府状态这两个方面进行考察的结果。”〔1〕科学社会主义和空想社会主义的区别主要体现在两个方面:

第一,阶级对立:空想社会主义不懂阶级斗争,只是对资本主义进行道德批判,指望富人发善心来消除资本主义的罪恶,因此空想社会主义找不到社会变革的历史主体。科学社会主义具有鲜明的阶级立场,对资本主义社会的阶级与阶级对立进行了考察,找到了社会变革的历史主体——无产阶级。

第二,生产的无政府状态:空想社会主义对“生产中普遍存在的无政府状态”进行了批判,空想社会主义思想家傅立叶甚至揭示了经济危机的实质是“多血症危机”;但是,空想社会主义没有揭示经济危机是资本主义生产方式造成的必然结果,即经济危机是生产力起来反对资本主义生产关系。科学社会主义运用唯物史观和剩余价值学说对经济危机进行了科学的解释,说明了生产的无政府状态以及由此产生的经济危机是资本主义的基本矛盾造成的,是社会化的生产力要求突破生产资料私人占有的资本主义生产关系。只有消灭私有制,建立公有制,才能克服资本主义基本矛盾。

(2)“空想社会主义”和“科学社会主义”共同思想渊源

恩格斯说,现代社会主义,“就其理论形式来说,它起初表现为18世纪法国伟大的启蒙学者们所提出的各种原则的进一步的、似乎更彻底的发展”。〔2〕

〔1〕〔2〕《马克思恩格斯文集》第3卷,人民出版社2009年版,第523页。

恩格斯揭示了科学社会主义与空想社会主义共同的思想渊源——启蒙思想。

启蒙思想是资产阶级反封建的旗帜，也是重要的人类文明成果。封建社会末期，资产阶级联合无产阶级一起去反封建。当时，无产阶级还没有独立的思想，只是资产阶级的追随者。启蒙思想是无产阶级和资产阶级反封建的共同思想武器。法国大革命之后，资本主义制度在欧洲确立，无产阶级和资产阶级之间的矛盾凸显出来，空想社会主义从启蒙思想中分离出来，成为反映无产阶级利益的思想旗帜。马克思、恩格斯在批判地吸收空想社会主义积极成果的基础上，创立了科学社会主义。

由此看来，社会主义从空想到科学的转变，经历了这样的发展脉络："启蒙思想"→"空想社会主义"→"科学社会主义"。

第二节　启蒙思想的历史价值

空想社会主义继承了启蒙思想的原则和方法，来批判资本主义，提出了很多积极的思想成果。因此，恩格斯在《社会主义从空想到科学的发展》中首先说明了启蒙思想。

1. 启蒙思想的产生与发展

欧洲的中世纪是个"黑暗时代"。分封制造成了封建割据，采邑制使农民和封建主之间存在着人身依附关系，这些因素都阻碍了市场的发育。基督教教会是封建社会的精神支柱，上帝被当作绝对权威。文学、艺术、哲学等一切都遵照《圣经》的教义，否则就会受到宗教法庭的制裁。在世俗政治统治和教会精神统治之下，中世纪欧洲死气沉沉，万马齐喑，科学技术没有什么进步，生产力没有什么发展。

启蒙思想继承了文艺复兴以来人的解放的精神，从意大利扩展到欧洲腹地，最后在法国停留的时间最长，涌现了一大批杰出启蒙思想家，以至于人们将那一时期称为"启蒙时代"。启蒙思想奠定了现代社会的价值尺度和思想框架，为建立现代国家制度做了理论准备——相当一部分启蒙思想成果在美国独立战争和法国大革命之后得到了落实。

(1) 启蒙思想的发展阶段

对启蒙思想的研究离不开文艺复兴。关于文艺复兴和启蒙运动的关系,学术界形成了两种不同的观点。

第一种观点认为,从现代化进程来看,文艺复兴和启蒙运动是西方现代化同一进程中的两个阶段:"如果说启蒙运动是西方社会现代进程的正式启动,那么,文艺复兴即是现代进程的萌生期。"〔1〕

第二种观点认为,从思想解放的进程来看,"启蒙运动大体经历了两个阶段,即文艺复兴时代和启蒙哲学的时代,其实也可以看成是打破信仰主义语言霸权的时期和建立新时代语言的时期,它们其实也就是旧的生活方式被瓦解和新的生活方式建立起来的两个时期"。〔2〕

总之,文艺复兴和启蒙思想是同一进程的两个阶段。在时间上,文艺复兴和启蒙思想是世界现代化的萌生和启动;在空间上,新兴思想从封建势力控制较弱的边缘地区发展到了中心地区;在思想内容上,文艺复兴和启蒙思想构成了一个"打破"与"构建"的整体。

(2) 文艺复兴

文艺复兴于 13 世纪末在意大利各城市兴起,随后扩展到西欧各国,并在 16 世纪盛行于整个欧洲,它带来了科学与艺术的革命,揭开了近代欧洲历史的序幕,被认为是中古时代和近代的分界。马克思主义史学家把文艺复兴看作是封建时代和资本主义时代的分界。

文艺复兴发生在欧洲南部的"边缘地区"意大利,封建势力在这里的控制力相对较弱。从 10 世纪开始,一些从封建庄园中逃出来的农奴聚集到交通要道、寺院及城堡附近,凭借手工业谋生,逐步形成了一些小型手工业和商业中心,后来发展为"城市公社"。"城市公社在其形成的最初的一二百年中,或用赎买或用武装斗争的方式,从世俗与教会领主手上取得自治,并进而统治了其郊区农村。"1115 年,佛罗伦萨已取得了城市自治权,1338 年佛罗伦萨的人口已经发展为 10 万,成为当时欧洲最大的五个城市之一;威尼斯的人口已经发展到 19 万。〔3〕

随着世俗教育的发展,在这些新兴的"城市公社"中,积累了大量人才。

---

〔1〕〔3〕 王锺陵:《自文艺复兴以来西方思想的总体走向及对 20 世纪西方思想与文论的总概括与展望》,《苏州大学学报》2013 年第 4 期。

〔2〕 邓晓芒:《西方启蒙思想的本质》,《广东社会科学》2003 年第 4 期。

在中世纪的欧洲，从总体上看，教会垄断了正统的文化教育；但在佛罗伦萨等城市里，由于手工业和商业活动的需要，读写算的能力成为一项基本要求，于是世俗学校从 13 世纪起开始兴盛，两种教育体制的对立逐渐发展起来。

随着世界政治地理的变迁，大量东罗马人才涌入意大利。13 世纪，蒙古人崛起并灭掉了中亚的大帝国花剌子摩国，中亚地区的突厥人被迫西迁，并在迁移过程中建立了奥斯曼帝国。从 14 世纪末开始，奥斯曼帝国不断入侵东罗马，东罗马人纷纷逃往西欧避难。逃亡的东罗马人将大量的古希腊、古罗马文化典籍和艺术珍品带到了意大利。一些东罗马学者在意大利的佛罗伦萨创办了著名了"希腊学院"，讲授古希腊和古罗马辉煌的文明。古希腊和古罗马辉煌的文明与中世纪欧洲的黑暗形成了鲜明的对比。许多西欧的学者要求恢复古希腊和古罗马的文化和艺术。同时，13 世纪六七十年代，蒙古人建立了统一的大帝国，商业贸易发展起来，其影响力远达欧洲，东方的造纸术从意大利传入欧洲，为思想传播提供了条件。文艺复兴的导火线是 1348 年黑死病在欧洲的蔓延，上帝在人们心中的绝对权威被动摇。在上述各种因素的共同作用下，一场颠覆欧洲神学霸权的思想文化运动开始兴起。

文艺复兴的核心精神是人文主义的觉醒。文艺复兴的先驱们主张以人为中心而不是以神为中心，他们宣扬人的价值和尊严——人生的目的是追求现实生活中的幸福，倡导个性解放，反对愚昧的神学思想，强调人是现实生活的创造者。

文艺复兴产生的根本原因是由于生产力的发展，新兴的资产阶级不满教会对精神世界的控制。尽管文艺复兴打着复古的旗帜，实质上是资产阶级文化的兴起，文艺复兴是资本主义萌芽发展到一定阶段的产物。

总之，文艺复兴是历史上第一次资产阶级思想解放运动。它推动了世界文化的发展，促进了民众的觉醒，为资本主义的发展做了必要的思想文化准备。

(3) 启蒙运动

17—18 世纪的启蒙运动是文艺复兴的延续和发展。启蒙运动覆盖了各个知识领域，为美国独立战争与法国大革命提供了政治框架，并且导致了空想社会主义的兴起。如果说文艺复兴是对神学霸权的颠覆，那么启蒙运动则是资本主义话语体系的构建。“当文艺复兴的启蒙把信仰主义的基础破坏了之后，如何重建人类生活的这种基本秩序，基本道德价值，就成了放在启蒙运动面前的急迫任务了。”〔1〕

启蒙运动是对文艺复兴的延续和发展，主要体现在以下两个方面：

第一，启蒙运动建立了全面、独立的知识体系。文艺复兴的成就局限于文学和艺术领域，其题材仍是宗教内容，只不过文学和艺术的视角发生了变化——不是以神为中心，而是以人为中心。而启蒙思想则将人类的知识体系扩展到了各个领域，如哲学、自然科学、伦理学、政治学、经济学、历史学、文学、教育学等；启蒙思想家们不再借助宗教题材，而是力图通过“经验＋理性”建立一套独立于宗教的知识体系。

第二，启蒙运动构建了未来资产阶级国家的政治框架。启蒙运动超越了文艺复兴，特别是，从文学艺术领域扩展到了政治思想领域，构建了一套适应资产阶级社会的政治思想体系。启蒙思想家们继承了文艺复兴的人文精神，进一步从理论上论证专制制度的不合理，从而提出一整套新的政治纲领和社会改革方案。启蒙思想主张用政治自由对抗专制暴政，用信仰自由对抗宗教话语霸权，用“天赋人权”的口号来反对“君权神授”，用“人人在法律面前平等”来反对封建等级特权。文艺复兴是一场文化运动，而启蒙运动则开始酝酿颠覆原有的政治框架，并对未来的政治框架进行重新设计。启蒙运动为美国独立战争与法国大革命提供了现代政治框架，并且导致了资本主义和社会主义的兴起。启蒙运动先驱们奠定的政治框架直到今天仍在发挥重要影响——例如，法国启蒙运动的领袖伏尔泰和卢梭等人曾提出“统一欧洲”的思想。这一思想实际上表达了对欧洲中世纪封建割据的不满，适应了市场经济发展的要求。“统一欧洲”的思想最终在1993年通过《马斯特里赫特条约》得以实现；尽管在2007年金融危机之后，各种问题加剧了欧盟分离的倾向，2016年英国通过公投“脱欧”，但“统一欧洲”的思想仍维持着欧盟的存在。

2. 启蒙思想的核心观点

恩格斯在《社会主义从空想到科学的发展》中，用比较大的篇幅对启蒙思想的核心观点进行了总结。在恩格斯看来，启蒙思想家们的核心观点是“理性”。恩格斯说，这些启蒙思想家，“他们不承认任何外界的权威，不管这

〔1〕 邓晓芒：《西方启蒙思想的本质》，《广东社会科学》2003年第4期。

种权威是什么样的。宗教、自然观、社会、国家制度，一切都受到了最无情的批判；一切都必须在理性的法庭面前为自己的存在作辩护或者放弃存在的权利。思维着的知性成了衡量一切的唯一尺度。”[1]恩格斯在这里说明了几点：

第一，启蒙思想家“不承认任何外界的权威”。“外界的权威”就是理性之外的权威；“不承认任何外界的权威”就是说理性之外没有权威，“不管这种权威是什么样的”，无论是上帝、国王，还是资本家，都不是权威；只有理性才是最高权威。

第二，一切都必须经受理性的拷问。从历史发展实际进程来看，自启蒙运动以来，宗教、自然观、社会、国家制度，都经受了最无情的批判；只有通过这些“最无情的批判”，真理性才能最终确立。这个观点来自17世纪法国哲学家笛卡尔。笛卡尔因“理性主义”而著称，被看作是启蒙运动的思想始祖。他提出，用“理性”标准来“怀疑一切”，只有当被怀疑对象通过了理性的拷问，怀疑才被消除，从而成为真理。笛卡尔的观点暗含着这样一个判断：“理性”具有最高地位，即“理性”高于神性。接下来，笛卡尔的观点被其他哲学家如比埃尔·贝尔、伏尔泰、孟德斯鸠、卢梭、孔多塞、狄德罗等人发挥了——他们明确地将“理性”针对上帝：上帝也是可以被怀疑的，上帝也需要站在理性的法庭上接受拷问。既然上帝可以接受拷问，那么国王也应该接受拷问，封建特权有什么存在的理由？再接下来，金钱也要接受拷问：财富是劳动者创造出来的，但为什么资本家那么富，劳动者那么穷？为什么劳动不能致富，劳动者仍然生活在贫困之中？这些启蒙思想家把“理性”作为人类解放的工具，一层层推进，不断将人从宗教、封建特权和经济剥削下解放出来。

第三，理性是衡量一切的唯一尺度。“宗教、自然观、社会、国家制度”都不是衡量一切的最高尺度，只有理性才是“衡量一切的唯一尺度”。正是在这个意义上，恩格斯引用了黑格尔的观点：人类进入了“用头立地的时代”——即“理性”为世界立法，人类依据“理性”来构建世界。

从恩格斯对“理性”的评价来看，笛卡尔的“理性主义”哲学是启蒙思想进入价值重建阶段的鲜明标志。笛卡尔用“理性”代替了“神性”，作为最高的价值尺度。笛卡尔哲学的核心内容被概括为“我思故我在”的原则，常常

[1] 《马克思恩格斯文集》第3卷，人民出版社2009年版，第523页。

被简称为“我思”(cogito)的原则。“我思”包含了启蒙思想的两大基础原则——即“人文理性”(human reason)和“工具理性”(instrumental reason):

第一,“人文理性”实际上就是人本主义。“我思”强调,“我”是一切“理性”的出发点,“我”是作为一个人的存在。“我”作为人的存在,不是作为上帝“奴仆”或“罪人”的存在;“我”作为人的存在,不是作为“儿童状态”的存在,人要摆脱没有人在前面引导就不能独立行走的“儿童状态”,敢于走自己的路,从而从“孩子”变为“成人”。人本主义从根本上说来是个人主义(individualism),当然这里的“个人主义”和“利己主义”在西方的语言中是有区别的。

第二,“工具理性”实际上就是科学的思维方法。“我思”强调思维方法的科学性,要求摆脱宗教信仰主义的束缚,这是以自然科学的发展为基础的,并反过来促进了近代自然科学的发展。

“人文理性”体现了以人为中心的出发点,确立了人的最高价值;“工具理性”体现了科学的思维方法,是实现人的价值的手段。“人文理性”和“工具理性”体现了价值目标和实现手段的关系。或者说,启蒙“理性”既包括了人本主义也包括了科学方法。启蒙“理性”有两个不同的指向,一是指向外面的对象的,即人身外的世界;另一个是指向人自身,是人的自我意识的觉醒。

3. 恩格斯对启蒙思想的评价

恩格斯对启蒙思想家所推崇的“理性”做了评价,主要包括两个方面:

第一,启蒙思想构成了空想社会主义和科学社会主义共同的思想渊源。恩格斯在《社会主义从空想到科学的发展》中追溯了科学社会主义的理论源头,他明确指出:“就其理论形式来说,它起初表现为18世纪法国伟大的启蒙学者们所提出的各种原则的进一步的、似乎更彻底的发展。”〔1〕启蒙思想所倡导的“人的解放”的基本价值对后来空想社会主义和科学社会主义的发展起了重要作用。

第二,在特定的历史条件下,“理性”是启蒙思想家们实现“人的解放”的重要工具。恩格斯说:“以往的一切社会形式和国家形式、一切传统观念,都被当做不合理性的东西扔到垃圾堆里去了……从今以后,迷信、非正义、特权和压迫,必将为永恒的真理、永恒的正义、基于自然的平等和不可剥夺的人权所取代。”〔2〕如果回到“启蒙运动”当时的历史背景,就会发现“理性”具

〔1〕《马克思恩格斯文集》第3卷,人民出版社2009年版,第523页。
〔2〕同上书,第524页。

有一定的“革命”作用。在欧洲封建社会，人是分等级的。法国最为典型，人被分成三个等级：第一等级是僧侣或教士，他们掌握着神权；第二等级是国王和贵族，他们掌握着世俗政权；第三等级是所有纳税的人，占了总人口的95%以上。资产阶级和无产阶级都属于第三等级。特别是资产阶级，他们的经济地位不断上升，但却没有获得相应的政治地位，因此要发展资本主义就要推翻前两个等级。首先，在精神层面，启蒙思想把上帝放在理性的法庭上拷问。这个过程从14世纪文艺复兴就开始了。文艺复兴的先驱但丁在诗篇中把教皇投进炼狱；薄伽丘写了《十日谈》，编了各种故事来亵渎教会。其次，在政治层面，启蒙思想把国王放在理性的法庭上拷问——在后来的欧洲资产阶级革命中，封建王权被推翻，资产阶级取得了政权。最后，在经济层面，如果继续把资本放在理性的法庭上拷问，就产生了疑问：资本主义促进了生产力发展，但为什么越来越多的人变得一无所有；劳动创造财富，但为什么劳动者始终贫困？现实世界与启蒙思想家追求的“理性”相去甚远。正是在用“理性”不断对世界进行拷问的基础上，“空想社会主义”诞生了。这是启蒙思想与空想社会主义的传承关系。

第三，启蒙思想鼓吹理性，显然是唯心主义的世界观。恩格斯在《社会主义从空想到科学的发展》第三章这样评价黑格尔：“黑格尔是唯心主义者，就是说，在他看来，他头脑中的思想不是现实的事物和过程的或多或少抽象的反映，相反，在他看来，事物及其发展只是在世界出现以前已经以某种方式存在着的‘观念’的现实化的反映。这样，一切都被头足倒置了，世界的现实联系完全被颠倒了。”[1]随着时代的发展，这种唯心主义的世界观必将为马克思、恩格斯创立的辩证唯物主义和历史唯物主义所取代。进而，在辩证唯物主义和历史唯物主义的基础上，马克思、恩格斯创立了科学社会主义。

4. *启蒙思想的当代价值*

启蒙思想是世界现代化进程的开端。但是，相对落后的国家没有经过“启蒙”，那么，相对落后的国家怎样实现现代化？它们的现代化道路和西方会有什么不同？这些问题对包括中国在内的相对落后国家仍有启示意义。

(1) 启蒙思想显示了东西方文化的差异

恩格斯把“启蒙思想”看作“社会主义”的思想渊源，这对东方相对落后国家社会主义的发展具有重要的启示意义。从实际情况看，“启蒙思想”构

---

〔1〕《马克思恩格斯文集》第3卷，人民出版社2009年版，第542页。

成了东西方文化差异的重要方面。欧洲相继经历了"启蒙思想"、"空想社会主义"、"科学社会主义"，一路传承下来。但是在东方，科学社会主义从欧洲传到了俄国和中国，这些东方国家没有经过"启蒙思想"的洗礼，其文化背景显然与西方不同。

包括中国在内的东方国家没有经过"启蒙思想"的充分洗礼，没有经过发达的资本主义阶段，没有市场经济的充分发育。新中国成立后，经过短暂的新民主主义阶段，很快进入了社会主义社会。新的社会主义制度必然带有从旧社会脱胎出来的痕迹，其中包括封建思想和官僚主义的残留等。尽管中国过去曾经大力反封建，但是，有些封建思想的残余直到今天仍然在影响着社会发展。习近平指出："不能把党组织等同于领导干部个人，对党尽忠不是对领导干部个人尽忠，党内不能搞人身依附关系。干部都是党的干部，不是哪个人的家臣。有的干部信奉拉帮结派的'圈子文化'，整天琢磨拉关系、找门路，分析某某是谁的人，某某是谁提拔的，该同谁搞搞关系、套套近乎，看看能抱上谁的大腿。有的领导干部喜欢当家长式的人物，希望别人都唯命是从，认为对自己百依百顺的就是好干部，而对别人、对群众怎么样可以不闻不问，弄得党内生活很不正常。""党内决不能搞封建依附那一套，决不能搞小山头、小圈子、小团伙那一套，决不能搞门客、门宦、门附那一套，搞这种东西总有一天会出事！有的案件一查处就是一串人，拔出萝卜带出泥，其中一个重要原因就是形成了事实上的人身依附关系。"〔1〕因此，研究启蒙思想的核心价值，总结人类文明的发展规律，对于克服封建残余仍然具有重要的现实意义。

(2) 启蒙思想与中国社会主义核心价值观

启蒙思想对倡导和培育社会主义核心价值观具有现代启示意义。启蒙思想的核心目标是实现"人的解放"，开启了人类现代化的思想进程。空想社会主义和科学社会主义传承了启蒙思想"人的解放"的精神；只是在不同历史发展阶段，"人的解放"有着不同的内涵。启蒙思想的诉求主要集中在精神和政治两个层面：在精神层面反对宗教霸权，在政治层面反对封建特权。启蒙思想反映了资产阶级的诉求，随着资本主义制度的建立，剥削程度反而加剧了，经济层面"人的解放"问题凸显了出来。针对经济层面不平等

〔1〕 习近平：《严明党的组织纪律，增强组织纪律性》(2014 年 1 月 14 日)，《十八大以来重要文献选编》(上)，中央文献出版社 2014 年版，第 769—770 页。

的状况，产生了“社会主义”，将“人的解放”扩展到精神、政治、经济三个层面。在追求经济层面“人的解放”的问题上，空想社会主义和科学社会主义有明显差别：空想社会主义不懂历史规律，找不到消灭剥削的科学方法；马克思、恩格斯创立了科学社会主义，找到了消灭剥削的科学途径。可见，“人的解放”是启蒙思想、空想社会主义、科学社会主义的共同价值追求。

恩格斯把启蒙思想看作现代社会主义的“思想材料”，把现代社会主义看作是启蒙思想“进一步的、似乎更彻底的发展”。恩格斯说明了启蒙思想与社会主义价值观念之间的“源”与“流”关系，深刻地揭示了人类社会发展的“共同价值”。社会主义价值观不是离开人类社会文明发展的大道；恰恰相反，社会主义价值观是沿着人类文明发展的大道继续前进的结果。社会主义价值观代表着全人类共同的文明成果，是全人类共同价值的升华和具体体现。当然，任何社会任何时代的价值观都是具体的。不同的民族，在不同的历史发展阶段，社会主义价值观会呈现出不同的具体内容和表现形式。

中国的社会主义运动传承了“人的解放”的基本精神，同时又有鲜明的本国特色。中国社会主义核心价值观在不同的历史发展阶段，自然会有不同的内容要求和表现形式。

中国共产党本身就是在新文化运动中产生的——新文化运动是中华民族精神层面的解放运动，它最初是以西方资产阶级文化反对旧文化，促进了民族的觉醒，并促成了社会主义的广泛传播和共产党的诞生。

在新民主主义革命阶段，中国共产党肩负着两个任务：“民族解放”和“人民解放”。“民族解放”，就是使中华民族摆脱帝国主义的侵略；“人民解放”，就是使人民大众摆脱封建主义的压迫。近代中国是一个“半封建半殖民地”社会，[1]帝国主义和中华民族的矛盾，封建主义和人民大众的矛盾构成了近代中国社会的主要矛盾。因此，新民主主义的任务是实现“民族解放”和“人民解放”。

在社会主义建设阶段，中国共产党肩负的任务是实现“国家繁荣富强”和“人民共同富裕”，其主要内容是实现经济层面“人的解放”。同时，“人的解放”是多层次、全方位的，当前中国仍处于社会主义初级阶段，由于中国的特殊历史和国情，中国在精神层面和政治层面实现“人的解放”的任务还没有充分完成，中国还需要根据本国国情进行多层次、全方位的探索。中国共

〔1〕 尽管对于中国“半封建半殖民地”的社会性质学界尚存争议，本文仍沿用传统的说法。

产党的十八大把中国社会主义核心价值观概括为三个层次：在国家的层面，实现“富强、民主、文明、和谐”；在社会的层面，实现“自由、平等、公正、法治”；在公民个人的层面，实现“爱国、敬业、诚信、友善”。社会主义核心价值观确立了多层次、全方位的价值体系。

党的十八大之后，新一代中央领导集体继续对社会主义核心价值观进行探索。2014 年 5 月 4 日，习近平在北京大学师生座谈会上指出：“人类社会发展的历史表明，对一个民族、一个国家来说，最持久、最深层的力量是全社会共同认可的核心价值观，核心价值观承载着一个民族、一个国家的精神追求，体现着一个社会评判曲折是非的价值标准。”〔1〕纽约时间 2015 年 9 月 28 日，习近平在第七十届联合国大会一般性辩论时发表题为《携手构建合作共赢新伙伴　同心打造人类命运共同体》的讲话，他指出：“和平、发展、公平、正义、民主、自由，是全人类的共同价值，也是联合国的崇高目标。”〔2〕习近平站在全人类价值共识的制高点上，提出了全人类的“共同价值”，为积极培育和践行社会主义核心价值观指明了新的方向。

总之，今天中国社会主义核心价值观的建设不可能脱离“全人类的共同价值”，但中国社会主义核心价值观必然有自己的民族特色和时代特色。

第三节　空想社会主义产生发展的历史进程

在“启蒙思想”的推动之下，资产阶级在欧洲取得了胜利，但是按照“启蒙思想”建立起来的只不过是资产阶级的国家，无产阶级被压迫被剥削的地位并没有发生改变。恩格斯说：“现在我们知道，这个理性的王国不过是资产阶级的理想化的王国；永恒的正义在资产阶级的司法中得到实现；平等归结为法律面前的资产阶级的平等；被宣布为最主要的人权之一的是资产阶

〔1〕 习近平：《青年要自觉践行社会主义核心价值观——在北京大学师生座谈会上的讲话》，新华社北京 5 月 4 日电。

〔2〕 习近平：《携手构建合作共赢新伙伴　同心打造人类命运共同体》，《新华每日电讯》2015 年 9 月 29 日。

级的所有权;而理性的国家、卢梭的社会契约在实践中表现为,而且也只能表现为资产阶级的民主共和国。”[1]资本主义制度确立之后,资产阶级和无产阶级的矛盾凸显出来。在这种情况下,空想社会主义应运而生了。

空想社会主义产生和发展的历程,具体分为三个阶段。

1. 16—17 世纪理想制度的空想描写

16—17 世纪是资本主义手工工场初期。空想社会主义杰出的代表人物有英国的托马斯·莫尔、意大利的托马斯·康帕内拉。此时,欧洲正经历着剧烈的社会变迁:此时正值封建社会末期,资本主义萌芽在封建社会内部迅速发展。从 15 世纪开始,人类进入了“大航海”时代,各大洲之间的相对孤立状态被打破,“世界市场”日益形成;西方赶上和超过了东方,殖民主义也开始出现。“大航海”促进了欧洲资本主义的发展,对世界各大洲数百年后的政治、经济、文化格局也产生了深远的影响。此时工农劳动者承受着封建主义和资本主义的双重压迫和剥削,生存状况非常悲惨,空想社会主义反映了他们对美好生活的向往;但资本主义制度尚未确立,因此这一时期的空想社会主义带有明显的幻想成分,空想社会主义者通常都是以航海家讲故事的文学游记形式,叙说在某个地方存在着理想的社会。

(1) 托马斯·莫尔

1478 年,托马斯·莫尔出生在英国伦敦一个富有家庭,从小受到非常好的教育。莫尔幼年丧母,由父亲带大,他的父亲是一位勤俭、正直的法官,莫尔一生也保持了父亲的品格。13 岁时,莫尔寄宿在坎特布雷大主教、红衣大主教莫顿家中作少年侍卫,莫顿是当时很有影响的政治家,曾担任过英国大法官,谈吐优雅、聪慧过人,对社会有很深刻的观察,莫尔在《乌托邦》中曾描述过莫顿。1492 年,莫尔进入牛津大学学习古典文学,阅读了大量古希腊智者们的作品,莫尔尤其感兴趣的是柏拉图的思想,后世有人干脆将《乌托邦》称为柏拉图《理想国》的续篇。在牛津大学,莫尔还与在此任教的著名人文主义者们有很深的交往。莫尔的父亲认为从事古典文学没有前途,便逼儿子改学法律,莫尔在法律方面苦心钻研,成为一名律师;同时,他接触了大量下层社会的讼案,目睹了广大人民群众所遭受的苦难。

在从事法律研究和实践的同时,莫尔终生都保持着对文学的爱好。约在 1513—1518 年,莫尔用英文和拉丁文写了《国王理查三世本纪》,这是英

[1] 《马克思恩格斯文集》第 3 卷,人民出版社 2009 年版,第 524 页。

国历史学先驱性的名著，虽未完稿，但对后世产生了重要影响。莎士比亚以莫尔的这本书为蓝本，写出了戏剧《理查三世》，成功地塑造了一个暴君的形象。

莫尔最为著名的著作《乌托邦》写于1516年，被后世看作是社会主义诞生的标志。《乌托邦》这部书的全名是《关于最完美的国家制度和乌托邦新岛的既有益又有趣的金书》，是人类历史上最早的空想社会主义著作。书中虚构了一个航海家的奇异见闻："乌托邦"是南半球的一个新月形岛国，那里实行财产公有制，人人平等，按需分配。公民们每十年调换一次住房，穿统一的工作服和公民装，在公共食堂就餐，官吏由投票产生，职位不得世袭。那里没有商品货币关系，金银被用来制造便桶溺器。乌托邦人奉行一夫一妻制和宗教自由政策。莫尔的结论非常明确：私有制乃万恶之渊薮。莫尔在社会主义史上第一次提出了消灭私有制，建立公有制的主张。社会主义500年的历史，就是从1516年《乌托邦》的发表算起。

从15世纪开始，英国资产阶级和新贵族发起了"圈地运动"，《乌托邦》对圈地运动进行了详细的描写，为马克思研究资本主义原始积累提供了生动的素材。莫尔对资本主义原始积累的罪恶进行了批判，对未来理想社会进行了天才的设想。但是，此时资本主义制度还没有确立，莫尔还不可能理解资本主义的历史地位，也无法指出实现理想制度的真正途径，他的乌托邦只能是一个美丽的空想。

莫尔对宗教的笃信导致了他与英王的合与分。16世纪初期，英国的社会关系正在发生着深刻变化。自14世纪文艺复兴以来，宗教势力下降，世俗王权势力上升。16世纪初，王权赢得了对教会势力的优势。当时，欧洲大陆的宗教改革运动风起云涌，自然也波及到了英国。莫尔反对宗教改革，这与亨利八世早期的观点相吻合，因此莫尔受到了亨利八世的器重。1529年，莫尔成为英国大法官，成为英国仅次于英王的要人。1533年，在宗教问题上，莫尔与英王产生了分歧。亨利八世要求与王后凯瑟琳离婚，并宣布与宫女安妮结婚。凯瑟琳是西班牙公主，西班牙是当时世界上最强大的国家，独霸大西洋的制海权，直到1588年英国和西班牙战争之后，西班牙才逐渐失去了霸主地位。罗马教廷出于平衡当时政治格局的考虑，认为亨利八世与凯瑟琳的婚姻是上帝的旨意，反对亨利八世与凯瑟琳离婚。因此，1534年亨利八世自立英国国教，并宣布自任英国教会最高首领。这样，英王从一个宗教改革的反对者变成了改革者；而莫尔的立场却没有变化，他始终对婚姻和宗教怀着很深的信仰。因此莫尔拒绝参加新王后安妮的加冕典礼，也拒绝宣誓承认亨利八世为英国国教的最高首领，因此莫尔被关进伦敦塔，随后被斩首。

(2) 托马斯·闵采尔

托马斯·闵采尔(Thomas Münzer，1489—1525)是德意志平民宗教改革家，农民战争领袖，空想社会主义的先驱者。1489 年，闵采尔生于德国采矿工业中心哈茨山区的施托尔堡城。他父亲是一个铸造钱币的手工业作坊主，家境殷实。闵采尔很小的时候，他父亲被施托尔堡伯爵绞死。闵采尔从小对贵族怀着深深的仇恨，成年之后，闵采尔仍习惯性地把贵族称为"吸血鬼"。闵采尔少年时，由于家庭变故，不断搬家，曾先后迁居埃斯勒本、豪尔勃塔特，14 岁时全家移居克维德林堡。成年之后，闵采尔仍保留着四处游历的习惯。

1506 年，闵采尔 17 岁，在莱比锡大学学习哲学和神学，后来又到法兰克福大学和美因茨等大学继续学习哲学和神学。从大学时代开始，闵采尔养成了两个"癖好"。一个癖好是藏书、读书。他酷爱文学，一方面他接受了当时流行的人文主义思想，并仿效其风格写出一些文学作品；另一方面，他不满人文主义者对劳动人民的冷漠，只依靠骑士去改革教会。另一个癖好是四处游历。闵采尔结交了很多下层的农民、矿工、纺织工、印刷工，甚至和他们成为挚友。在游历中，闵采尔目睹了人民的饥馑生活，耳听了群众的激愤倾诉，他逐渐确立了一个信念：要使人民摆脱苦难，建立一个没有压迫和剥削的人间天堂。他同下层人民站在一起，把他们看成是上帝意志的现实执行者。闵采尔告诫人们：必须用暴力斗争才能实现"千年天国"。1524 年 8 月闵采尔来到德意志帝国的直辖市缪尔豪森，他组织和领导了农民起义，推翻了城市贵族议会，成立了革命权力机关"永久议会"。随后，农民起义在德国其他地区相继爆发，闵采尔成为农民起义的精神领袖。1525 年 5 月，农民起义遭到镇压，闵采尔受伤被俘，遭受严刑拷打，宁死不屈，被秘密杀害。

闵采尔的主要思想集中体现在他的文章和政治论著中：《论德国教会礼拜仪式》、《德国福音会弥撒》、《关于书本上的信仰》和《虚假信仰的真正出路》等，也反映在闵采尔派的《书简》中。其中《根据路加对福音的证明来公开驳斥不忠实世界的错误信仰，使可怜而不幸的基督教界知道它的迷途》尤其著名，本书宣告：整个世界必须经受一次大震荡，这是关乎不敬上帝的人垮台，而卑贱的人翻身的一场戏。

闵采尔的核心思想是告诫人们："千年天国"不能等待，必须用暴力斗争才能取得。闵采尔认为，耶稣就在这个世界上，他永远同我们在一起，我们身受的痛苦就是他的痛苦；闵采尔否认《圣经》的权威，真正的权威是上帝给人们内心的灵光，圣灵本身就是理性，神的启示就是人的理性觉醒；通过神的启示，人人都能进入天国，在上帝亲自治理的"千年天国"里，没有阶级差别，没有私有财产，没有欺诈与压迫；"千年天国"不属于来世，在今世就要实现，他号召信徒用实际行动进行社会改革，来践行"上帝的公义"。闵采尔的政治纲领是要求立即在地上建立"千年天国"。他自称是上帝事业的捍卫者，但他笔下的上帝不是主宰一切的神，而是人民革命意志的化身；他使用神学辞令攻击神学，他批评路德教派从人民的一分子投靠人民的压迫者，他宣扬的"圣灵"实际上是与神学迷信不相容的"理性"；他用"上帝"的语言表达了建立"千年天国"的理想，号召人民起来用"动刀兵"的方式实现"上帝的公义"，建立人间天国。恩格斯在《法德农民问题》中评价说："闵采尔所了解的天国不是别的，只不过是没有阶级差别，没有私有财产，没有高高在上和社会成员作对的国家政权的一种社会而已。"〔1〕闵采尔尖锐地抨击了当时剥削和不平等的社会现象，设计了未来理想社会的蓝图，明确提出以公有制代替私有制，一切人同等劳动，生活资料按需分配。这些思想奠定了闵采尔作为空想社会主义的思想家地位。

暴力革命是闵采尔空想社会主义的重要内容，也是他与同时代思想家的不同之处。闵采尔领导的农民战争是社会主义史上以革命手段为建立公有制斗争的第一次尝试。闵采尔的学说是革命的，但超越了社会条件和历史阶段。恩格斯评价说："要实现他的理想，不仅当时的运动，连他所处的整个世纪也都不够成熟。"〔2〕同时，恩格斯也给予了闵采尔高度评价："闵采尔的政治理论是和他的革命的宗教观点紧密相连的，他的政治理论远远超出了当时的社会政治条件，就如同他的神学远远超出了当时通行的看法一样。正如闵采尔的宗教哲学接近无神论一样，他的政治纲领也接

〔1〕《马克思恩格斯全集》第7卷，人民出版社1959年版，第413页。

〔2〕同上书，第469页。

近于共产主义。”[1]

(3) 托马斯·康帕内拉

1568年,托马斯·康帕内拉生于意大利南部,是意大利文艺复兴时期的空想社会主义思想家。少年时代,康帕内拉就显露出文学才华,13岁时就能写诗。1582年,他进修道院当修士,广泛地阅读了古希腊、古罗马和中世纪思想家的各种名著。在文艺复兴人文精神的熏染下,他开始怀疑经院哲学体系和亚里士多德的学说,他希望从事有意义的活动。康帕内拉出生的时候,意大利大部分地区都处在西班牙哈布斯堡王朝的统治下。宗教势力和西班牙当局狼狈为奸,借助西班牙的武装力量镇压异教徒和进步知识分子。到十六世纪末,意大利的各种社会矛盾日益尖锐,反抗外国侵略者、宗教势力和封建势力的斗争此起彼伏。康帕内拉积极投身于反对宗教和反抗西班牙侵略者的斗争。

1591年,康帕内拉出版《感官哲学》一书,坚持唯物主义认识论,被宗教裁判所逮捕,先后坐牢6年。1597年,康帕内拉获释返回故乡后,参与领导了意大利南部人民反对西班牙的斗争,于1599年被西班牙当局逮捕,在监狱度过了27年。1601年,康帕内拉连续36小时被施以惨无人道的酷刑,他没有呻吟,没有屈服。他曾在黑暗的地牢中度过了3年8个月的苦难时光,在他的头脑中经常出现普罗米修斯的形象,他要为人间盗得天火,他在狱中写出了《太阳城》。《太阳城》模仿了《乌托邦》的风格,也是借用航海家讲故事的形式描绘了一个社会主义理想社会。在这个社会里,没有私有财产,没有剥削,没有商品交换,人人劳动,按需分配,儿童由国家抚养和教育,教育与生产相联系,等等。

1628年,康帕内拉获释后,继续组织反西班牙起义,不幸又因叛徒告密而失败。1634年,康帕内拉逃亡法国,并死于法国巴黎。

康帕内拉的空想社会主义,揭示了资本主义原始积累时期的社会现实,反映了意大利早期无产者和贫苦劳动人民对幸福生活的渴望,对后来的空想社会主义者产生了一定影响。但是,由于时代条件的限制,当时资本主义制度还没有确立,康帕内拉不可能科学地揭示社会发展的规律,也没有找到改造现存社会制度的力量和途径,他对理想社会的描绘只能出于空想。另

[1] 《马克思恩格斯全集》第7卷,人民出版社1959年版,第413页;《马克思恩格斯文集》第2卷,人民出版社2009年版,第248页。

外，康帕内拉的空想社会主义明显地带有宗教色彩，康帕内拉的空想社会主义建立在小生产的基础上，与社会化大生产是背道而驰的。

2. 18世纪直接的共产主义理论

18世纪资本主义手工工场大发展时期，英国和法国先后爆发了资产阶级革命，资本主义制度在英国已经确立，在法国正处于确立阶段。这一时期，空想社会主义的代表人物有摩莱里、马布利和巴贝夫，他们已经不再用航海家“讲故事”的文学方式来表达他们对未来社会的设想，而是从“自然法则”来揭示资本主义的弊病，描绘理想社会的图景，甚至开始了推翻资本主义的行动。

(1) 摩莱里和马布利

摩莱里是法国启蒙思想家和空想社会主义者中最神秘的人物。他的籍贯、出身、生平等仍不为人们所知，虽经研究者多年考证，关于他的材料仍很少。摩莱里大约生活在1700—1780年间，早年曾教过书，后来得到一位姓名不详的富翁的支持，从事著述。摩莱里作品发表的时间与马布利大体相同。摩莱里一生写了许多著作，用不同的笔名发表，“摩莱里”是他的一个笔名，真实姓名不详。摩莱里最有影响的著作是《自然法典》。

摩莱里认为，人的需求是相同的，人人都有满足自己需求的权利，每个人的权利是平等的。但是，每个个体满足需求的能力是不同的，需求平等而能力不同，所以人类为了满足自己多方面的需求势必要加强团结。需求平等提示了权利平等的思想，能力不同使人意识到联合起来的好处。“自然法则”——上帝，为了不使任何东西妨碍人类团结，把土地交给人类不可分割地共同占有，人人都有平等的权利享受土地的果实。在摩莱里看来，世界是一张足供所有共餐者享用的餐桌，“它的全部菜肴有时属于所有的人，因为大家都饿了，有时只属于某些人，因为其余的人已经吃饱了。任何人都不是它的绝对的主人，而且也没有权利要求这一点。”[1]摩莱里主张平均的共产主义制度，人们应当共同劳动，共同使用土地资源，共同享受劳动产品。他认为私有制是社会出现混乱和罪恶的根本原因，人类的黄金时代是原始氏族公社。

摩莱里是研究需求理论的第一人。他把需求看成是构成人类社会关系的基础，需求促使人们联合，结成社会，因为联合比单个人的劳动更有效率，

[1] 摩莱里:《自然法典》，商务印书馆1982年版，第22页。

从而更充分地满足需求。这无疑是十分重要的发现：当时在个体劳动的基础上，社会化大生产逐渐发展起来，这种“生产力—生产关系”的变化给社会带来了深刻的变革，这为马克思主义提供了启示。当然，摩莱里对需求和能力的认识是初步的、粗糙的，按照其“需求—能力”的理论并不能得出实行共产主义的结论——正是由于需求是无限的，满足需求的能力是有限的，所以在一定历史阶段才会存在私有制和剥削。但摩莱里的理论也有一定积极意义：需求的无限性和满足需求的能力的有限性之间形成了一对矛盾，是构成社会发展的动因。摩莱里从需求和能力的矛盾中认识社会发展，这为后世研究历史发展规律提供了一把钥匙。

马布利是18世纪法国杰出的空想社会主义者、著名的政治家和历史学家，他和孟德斯鸠、卢梭一样享有盛名。1709年，马布利生于法国格勒诺布尔一个正教家庭。1785年，在法国大革命前夕，马布利死于巴黎，他的著作对法国大革命产生了重要影响。马布利的主要著作有《论法律和法律的原则》、《福基昂对话录》、《法国史》、《论公民的权利和义务》。他的著作在当时非常流行。马布利的观点超越了自由主义者“在法律面前人人平等”的信条，他主张“需要的平等”(equality of needs)。他坚决反对不劳而获的行为，因此他对贵族不劳而获地享有财富和特权感到愤怒。他主张废除私有财产，以免使人自私的天性压倒同情心。他的《论公民的权利和义务》一书深受民众欢迎，而法国政府则宣布查禁此书。

摩莱里和马布利以制订法典和阐发法理的形式从法律、制度角度来阐发社会主义，设想社会主义制度，是一个明显的进步，当然这也是由于资本主义制度发展到了一定阶段。但是，他们不懂生产力和生产关系的规律，无法揭示人类历史发展的未来，单从人类需要来批判资本主义制度显然是不够的。

(2) 巴贝夫

巴贝夫是法国18世纪革命者，著名空想社会主义者。1760年，巴贝夫生于法国一个贫苦农民家庭，他16岁丧父，中断学业，独立谋生，当过文书、雇员和地契档案管理员等。巴贝夫虽未受过系统的教育，但通过自学阅读了大量哲学、历史和文学著作。特别是摩莱里的《自然法典》对其影响很大，他开始形成自己的社会主义主张。法国大革命开始，他相继创办了《皮卡特通讯员》报、《出版自由报》等，来阐述自己的社会主义。巴贝夫的主要著作有《永久地籍》。

巴贝夫亲身经历了法国大革命，目睹了第三等级同国王和贵族的激烈斗争，曾深受革命的鼓舞。但是，革命后不久，他发现这场革命并不是人民的革命，人民流血流汗的成果流入“一小撮可恨的钱袋的库房里”，人民仍饱受穷困的折磨，在国家中毫无地位。因此他提出，“对于人民来说，革命并没有完成”。

巴贝夫的核心思想是“平等论”：在自然状态下人类本是平等的，私有制是造成人间不平等的总根源；他主张通过密谋暴力的方式推翻剥削制度，建立革命专政，逐步消灭私有制；最终形成财产公有、共同劳动和平均分配的“平等共和国”。

巴贝夫的社会主义学说完全摆脱了虚幻的文学游记和抽象的法律条文，他不仅批判资本主义私有制，而且继承了法国大革命的斗争精神。他不仅主张通过暴力革命推翻资本主义制度，而且与其追随者将理想付诸行动，制定了具体革命纲领和计划。1796 年，巴贝夫建立了一个密谋组织“平等派”，准备起义推翻资产阶级政权，结果失败。1797 年 5 月，巴贝夫被捕，从容就义。

他的共产主义学说虽然“相当粗糙和肤浅”，带有平均主义和禁欲主义特征；但马克思称许他是第一个“真正能动的共产主义政党”的奠基人。

3. 19 世纪初三大空想社会主义思想家

19 世纪初世界资本主义进入机器生产时期，伴随着法国大革命之后的种种乱象，资本主义制度在欧洲确立。但是，按照“自由、平等、博爱”的理性原则建立的资产阶级国家并不是真正理想的社会，贫困、欺诈、罪恶丛生的社会现实使先进的知识分子失望。但他们并没有对“理性”本身失去信仰，而是认为“理性”原则没有被彻底落实——当年，启蒙学者用“理性”标准去审判上帝和封建特权，而现在需要用“理性”的尺度来审判资本。他们认为，按照“理性”原则，在精神层面和政治层面实现了人的解放之后，需要深入到经济层面去追求人的解放。同时，伴随着社会生产力的大发展，资本主义的基本矛盾日益暴露，经济危机每隔十年就爆发一次。在这样的背景下，19 世纪初三大空想社会主义思想家应运而生，他们是法国的圣西门、傅立叶和英国的欧文，这与英国、法国资本主义相对发达有很大的关系。这三大空想社会主义思想家进一步以理论论述形式来论证他们的理想社会，将空想社会主义理论和实践推向了顶峰。

(1) 克劳德·昂利·圣西门

圣西门经历了从"查理大帝的后裔"到"工人阶级代言人"的传奇。1760年,圣西门生于巴黎一个贵族家庭,承袭了伯爵爵位,自称查理大帝的后裔。他出生时,早已家业衰落,但他还是接受了良好的教育,是著名百科全书派学者让·勒朗·达朗贝尔的学生。他爱好自然哲学,向往资产阶级的民主自由,对神学和封建制度采取批判态度。13岁时,他曾拒绝参加宗教仪式。17岁时,圣西门与家庭决裂,到军中服役。1779年,圣西门随法国军队参加了北美独立战争,作战勇敢、屡建战功。1789年,法国大革命爆发,圣西门回到法国。这场革命对于圣西门的思想产生了决定性的影响,恩格斯说:"圣西门是法国大革命的产儿"。[1]革命之初,圣西门热情地投身革命运动,他公开放弃伯爵头衔和贵族称号,积极参加群众团体的活动。他还四处奔走,组织沙龙,广结学者与社会名流。与此同时,圣西门利用国家财产进行投机,发了财。在雅各宾专政时期,政府加强了对封建势力与投机商的打击,圣西门的家族破产了,他本人也被投进了监狱。从此,圣西门对革命的态度发生了转变,他对暴力革命采取否定和敌视的态度。大革命的疾风暴雨过去以后,从1798年起,圣西门致力于学习多方面的文化知识,开始著书立说,成为一个著作等身的思想家,他把"发明"和论证新社会制度作为毕生的使命。

圣西门的空想社会主义主要包括以下几个方面:

第一,关于社会制度:圣西门认为,资本主义社会是过渡性的社会,它必然为新的社会形态代替。当时一些学者把资本主义社会美化成永恒的社会,圣西门批驳这种观点说:人类社会处于发展过程中,法国大革命建立的政治制度代替封建制度是一个历史进步,但是资本主义社会不过是旧的封建社会和未来社会之间的一个"中间的和过渡的体系",当它阻碍社会发展时,就没有存在的必要。圣西门认为,革命所建立的资本主义制度只给少数富有者和大资产阶级带来了利益,广大无产者和劳动群众却没有得到什么好处,仍旧遭受苦难,因此这个"社会制度必须被彻底改造"。

第二,关于实业制度:圣西门认为,实业制度将使人们享有最大程度自由,保证社会得到最大安宁。他的"实业制度"主张:社会组织的唯一的职能是尽善尽美地运用科学、艺术和工艺等现存知识来满足人们的需要,生产是

〔1〕《马克思恩格斯文集》第3卷,人民出版社2009年版,第529页。

增加财富的惟一手段。实业制度的管理机构最高行政委员会由最优秀的实业家组成，掌管行政、生产和财政工作，促进社会财富迅速增长。为了防止特权复活，圣西门提出了几条原则：人民领袖应由人民选举产生；实业制度的领导者只是为公共利益服务的社会管理人员；实业制度应实行集体领导；实业制度的领导者与人民群众是平等的关系。这一思想蕴含着：在未来共产主义社会中“政治国家”将要消亡，国家将不再是阶级统治的工具，国家将转变为管理社会公共事务的机构。显然，后来马克思、恩格斯吸收了圣西门的这一思想。但是圣西门不主张废除资本主义生产资料私有制——如果不改变经济基础，要从上层建筑来废除国家则是不可能的。

第三，关于分配：圣西门提出，未来社会中每个人的收入应当同他的才能和贡献成正比。他把工厂主、商人、银行家和农场主都看成是劳动者。他还认为，有计划地组织整个社会生产，是实业制度区别于资本主义制度的一个重要特征。

第四，关于教育：圣西门提出，在实业制度中应建立新的道德风尚。圣西门谴责旧的教育制度是努力培养自私自利的人，旧的教育内容严重脱离实际。未来社会的教育，不仅重视完善的知识教育，还必须十分重视道德品质的培养，真正的幸福就是抛弃满足私人欲望的动机，为大多数人服务。圣西门坚信，通过宣传教育，实业制度可以通过和平的手段建立。他把希望寄托在国王和资产阶级身上，希望有一天他们会大发善心，帮助无产者建立这种社会制度。

1825年，圣西门去世时，他的学生们已经形成了一个学术团体。他的一个学生奥古斯特·孔德，后来成为实证主义哲学和社会学的创始人。另外三个学生巴扎尔、巴特革米、安凡丹于1828—1829年写下了《圣西门学说释义》一书，从多方面阐释和发展了圣西门的空想社会主义。

(2) 夏尔·傅立叶

1772年，傅立叶生于法国东部的一个富商家庭。中学毕业后，他即遵照父亲的遗嘱学习经商，在商业界从事过多种职业。1793年，法国大革命中，他被雅各宾派逮捕。从此，他对革命的态度从冷漠到否定，坚决主张用改良手段来改造社会。傅立叶的观点主要包括以下几个方面：

第一，傅立叶对资本主义商业剥削的秘密揭露最为深刻，对利己主义的批判最为辛辣。他曾先后在里昂和巴黎做过商店雇员、推销员以及交易所经纪人，对商人的诡诈极为了解。他认为，资本主义制度是每个人都用欺骗公众的方法来寻求自己利益的制度。在这种制度下，充满着个人利益和集体利益的尖锐对立，每个人都处在同集体不断战斗的状态之中。他尖锐地批判利己主义：医生希望自己的同胞患寒热病；律师希望每个家庭都发生诉讼；建筑师希望发生大火使城市的四分之一化为灰烬；安装玻璃的工人希望下一场冰雹打碎所有的玻璃；棺材店老板希望天天死人。

第二，傅立叶认为，资本主义政治制度从属于商业剥削制度。傅立叶把资本主义政治制度称为"复活的奴隶制"。在他看来，法国资产阶级革命之后，商业成了社会经济的轴心和"政治界中真正的暴君"，"商业精神"浸透了整个社会。政府越来越服从于商人，它要根据商业来制定自己的政治方针，警察和司法机关不过是商人的庇护者，科学家、哲学家、经济学家都要向商人谄媚，甚至内阁和宫廷也都拜倒在掠夺成性的商人之前。

第三，傅立叶设计了"和谐制度"，用它来代替资本主义制度。"和谐制度"是一种工农结合的社会基层组织，傅立叶称之为"法郎吉"。"法郎吉"通常由大约 1 600 人组成。在"法郎吉"内部，人人劳动，男女平等，没有城乡差别、脑力劳动和体力劳动的差别。"法郎吉"的建筑群叫"法伦斯泰尔"，中心区是食堂、商场、俱乐部、图书馆等；建筑中心的一侧是工厂区，另一侧是生活区。傅立叶反对早期共产主义的禁欲思想，他强调物质生产，他设想在"和谐制度"下社会生产总量将比当时的文明社会增长一百倍，每个人的生活都超过现在的国王。"法郎吉"由招募股份设立，其收入按劳动、资本和才能分配：总的财富分为十二份，其中五份按劳动分配，四份按资本分配，三份按才能分配。到 1837 年傅立叶逝世前，连一个"法郎吉"也未建立，后来他的门徒创办了《法伦斯泰尔》杂志、《法郎吉》报，并相继在美国建立了 40 个"法郎吉"，均告失败。

第四，傅立叶非常重视思想教育。他不主张废除私有制，幻想通过宣传和教育来建立以"法郎吉"为基层组织的社会主义社会。傅立叶首次提出，妇女解放的程度是衡量人民是否彻底解放的天然标准，在"和谐制度"下，没有爱情的婚姻不复存在；他还主张对儿童从小实施劳动教育和科学教育。

(3) 罗伯特·欧文

马克思、恩格斯对罗伯特·欧文评价非常高，因为欧文把理想付诸实践。1771 年，欧文出生于小手工业者家庭，他的父亲是马具师和小五金商，母亲是邮政员。欧文 7 岁开始参加劳动，9 岁时就当了学徒，20 岁起在纱厂里当职员。他从小目睹了资产阶级对工人进行的残酷剥削，亲身经受了资本主义带来的苦难，所以他对工人非常同情。1799 年，欧文与他后来的岳父合伙购买了一家大企业，在此基础上办起了新拉纳克棉纺厂，欧文任经理，管理着 2 500 多个工人。欧文进行了一系列企业管理实验，把一个犯罪率很高的社区，改造成为模范社区。欧文的主要贡献如下：

第一，欧文开创了人性化管理制度，被称为现代人事管理之父。欧文的管理思想基于"人是环境的产物"这一法国唯物主义观点。用优良的环境代替不良的环境，可以清除人的邪恶，变成明智、理性、善良的人；人从出生到死亡，总要经历苦难，如果人的一生被善良和优良的环境所包围，那么就可以把苦难变成幸福。正是基于这样一个理念，他在工厂内推行了新的管理制度，其核心是废除惩罚，强调人性化管理。他在新拉纳克棉纺厂创办了世界上最早的幼儿园、托儿所、子弟小学、职工夜校；还创立了消费合作社，避免中间商的盘剥；还成立卫生所，解决职工医疗问题；他创办了"晚间文娱中心"，培养工人积极向上的业余活动，戒除酗酒等恶习；欧文还建立了劳工食堂，设立了工人养老金制度等。1812 年，欧文发表了《关于新拉纳克工厂的报告》，引起欧洲社会的广泛关注。1815 年，他在《论工业制度的影响》一书中，呼吁制定改善工人劳动条件的议会法案，经过不断努力，议会终于在 1819 年第一次通过了限制女工和童工工作时间的法案。

第二，欧文提出了国民义务教育的主张，并亲身实践。欧文主张实行教育立法，普及教育。欧文认为，教育下一代是"最最重大的问题"，是每一个国家的"最高利益所在"，是各国政府"压倒一切的紧要任务"。欧文努力敦促英国议会通过一项"联合王国全体贫民与劳动阶级教育法案"，他详细地列举了教育法案的具体条款，如教育部门的领导人选、教师的培养、经费开支、教学内容、教学计划、教学方法等内容和家庭教育与社会教育等。欧文在自己的工厂里绝对禁止使用不满十岁的童工，为不满 6 岁的儿童设立"幼儿学校"——这在当时是前所未有的。欧文认为，儿童成长的环境塑造了他们的性格，因此学龄前教育机构在扩大儿童的知识范围的同时，还要发展儿童对同龄人的同志感情。欧文还提出了教育与生产劳动相结合的理论，培养全面发展的人。欧文的教育实践取得了成功，为马克思的教育理论提供了基础。马克思对欧文的教育思想给予很高的评价："罗伯特·欧文接受了唯物主义启蒙学者的学说，认为人的性格是先天组织和人在自己的一生中、特别是在发育时期所处的环境这两个方面的产物。”同时，马克思也说明，欧文把人看作环境的消极产物是不正确的，因为人在革命实践的过程中，在改变着社会关系的同时也改变着自己的本性。[1]

第三，欧文对解决社会问题进行了积极探索。1817 年，欧文在《致工业和劳动贫民救济协会委员会报告》中提出建立合作社，以此来解决失业问题。在《致拉纳克郡报告》中，欧文提出了他的改革设想：消灭私有制，建立财产公有，权利平等和共同劳动。这标志着他的空想社会主义的形成。恩格斯对欧文的设想评价说：“1823 年，欧文提出了通过共产主义移民区消除爱尔兰贫困的办法，并附上了关于筹建费用、年度开支和预计收入的详细计算。而在他的关于未来的最终计划中，对各种技术上的细节，包括平面图、正面图和鸟瞰图在内，都作了非常内行的规划，以致他的社会改革的方法一旦被采纳，则各种细节的安排甚至从专家的眼光看来也很少有什么可以挑剔的。”[2]

1824 年，欧文辞去了新拉纳克棉纺厂的经理职务，带着一批门徒到美国印第安纳州的纽哈蒙尼，买下了 1 214 公顷土地，建立了示范性的“劳动公社”，全面推行他的计划。欧文所设想的“劳动公社”由几百人到几千人组成，实行生产资料公有，权利平等，民主管理等原则。1829 年，欧文的实践最终失败。欧文回到英国，正值英国工人运动高涨，他一方面在工人中宣传自己的主张，一方面投身于蓬勃发展的工会运动。1833—1834 年，欧文主持了英国工会和合作社的代表会议，成立了英国第一个全国性的总工会——“全国大统一工会”，并任主席。但是，由于欧文坚持空想社会主义，反对工人进行阶级斗争，所以后来逐渐脱离了工会运动。

欧文、圣西门、傅立叶代表了空想社会主义的最高形态，他们不仅启发了工人阶级的觉悟，而且成为科学社会主义的重要思想来源。

综上所述，恩格斯将 300 多年的空想社会主义分为空想共产主义和空想社会主义两大派，其根本区别在于对待私有制的态度不同。空想共产主义一般都是主张废除私有制，实行公有制，而空想社会主义有的并不主张废除私有制，而是在既有的私有制、市场商品交换制度中，致力于分配领域的改善。

---

〔1〕《马克思恩格斯文集》第 3 卷，人民出版社 2009 年版，第 533 页。
〔2〕同上书，第 535 页。

第四节　三大空想家的积极成果与历史局限

科学社会主义诞生之前，空想社会主义经历了300多年的发展，到19世纪，以圣西门、傅立叶、欧文为代表的空想社会主义达到了顶峰。恩格斯说："德国的理论上的社会主义永远不会忘记，它是站在圣西门、傅立叶和欧文这三个人的肩上的。虽然这三个人的学说含有十分虚幻和空想的性质，但他们终究是属于一切时代最伟大的智士之列的，他们天才地预示了我们现在已经科学地证明了其正确性的无数真理。"[1]这是恩格斯对空想社会主义的总体评价。

1. 空想社会主义的思想成果

19世纪三大空想社会主义者的思想成果主要包括三个方面：第一，对资本主义的弊端进行了深刻批判；第二，对未来社会进行了设想；第三，启发了工人阶级的觉悟。

(1) 批判资本主义制度

19世纪三大空想社会主义思想家，都对资本主义进行了深刻的批判，其中有很多闪光思想。

圣西门批评法国大革命所建立起来的资本主义社会"只产生了新奴役形式"。劳动者创造了财富，却只能艰难维持生存；游手好闲的富人却攫取了巨额财富，因而资本主义社会"真正是黑白颠倒的世界"。产生这种状态的祸根，是生产资料私有制。

傅立叶对资本主义的经济危机进行了深刻的分析：为了攫取高额利润，资本家囤积居奇，甚至销毁商品以抬高价格，产品过剩导致贫困。傅立叶举例说，即使在粮食丰收的年份仍会产生饥荒——在法国，八百万人没有面包，同时却有大量谷物被烧毁。他当店员的时候曾令人把二百万斤大米抛到海里。[2]而且，傅立叶进一步探讨了经济危机的根源：资本主义生产高度

---

〔1〕《马克思恩格斯选集》第2卷，人民出版社1995年版，第635—636页。

〔2〕《傅立叶选集》第1卷，商务印书馆1959年版，第202页。

发达而具有社会性,但每个企业又各自为政而具有分散性。这种社会性与分散性之间的矛盾导致了社会生产的无政府状态。他由此断言:在文明时代,生产过剩导致了劳动者过剩,贫困是由过剩本身产生的;资本主义的经济危机实质是“多血症的危机”。傅立叶对经济危机的思考为马克思、恩格斯进一步研究经济危机提供了启示。

欧文在批判资本主义社会的同时,追问了利润的来源。他根据自己管理新拉纳克棉纺厂的经验算了一笔账:“这 2 500 人中从事劳动的那一部分人给社会生产的实际财富,在不到半个世纪前还需要 60 万人才能生产出来。我问自己:这 2 500 人所消费的财富和以前 60 万人本来应当消费的财富之间的差额到哪里去了呢?”[1]因此,欧文希望建立一个理想的社会,让所有人共享劳动成果,他从一个慈善家转化为空想社会主义者。而欧文对资本利润的追问也为马克思探索剩余价值提供了启示。

(2) 设计理想社会

19 世纪三大空想社会主义者在批判资本主义社会的基础上,对未来社会进行了大胆设计。这些设计包括如下几个方面:

第一,变革所有制。19 世纪三大空想社会主义者关于公有制的设计是合理与不合理成分的混杂。多数空想社会主义者把私有制看作是资本主义各种罪恶的根源,但他们对所有制的看法并不一致。圣西门并不主张消灭生产资料私有制,他把工人、农民、资本家和商人都看成“实业阶级”。傅立叶明确指出了资本主义生产的“社会性”和单个企业生产的“分散性”之间的矛盾,他的分析蕴含着生产“社会化”的要求,但傅立叶提出的“法郎吉”是由招募股份的方式形成。而欧文则明确提出,“劳动公社”实行生产资料公有,人们共同占有生产资料,共同劳动,共同享受劳动成果。空想社会主义者的这些设想,为马克思、恩格斯研究科学社会主义所有制问题提供了启示。

第二,采取按劳分配。19 世纪三大空想社会主义者批判了资本主义剥削和财富分配不公,都明确提出了按劳分配的思想萌芽。

圣西门主张社会财富按照劳动贡献来分配,但他同时也承认财富中的一部分要按资本来分配。傅立叶的“和谐制度”则对分配问题进行了更加复杂的安排——把财富分为十二份,其中五份按劳动分配,四份按资本分配,

〔1〕《马克思恩格斯文集》第 3 卷,人民出版社 2009 年版,第 534 页。

三份按才能分配。欧文不仅在理论上对利润的来源进行了追问，而且在新拉纳克棉纺厂的管理实践中，通过企业福利的方式对利润进行重新分配；欧文后来在美国“劳动公社”实践中，明确主张实行财产共有，按劳分配。

第三，实行计划经济。19 世纪三大空想社会主义者都看到了资本主义生产的无政府状态，在对未来社会的设计中，都形成了计划经济的思想萌芽。

圣西门提出：国家应当通过理性的筹划来安排社会劳动，“人人应当劳动”，使每个人都有劳动的机会。傅立叶关于社会主义“和谐制度”的计划非常精细：每个“法郎吉”的最佳规模是 1 620 人；“法郎吉”内部又划分为不同的专业劳动小组（即“谢利叶”）；计划体制下，没有了市场，如何保证劳动者积极性？傅立叶的办法是开展劳动竞赛。欧文设计了一幅十分精致的理想社会蓝图：由许多“劳动公社”组成的联合体，每个“劳动公社”占地 1 000—1 500 英亩土地；公社成员按照不同专长和年龄组织起来，集体劳动，各尽所能；除日常用品以外，公社实行财产公有，所有社会成员一律平等，贫富差别不复存在，失业不复存在。

第四，转变国家职能。资本主义私有制的经济基础要求资产阶级专政的上层建筑。19 世纪三大空想社会主义者对未来社会的设想不可避免地涉及国家职能的转变。在这方面，做出较大贡献的是圣西门。他提出的“实业制度”涉及了社会主义条件下经济与政治关系。圣西门认为，在“实业制度”下，人人都要劳动，按计划生产，收入和贡献成正比，不承认任何特权——于是，政治学成为生产的科学，政治将融化在经济之中。

马克思、恩格斯继承和发展了圣西门的观点，马克思提出：在未来共产主义社会，国家的政治统治职能将消亡，即作为阶级统治工具的“国家”将消亡。后来，列宁创建了第一个社会主义国家，提出了“经济建设的政治”和“国家建设的政治”，丰富和发展了“政治将融化在经济之中”的内涵。在社会主义社会，国家职能将发生转变，从阶级斗争转向经济建设。虽然，社会主义国家作为阶级统治工具的职能依然存在，但社会主义国家管理社会公共事务的职能将不断增强。

(3) 启发工人觉悟

空想社会主义属于工人阶级的意识形态。在欧洲资产阶级革命中，无产阶级和资产阶级一起去反封建，无产阶级还没有独立的思想。在意识形态领域，无产阶级和资产阶级都信奉启蒙思想——启蒙思想实际上是资产阶级用来反封建的旗帜，启蒙思想是资产阶级的意识形态。随着资本主义制度在欧洲确立，资本主义弊端日益显露，无产阶级和资产阶级之间的矛盾日益尖锐，空想社会主义从启蒙思想中分离出来，工人阶级才第一次有了属于自己的意识形态。

尽管空想社会主义作为无产阶级的意识形态不够科学，但是在它的指导下，空想社会主义者对资本主义进行了尖锐的批判，对未来社会进行了设想，并且进行了大胆的尝试。这些活动无疑启发了工人的思想觉悟。

2. 空想社会主义的有限实践

一般而言，由于时代的局限，空想社会主义缺乏实践。但空想社会主义本身是针对资本主义现实问题产生的，一些杰出空想社会主义者进行了有限的实践。

早期空想社会主义者康帕内拉参与领导了意大利南部人民反对西班牙的斗争。巴贝夫的空想社会主义学说摆脱了虚幻的文学游记和抽象的法律条文，制定了具体革命纲领和起义计划，建立了严密的组织。马克思称许巴贝夫是第一个“真正能动的共产主义政党”的奠基人。

到 19 世纪，空想社会主义达到了顶峰，加强了改造社会的实践。圣西门参加过美国独立战争，并经历了法国大革命的洗礼，成为工人阶级的代言人。他希望用“实业制度”替代资本主义制度。傅立叶在法国大革命之后，开始设计“和谐社会”，并着手实施他的理论。尽管傅立叶本人生前没有实践他的理论，但他的门徒相继在美国建立了 40 个“法郎吉”，最后均告失败。欧文是一位空想社会主义的实践家，在英国管理新拉纳克棉纺厂期间，他进行了一系列管理实践，把一个犯罪率很高的社区，改造成为模范区。在美国，欧文和他的门徒进行了“新和谐”公社试验，终告失败。欧文回到英国，仍积极投身于工人运动。马克思、恩格斯称赞他是“英国共产主义的代表”、“社会主义者运动的创始人”。

这些空想社会主义者，为解决现实社会问题进行了大胆的实践，尽管他们的实践都不成功，但给后来者积累了经验。

3. 空想社会主义的历史局限

空想社会主义反映了被剥削阶级的愿望，我们在充分肯定空想社会主义积极意义的同时，也必须认识到它的历史局限性。

(1) 阶级观念模糊

空想社会主义者认识到了阶级差别，但是他们关于阶级的认识模糊不清。例如，圣西门比马克思更早看到了阶级斗争，也最早用阶级斗争观点分析了法国革命。他认为，在法国革命中，资产阶级同封建地主的斗争是阶级斗争；贫苦大众同封建主义、资本主义的斗争也是阶级斗争。恩格斯称赞圣西门说，“这在1802年是极为天才的发现。”〔1〕但是，圣西门把企业主、银行家等也看作劳动者，他的阶级划分标准非常模糊。尽管圣西门特别强调他最关心“人数最多和最贫穷的阶级”，但同时他认为这个“无财产阶级”没有能力领导社会。在他设想的“实业社会”中，领导者不是无财产的群众，而是代表科学和工业的银行家、企业家与科学家。例如，他认为银行家承担着通过信用来调节整个社会生产的使命。所以，恩格斯评价圣西门说：“在圣西门那里，除无产阶级的倾向外，资产阶级的倾向还有一定的影响。”〔2〕阶级观念模糊，不仅在圣西门那里存在，也是19世纪三大空想社会主义者的共同问题。恩格斯说：“所有这三个人有一个共同点：他们都不是作为当时已经历史地产生的无产阶级的利益的代表出现的。他们和启蒙学者一样，并不是想首先解放某一个阶级，而是想立即解放全人类。”〔3〕由于阶级观的模糊，空想社会主义找不到实现理想社会的历史主体。随着历史发展，无产阶级开始作为一支政治力量登上历史舞台，科学社会主义创立之后，空想社会主义逐渐失去了自己的舞台。

(2) 不懂历史规律

空想社会主义不懂社会发展的历史规律，因此找不到实现理想社会的正确途径。他们往往寄希望于富人发善心，期盼某个政治人物采纳他们的建议，或者通过宣传和示范来推广他们的宏伟蓝图。

圣西门精心设计了“实业制度”，曾经向拿破仑建议实行他的“实业制度”，结果被拿破仑当作疯子来嘲笑。傅立叶设计的“法郎吉”则更为精致，他认为“法郎吉”比资本主义制度更能合理分配财富，并可以为任何政治制度包括君主制度所采纳，他幻想用宣传、说服和示范的办法来实现他的理想社会。欧文设计精致的“劳动公社”，最终也失败了。

---

〔1〕《马克思恩格斯文集》第9卷，人民出版社2009年版，第275页。

〔2〕《马克思恩格斯文集》第3卷，人民出版社2009年版，第525页。

〔3〕同上书，第526页。

(3) 科学方法缺失

空想社会主义的世界观和方法论是唯心主义的。空想社会主义者传承了启蒙理性,试图依据“永恒的理性”来构建理想社会。

一方面,空想社会主义者认为,依据启蒙“理性”建立起来的资本主义社会并不完美,因此需要重新设计出新的理想社会方案。

另一方面,空想社会主义者仍然认为,只要人类真正认识到“永恒的理性”并且遵循它建构世界,就能建立至善的理想社会。恩格斯指出:空想社会主义者想建立理性和永恒正义的王国,“真正的理性和正义至今还没有统治世界,这只是因为它们没有被人们正确地认识。所缺少的只是个别的天才人物,现在这种人物已经出现而且已经认识了真理;至于天才人物是在现在出现,真理正是在现在被认识到,这并不是从历史发展的联系中必然产生的、不可避免的事情,而纯粹是一种侥幸的偶然现象”。[1]在空想社会主义者看来,人类历史是天才人物创造的,也没有什么规律可言,所以他们不可能发现人类历史规律。

4. 把社会主义置于现实的基础之上

在对空想社会主义进行批判的基础上,恩格斯得出了一个重要的结论:要使社会主义从空想变为科学,必须把社会主义“置于现实的基础之上”。

恩格斯对“理性”做了进一步分析。启蒙思想和空想社会主义所信奉的“理性”到底是什么?其内容抽象且笼统,不同的人有不同的理解。每个倡导者都声称自己所主张的“理性标准”是人类唯一的普遍标准,然而他们所主张的“永恒的理性”只是代表社会某一阶级和阶层的利益和价值追求。

对于空想社会主义者来说,“永恒的理性”就是“社会主义”。恩格斯说:“对所有这些人来说,社会主义是绝对真理、理性和正义的表现,只要它被发现了,它就能用自己的力量征服世界;因为绝对真理是不依赖于时间、空间和人类的历史发展的,所以,它在什么时候和什么地方被发现,那纯粹是偶然的事情。”恩格斯继续分析道,对于不同的社会主义流派,由于他们的创始人的主观认识、生活条件、知识水平和思维训练水平不同,每个社会主义流派对“社会主义”的理解也各不相同。各个空想社会主义流派为了获取对“社会主义”的一致认识,只好采取折中的办法。所以,对大多数工人来说,

〔1〕《马克思恩格斯文集》第3卷,人民出版社2009年版,第526页。

他们对“社会主义”的认识只是各种“不伦不类的社会主义”的混合物。恩格斯说，这种社会主义实际上直到今天还统治着法国和英国大多数工人的头脑。[1]因此，需要“科学”的社会主义来武装工人的头脑。

那么，怎样使“社会主义”从“空想”走向“科学”呢？恩格斯指出了解决问题的根本出路：“为了使社会主义变成科学，就必须首先把它置于现实的基础之上”。[2]这是恩格斯通过考察空想社会主义三百多年发展历程得出的科学结论。工人阶级意识形态的发展，在经历了“启蒙思想”、“空想社会主义”之后，最终要走向“科学社会主义”。马克思、恩格斯的伟大贡献就是摆脱这种唯心的、“空想”的社会主义；将唯物论和辩证法相结合，创立辩证唯物主义和历史唯物主义，将“社会主义”置于“现实的基础”之上，为工人阶级提供认识和改造世界的科学指导思想。

---

〔1〕《马克思恩格斯文集》第3卷，人民出版社2009年版，第536页。

〔2〕 同上书，第537页。

第三章
科学社会主义的理论基石

恩格斯的《在马克思墓前的讲话》中曾经指出,马克思一生的成就是多方面的,其中最伟大的发现有两个,即唯物史观和剩余价值学说。前者揭示了人类历史的发展规律,后者揭示了资本主义生产方式的运动规律。正是由于这两个伟大的发现,才使社会主义从空想变成了科学。唯物史观和剩余价值学说构成了科学社会主义的两块理论基石。

第一节　世界观方法论的变革

唯物史观揭示了人类历史的发展规律,是科学社会主义的第一块基石。发现人类历史规律需要科学的世界观和方法论。在《社会主义从空想到科学的发展》的第二章,恩格斯用很大篇幅介绍了欧洲哲学的发展,叙述了辩证法与形而上学的对立、唯物主义与唯心主义的对立;马克思将唯物主义与辩证法相结合,创立了辩证唯物主义,为发现人类历史规律提供了科学的世界观和方法论。

1. 辩证法与形而上学的对立

(1) 辩证法的发展

在《社会主义从空想到科学的发展》第二章开头,恩格斯用精练的语言勾勒出了辩证法与形而上学斗争的总体脉络。恩格斯认为,在马克思主义哲学产生之前,辩证法与形而上学之间的关系经历了三个阶段:

第一阶段:古希腊的辩证法。恩格斯说:"古希腊的哲学家都是天生的自发的辩证论者,他们中最博学的人物亚里士多德就已经研究了辩证思维的最主要的形式。"[1]在古代,在世界各个古老文明中,都存在着朴素的自

〔1〕《马克思恩格斯文集》第3卷,人民出版社2009年版,第538页。

然观。古代朴素自然观有一个非常明显的优点——自发地把辩证法和唯物论相结合。古希腊的辩证法对马克思创立辩证唯物主义哲学产生了重要影响。马克思的第一部大部头的著作就是他的博士论文《德谟克利特的自然哲学和伊壁鸠鲁的自然哲学的差别》,1841 年 4 月由耶拿大学获得通过,被收录在《马克思恩格斯全集》第一卷第一篇。在《博士论文》里,马克思重点讨论了德谟克利特和伊壁鸠鲁自然哲学的差别:德谟克利特的原子论构成了近代"形而上学自然观"的原型;伊壁鸠鲁强调"辩证法",构成了近代辩证自然观的原型,伊壁鸠鲁不仅继承了德谟克利特的唯物主义,而且把唯物论和辩证法结合起来。因此,马克思赞颂伊壁鸠鲁是古希腊最伟大的思想家。马克思的《博士论文》奠定了马克思主义哲学的基层结构——即辩证法和唯物主义相结合。但是,古代朴素自然观有一个明显的缺陷,缺乏实证的方法,因而朴素自然观对世界的认识仅仅是一个笼统、模糊、粗糙的总体画面。对此恩格斯评价说:"这种观点虽然正确地把握了现象的总画面的一般性质,却不足以说明构成这幅总画面的各个细节;而我们要是不知道这些细节,就看不清总画面。"〔1〕

在欧洲中世纪,朴素自然观被神学自然观淹没了。中世纪神学自然观的核心内容是"创世说"。"创世说"最初是在《圣经》中提出的,后来中世纪的许多神学家对"创世说"进行了阐述和发挥,其中最为著名的是奥古斯丁和托马斯·阿奎那。直到近代形而上学自然观产生,神学自然观才受到了挑战。1843 年,马克思在《黑格尔法哲学批判导言》中指出:对宗教的批判是其他一切批判的前提。后来,他在《资本论》中进一步强调:"宗教是被压迫生灵的叹息,是无情世界的心境,正像它是无精神活力的制度的精神一样。宗教是人民的鸦片。"〔2〕

第二阶段:近代形而上学思想。近代哲学虽然有辩证法的卓越代表,但总体而言,形而上学在欧洲哲学中占据了统治地位。从 15 世纪下半叶开始,随着自然科学迅速发展,人们把自然界分解为各个部分,进行分门别类的研究,这是近代科学获得巨大进展的基本条件。但是,分门别类的方法也形成了形而上学的思维方式——古代朴素自然观的优点消失了,唯物论与辩证法互相分离。单从这一点看,近代形而上学自然观与古代朴素自然观

〔1〕《马克思恩格斯文集》第 3 卷,人民出版社 2009 年版,第 539 页。
〔2〕《马克思恩格斯选集》第 1 卷,人民出版社 1995 年版,第 2 页。

相比发生了退化。但近代形而上学自然观也有优势：第一，它的实证方法和实验手段是古代朴素自然观所无法比拟的；第二，它与生产密切结合，新的自然哲学成果一旦产生便应用于生产，推动生产力迅速发展；第三，近代形而上学自然观是在与神学的斗争中产生的，并在与神学的斗争中发展起来的。

近代形而上学自然观革命从哥白尼创立日心说开始，向基督教会的地心说提出了挑战；到牛顿时代，形而上学自然观的发展达到了顶峰，牛顿是近代形而上学自然观的集大成者。近代自然哲学本来是以反对上帝的力量出现的，但牛顿晚年却走向了神学。牛顿无法理解谁给予了天体运动的"第一推动力"，他将"第一推动力"赋予了上帝的"神臂"。对此恩格斯评价说："哥白尼在这一时期之初向神学下了挑战书；牛顿却以神的第一推动这一假设结束了这个时期。"〔1〕

第三阶段：近代德国哲学恢复了辩证法的地位。在《社会主义从空想到科学的发展》中，恩格斯说："在此期间，同18世纪的法国哲学并列和继它之后，近代德国哲学产生了，并且在黑格尔那里完成了。它的最大的功绩，就是恢复了辩证法这一最高的思维形式。"〔2〕诚如恩格斯所言，随着近代科学技术的发展，"形而上学思维的框子"已经无法解释最新的科学发现，在这种情况下，近代德国哲学产生了。

近代德国哲学的创始人是康德。康德年轻时从事天文学研究，著有《宇宙发展史概论》一书，在该书中，康德提出了著名的"星云说"来解释宇宙的起源。第一，康德认为，宇宙是普遍联系的整体。宇宙最初是由分散的物质组成，呈星云状；星云物质互相聚集和绕转，形成了复杂的天体系统，"物质是能从它的完全分解和分散状态中自然而然地发展成为一个美好而有序的整体的"。〔3〕第二，宇宙演化的动力来自物质的内部，即物质本身的引力和斥力。康德用对立统一关系来阐明太阳系天体的起源。第三，康德认为宇宙是自我演化的，他从根本上否定了上帝推动天体横向运动的"神臂说"。恩格斯对此评价说：1755年，康德的《宇宙发展史概论》问世，"关于第一推动的问题被排除了；地球和整个太阳系表现为某种在时间的进程中生成的东西"。〔4〕康德的"星云说"体现了辩证法思想，并且把辩证法和唯物论相结合。

---

〔1〕《马克思恩格斯选集》第4卷，人民出版社1995年版，第265页。
〔2〕《马克思恩格斯文集》第3卷，人民出版社2009年版，第538页。
〔3〕康德：《宇宙发展史概论》，上海人民出版社1972年版，第13页。
〔4〕《马克思恩格斯选集》第4卷，人民出版社1995年版，第266页。

黑格尔是近代德国哲学的集大成者。19 世纪初，黑格尔对形而上学自然观进行了批判，提出了完整的辩证法。尽管黑格尔的整个思想体系是唯心主义的，但他是辩证法大师，他的辩证法思想对马克思产生了深刻影响。恩格斯在《社会主义从空想到科学的发展》中赞扬黑格尔："这种近代德国哲学在黑格尔的体系中完成了。在这个体系中，黑格尔第一次——这是他的伟大功绩——把整个自然的、历史的和精神的世界描写为一个过程，即把它描写为处在不断的运动、变化、转变和发展中，并企图揭示这种运动和发展的内在联系。"〔1〕黑格尔关于辩证法的核心思想包括如下要点：

第一，黑格尔认为，自然界是一个普遍联系的发展的整体。1817 年，黑格尔出版了《自然哲学》一书，描绘了自然界的演化过程。自然"是一种由各个阶段组成的体系，其中一个阶段是从另一个阶段必然产生的"。〔2〕这些阶段的发展过程表现为：无机界向有机界发展转化；有机界向生命界发展转化；生命界孕育出了人类，人类代表着"精神"和"理性"。"自然界自在地是一个活生生的整体"。〔3〕黑格尔认为，自然、历史和精神发展的动因是人与自然的斗争——或者说是以人为代表的"理性"和以自然界代表的"无理性"之间的斗争。

第二，黑格尔通过详细论证，将"自然"、人类"历史"和"精神"联系起来。黑格尔认为，自然界是人类"精神"活动的舞台，地理基础"是'精神'所从而表演的场地，它也就是一种主要的、而且必要的基础"。〔4〕黑格尔把"精神"当作世界历史的主宰，把自然看作"精神"表演的场地，这当然是唯心主义的；但是黑格尔所揭示的"精神"与自然界关系却有合理成分——人类社会的生存和发展离不开自然界，"自然是人类在他自身内能够取得自由的第一个立脚点"。〔5〕特别是，黑格尔第一次提出：地理环境通过物质生产影响社会生活。他认为，地理环境对社会发展的作用不是直接的，而是通过一个"中介"——人类的生产劳动。黑格尔认为，自然条件的差异首先影响到居民的生产方式和生活方式，"牛羊牧畜是高原的生计，——平原流域从事农、工、商业，——商业和航海在第三种土地上盛行"。〔6〕在这里，"第三种土地"

---

〔1〕《马克思恩格斯文集》第 3 卷，人民出版社 2009 年版，第 542 页。

〔2〕黑格尔：《自然哲学》，商务出版社 1980 年版，第 28 页。

〔3〕同上书，第 34 页。

〔4〕〔5〕黑格尔：《历史哲学》，上海书店出版社 1999 年版，第 85 页。

〔6〕黑格尔：《历史哲学》，上海书店出版社 1999 年版，第 107 页。

是指海洋及沿海地区。黑格尔继续说明，地理环境影响居民的生产方式和生活方式，并进一步造成居民性格和社会制度的不同：高地居民的性格是好客和掠夺，平原居民的特性是因循守旧和孤立封闭，海岸居民是勇敢沉着和机智。"第一种的社会状态严格地是家长制的独立；第二种是所有权和地主农奴间的关系；第三种就是公民的自由。"[1]通过这样的描述，黑格尔形成了一个逻辑链条：地理环境影响生产方式和生活方式，进而影响文化与社会制度。这就是"自然"、"历史"和"精神"之间的联系。但黑格尔并不是一个环境决定论者，实际上黑格尔既反对孟德斯鸠等人的地理环境决定论，也反对伏尔泰等人的地理环境无用论。马克思认为黑格尔的一些观点"非常正确"，并继承和发展了黑格尔的观点：生产方式决定着人类的生活方式、社会制度，以及思想文化——这是马克思唯物史观的核心内容。应该说，马克思发现唯物史观，一定程度上是从黑格尔那里获得了启示。

（2）辩证法与自然科学的发展

尽管恩格斯承认，近代德国哲学"最大的功绩，就是恢复了辩证法这一最高的思维形式"。但辩证法思想并不是从康德、黑格尔这些伟大人物的头脑里产生的，是近代科学的发展为辩证法提供了现实基础。

从形而上学自然观到辩证自然观的发展，与近代科学技术的发展密切相关。恩格斯说，"自然界是检验辩证法的试金石，而且我们必须说，现代自然科学为这种检验提供了极其丰富的、与日俱增的材料，并从而证明了，自然界的一切归根到底是辩证地而不是形而上学地发生的；自然界不是循着一个永远一样的不断重复的圆圈运动，而是经历着实在的历史"。[2]恩格斯这番话是对18世纪以来，科技发展场景的生动描绘：科学技术迅速发展，并进而推动形而上学自然观向辩证自然观演变。

恩格斯用较大篇幅，系统地说明了18世纪产业革命以来科学技术发展的状况。恩格斯在写作《社会主义从空想到科学的发展》之前，正在着手写作《自然辩证法》。相对于《自然辩证法》来说，《社会主义从空想到科学的发展》中关于科学技术发展的描述只是冰山的一角。

形而上学自然观认为世界是孤立的、静止的，事物的变化是由外力推动的。形而上学自然观认为天不变、地不变、自然界的万千物种自古以来就是

[1] 黑格尔：《历史哲学》，上海书店出版社1999年版，第107页。
[2] 《马克思恩格斯文集》第3卷，人民出版社2009年版，第541页。

这个样子，将来也不会改变。但产业革命以来，随着近代自然科学的一系列重大发现，“形而上学思维的框子”面临危机。

1755年，康德提出星云说，打开了形而上学自然观的第一个缺口，说明“天在变”，否定了“天不变”的形而上学自然观。1830年，英国地质学家赖尔出版了《地质学原理》第一卷，提出了地质“渐变论”，打开了形而上学自然观的第二个缺口，说明“地在变”。恩格斯在《自然辩证法》中说明了地质理论从居维叶到赖尔的变化。[1]在赖尔之前，法国解剖学家、古生物学家居维叶提出了“神创论”和“灾变论”。居维叶认为，地球上曾发生过多次灾变，每一地层代表一次大灾变。在大灾变时，生物全部灭绝；每一次大灾变之后，上帝又重新创造出新的生物。因为上帝不愿意重复，后一次创造总比前次创造增加一些变化，因此后一次创造的生物要总比前一次更复杂。但物种自己是不变的，上帝创造出多少种，就有多少种。与居维叶的“灾变论”针锋相对，赖尔认为，地球表面的变迁是河流冲刷、潮汐侵蚀、地震、火山等自然力缓慢作用的结果，水流把崎岖的地球表面渐渐夷为平地，而火山的作用则使地表崎岖不平。在不同地层中的古生物化石呈现由简单到复杂的有序排列，说明了生物自身进化的过程。地球和地球上的生物都有自己的历史，并不是超自然力所为。赖尔唯物辩证的“渐变论”有力地批判了居维叶的“神学自然观”，把上帝赶出了地质学，并为达尔文的进化论开辟了道路。

形而上学自然观认为，世界是彼此孤立的；而能量守恒和转化定律证明了世界是“普遍联系”的，打开了形而上学自然观的第三个缺口。在工业革命过程中，由于需要提高机器的能量转化效率，科学家们通过不同途径，殊途同归，发现了能量守恒定律。经过莱布尼茨、拉格朗日、托马斯·扬等人的努力，到1807年机械能守恒的定律已经建立起来。1826年，英国植物学家罗伯特·布朗(1773—1858年)用显微镜观察悬浮在水中的花粉，发现液体分子的“热运动”，后来这种运动被称为“布朗运动”，证明了“热”实际上是分子的机械运动。1831年，法拉第确立了电磁感应定律，电和磁通过机械运动可以互相转化。1840年，英国实验物理学家焦耳精确地测定了电能转化为热能的热功当量。能量守恒和转化定律不但揭示出热、光、电、磁、机械能和化学能等之间是“普遍联系”的，而且还定量地揭示出能量相互转化的当量关系。能量守恒定律打开了形而上学自然观的第三个缺口，为辩证唯

---

〔1〕 参看恩格斯:《自然辩证法》,《马克思恩格斯选集》第4卷,人民出版社1995年版,第267—268页。

物主义自然观的确立提供了物理学根据。

人工合成尿素，给形而上学自然观打开第四个缺口。19世纪初，人们认为：有机物只能在动、植物体内制造出来，有机物与无机物之间是不可逾越的，用无机物无法合成出有机物。1824年，德国化学家维勒(1800—1882年)首先从无机物人工合成了有机物——尿素。从此，形而上学自然观在化学领域被突破了，科学证明了无机物与有机物之间的联系，打破了有机物和无机物不可逾越的错误观念，为唯物辩证法创立提供了自然科学上的论据。

细胞学说给形而上学自然观打开第五个缺口。在19世纪以前，人们把各种各样的植物和动物看作是互不相关的、孤立的和不变的。1838年，德国生物学家施旺和施莱登共同创立了细胞学说。细胞学说揭示了整个自然界的内在联系和有机统一，有力地打击了形而上学自然观。

近代自然科学的一系列的重大发现证明：自然界的各种事物都在发展演化，形而上学自然观难以维持下去了，辩证唯物主义自然观诞生已经不可避免。恩格斯后来在《自然辩证法》中这样描述那个时代："新的自然观就其基本点来说已经完备：一切僵硬的东西溶解了，一切固定的东西消散了，一切被当作永恒存在的特殊的东西变成了转瞬即逝的东西，整个自然界被证明是在永恒的流动和循环中运动着。"〔1〕

在《社会主义从空想到科学的发展》中，恩格斯对形而上学自然观到辩证自然观的发展过程做了分析。首先，恩格斯肯定了形而上学自然观的合理性：第一，形而上学自然观是确定的。"是就是，不是就不是，除此以外，都是鬼话"，这种思维方式更加符合人们的生活常识，也更加容易被人们理解和接受。第二，形而上学自然观是与人类的科技水平相适应的。15世纪以来，当人类把自然界分解为各个部分，分门别类研究，就会形成形而上学的思维方式。18世纪下半叶以来，发生了以蒸汽机的广泛应用为主要标志的第一次技术革命，人类的科技水平仿佛突然之间"跨入广阔的研究领域"，人类的认识从"分门别类"跨入了"大综合"时代。于是，辩证自然观代替形而上学自然观就成为一种必然。

(3) 辩证法与人的解放

恩格斯对自然辩证法非常重视。他一生中花了大量的时间写作《自然辩证法》；在《社会主义从空想到科学的发展》中，恩格斯也用较大的篇幅来

〔1〕《马克思恩格斯选集》第4卷，人民出版社1995年版，第270页。

说明自然辩证法。

有学者提出，恩格斯对自然辩证法非常重视，而马克思对自然辩证法则不够重视，这是马克思和恩格斯的区别。这种观点没有根据，实际上，马克思从青年时代起就曾以极大的热情投入对“自然哲学”的研究——当时还没有“自然辩证法”这个概念。为什么马克思、恩格斯会这样钟情于辩证法？其中一个重要原因是：辩证法为人的解放提供了思想资源。

早在马克思的博士论文《德谟克利特的自然哲学与伊壁鸠鲁自然哲学的差别》中，马克思专门阐述了形而上学导致“宿命论”，而辩证法则通向人的解放。德谟克利特和伊壁鸠鲁的差别实质上是形而上学和辩证法之间的差别。德谟克利特和伊壁鸠鲁都是古代朴素唯物主义思想家，这是他们的相同之处。他们的区别在于：德谟克利特的原子论构成了近代形而上学自然观的原型，伊壁鸠鲁的原子论则构成了现代辩证自然观的原型。“形而上学”把人的能动性排除在外，“目中无人”，导致“宿命论”；“辩证法”则“目中有人”，强调人的自我意识和能动性。德谟克利把一切都归结为必然性，在他看来，必然性是命运，是法，是天意，是世界的创造者。德谟克利特不承认偶然性，他认为人们给自己虚构出偶然这个幻影——这正是他们自己束手无策的表现，因为偶然性和强有力的思维是敌对的。伊壁鸠鲁则强调偶然性，反对听从必然性的安排。伊壁鸠鲁讥讽宿命论说，听从必然的命运的安排还不如去求神——而伊壁鸠鲁本人是一个无神论者。伊壁鸠鲁认为，“在必然性中生活，是不幸的事，但是在必然性中生活，并不是一种必然性”。偶然性为人们提供了通向自由的道路，通向自由的道路到处都敞开着，这种道路很多，它们是便捷易行的。[1]马克思从青年时代开始就决不认命，他要冲破宿命论，辩证法给马克思提供了冲破宿命的精神资源。

反对形而上学和宿命论构成了18世纪以来德国哲学的主题。在18世纪早期，形而上学处于统治地位。当时人们普遍信奉形而上学自然观，它用纯粹力学的观点来考察自然，把自然界——甚至人，看作是一种机械装置，一切都已事先安排好了，这必然导致宿命论。这与文艺复兴弘扬的人文主义精神是相背离的。因此，近代德国哲学（即德国古典哲学）传承了文艺复兴以来“人的解放”的精神，反对形而上学，构成了当时德国哲学的时代主题，从康德到黑格尔，一直致力于反对形而上学。马克思和恩格斯在青年时

---

〔1〕《马克思恩格斯全集》第1卷，人民出版社1995年版，第26页。

代都深受黑格尔思想影响，都是青年黑格尔派的成员。他们都把辩证法作为思想武器来反对宿命论。在《社会主义从空想到科学的发展》中，恩格斯之所以用较大的篇幅来谈论辩证法，其中一个目的就是改变工人的思维方式，摒弃宿命论，唤起工人群众去改变自己的命运。

2. 唯物主义和唯心主义的对立

在《社会主义从空想到科学的发展》中，恩格斯并没有用很大篇幅来说明唯物主义和唯心主义的对立。因为当时唯心主义已经不再处于主导地位，唯物主义在很多领域已经取得了胜利。

从14世纪以来，"文艺复兴"最响亮的口号就是"人的解放"，首先就是把人从上帝的统治下解放出来。从15世纪哥白尼提出"日心说"以来，随着欧洲科学技术迅速发展，上帝的地位不断受到挑战，经过18世纪中叶以来的产业革命，到19世纪，唯物主义(形而上学唯物主义或机械唯物主义)已经在占据了主导。经过17—18世纪的资产阶级革命，欧洲主要国家已经建立了政教分离的政权，宗教成为个人的私事。1842年，费尔巴哈发表他的代表作《基督教的本质》，从学术角度清楚地说明了：上帝只不过是人的自我意识的外化。因此，经过多次的文化、科技、政治洗礼，到恩格斯出版《社会主义从空想到科学的发展》的时候，唯心主义已经没有太大的影响力。如果说唯心主义还有一定影响力的话，那就只剩下了黑格尔的客观唯心主义。然而，黑格尔的客观唯心主义和宗教主观唯心主义不同。德国古典哲学传承了欧洲文艺复兴以来宗教批判的精神，黑格尔也在用隐蔽的方式颠覆上帝：他提出了"绝对精神"，把创造世界的权力从上帝手中转移给了"绝对精神"。黑格尔用客观唯心主义代替宗教主观唯心主义，也是对神学霸权的颠覆，在当时是一种进步。所以，在《社会主义从空想到科学的发展》中，恩格斯所指的唯心主义，主要是黑格尔的客观唯心主义。

恩格斯首先说明了黑格尔的伟大功绩："把整个自然的、历史的和精神的世界描写为一个过程，即把它描写为处在不断的运动、变化、转变和发展中，并企图揭示这种运动和发展的内在联系。"[1]黑格尔的辩证法说明了自然、历史和精神之间的关系，即地理环境影响人类的生产方式，生产方式进而影响人们的生活方式、社会制度、思想文化。这几乎就是唯物史观的雏形了。在黑格尔之前，人们认为自然界是有规律的，但人类历史却是"乱七八

〔1〕《马克思恩格斯文集》第3卷，人民出版社2009年版，第542页。

糟的”,充斥着毫无意义的暴力,应该被“理性的法庭所唾弃”。但是,黑格尔改变了人们的对人类历史的看法,他说明了人类历史像自然界一样,也是有规律的。并且,黑格尔为哲学提出了一个重要任务:“思维的任务现在就是要透过一切迷乱现象探索这一过程的逐步发展的阶段,并且透过一切表面的偶然性揭示这一过程的内在规律性。”[1]总之,黑格尔功绩是:把自然、历史、精神三者联系起来,并提出了一个重要任务——寻找人类历史的规律。

黑格尔并没有成功地发现人类历史的规律。恩格斯分析,黑格尔之所以不成功,有四个原因:第一,尽管黑格尔很博学,但是“他自己的必然有限的知识的限制”。第二,在黑格尔所处的时代,人类的知识在广度和深度方面还有限制。第三,黑格尔是唯心主义者,恩格斯说过,“在他看来,他头脑中的思想不是现实的事物和过程的或多或少抽象的反映,相反,在他看来,事物及其发展只是在世界出现以前已经以某种方式存在着的‘观念’的现实化的反映。这样,一切都被头足倒置了,世界的现实联系完全被颠倒了”。第四,黑格尔的辩证法本身“还包含着一个无法解决的内在矛盾”:一方面,黑格尔“把人类的历史看做一个发展过程”,因此不存在什么终极的“绝对真理”;但另一方面,黑格尔“又硬说它自己就是这种绝对真理的化身”,黑格尔把自己的辩证法看作是“关于自然和历史的无所不包的、最终完成的认识体系”,所以恩格斯说黑格尔“是同辩证思维的基本规律相矛盾的”。[2]

要完成黑格尔所提出的任务,即发现人类历史的规律,就必须实现思维方式的变革——把辩证法与唯物主义相结合,把辩证唯物主义作为分析工具去发现人类历史过程的规律。而思维方式的变革是由马克思和恩格斯来完成的。

第二节 唯物史观的伟大发现

唯物史观为科学社会主义的创立奠定了第一块理论基石。1846 年马

[1][2]《马克思恩格斯文集》第 3 卷,人民出版社 2009 年版,第 542 页。

克思、恩格斯在《德意志意识形态》中对唯物史观做出说明之后，他们不断对唯物史观进行补充完善，多次对唯物史观做出新的表述。在《社会主义从空想到科学的发展》中，恩格斯对唯物史观产生的条件、基本内容进行了系统的阐释。唯物史观揭示了人类历史规律，它不但是宏大历史叙事，也是日常生活叙事。

1. 唯物史观的产生条件

要揭示人类历史规律，必须具备两个条件，一是哲学条件，发现唯物史观需要科学的方法论指导；马克思、恩格斯创立了辩证唯物主义，为寻找人类历史规律提供了科学的方法论。二是阶级条件，19 世纪三四十年代欧洲工人运动的发展为发现唯物史观提供了阶级条件；唯物史观具有鲜明的阶级性，是工人阶级解放的强大思想武器。

(1) 创立辩证唯物主义

要把握人类历史规律必须有科学的思想方法。马克思、恩格斯把辩证法与唯物主义相结合，实现了思维方式的变革，为发现人类历史规律找到了科学的方法。在《社会主义从空想到科学的发展》中，恩格斯说明了“方法论”对“历史观”的影响：“黑格尔把历史观从形而上学中解放了出来，使它成为辩证的，可是他的历史观本质上是唯心主义的。现在，唯心主义从它的最后的避难所即历史观中被驱逐出去了，一种唯物主义的历史观被提出来了，用人们的存在说明他们的意识，而不是像以往那样用人们的意识说明他们的存在这样一条道路已经找到了。”〔1〕

马克思、恩格斯批判地继承了黑格尔的辩证法和费尔巴哈的唯物论，创立了辩证唯物主义。然后，马克思、恩格斯以辩证唯物主义为指导分析人类历史，去发现人类历史规律，创立了历史唯物主义。由于辩证唯物主义和历史唯物主义的创立，马克思、恩格斯把唯物主义推进到了“现代唯物主义”阶段——唯物主义的发展在经历了古代朴素唯物主义、近代形而上学唯物主义，发展到了现代唯物主义阶段。

恩格斯在《社会主义从空想到科学的发展》中多次提到“现代唯物主义”，并对“现代唯物主义”做了概括，说明了“现代唯物主义”的任务、本质和构成：

第一，“现代唯物主义”的任务是发现人类历史过程的规律。恩格斯说：

---

〔1〕《马克思恩格斯文集》第 3 卷，人民出版社 2009 年版，第 544 页。

“现代唯物主义把历史看做人类的发展过程,而它的任务就在于发现这个过程的运动规律。”[1]这个任务本来是黑格尔提出的,但黑格尔并没有完成这一任务。在黑格尔之前,人们认为自然界是有规律的,而人类历史是无规律的。

第二,“现代唯物主义”的本质是辩证的。恩格斯说,“现代唯物主义”完全不同于“18世纪的纯粹形而上学的、完全机械的唯物主义”。“现代唯物主义”与“机械唯物主义”的不同主要体现在两个方面:在自然观方面,它是辩证的。恩格斯说:“现代唯物主义概括了自然科学的新近的进步,从这些进步来看,自然界同样也有自己的时间上的历史,天体和在适宜条件下生存在天体上的有机物种都是有生有灭的;至于循环,即使能够存在,其规模也要大得无比。”在人类历史方面,“现代唯物主义”也是辩证的。马克思、恩格斯认为人类历史也像自然界一样,是一种“自然史过程”,它是不断发展的,有规律的。因此,恩格斯说:“在这两种情况下,现代唯物主义本质上都是辩证的”。[2]

第三,“现代唯物主义”由辩证唯物主义和历史唯物主义构成。马克思、恩格斯在创立了辩证唯物主义之后,“现代唯物主义”还没有最终完成,因为两个原因:其一,辩证唯物主义最初只局限于自然界,还没有贯彻到人类历史领域——从古希腊的伊壁鸠鲁到近代的康德,这些哲学家在谈论“唯物论”的时候,只是对自然规律的提炼,不涉及人类历史;只有黑格尔才把“自然”与“历史”、“精神”相联系,认为人类历史也是有规律的,但他并没有找到人类历史的规律。“现代唯物主义”要最终完成,必须贯彻到人类历史领域。其二,辩证唯物主义是方法论或“工具”,这个“工具”是为了完成“任务”而使用的(即发现人类历史规律),是为实现“人的解放”服务的。马克思、恩格斯用辩证唯物主义考察人类社会历史,找到了人类历史发展规律,创立了唯物史观,找到了实现“人的解放”的正确道路。至此,“现代唯物主义”才最终完成。

(2) 工人阶级走上历史舞台

创立唯物史观的第二个条件是工人阶级走上历史舞台。唯物史观是有阶级性的,唯物史观的创立与工人运动的发展相联系。19世纪三四十年

---

[1][2] 《马克思恩格斯文集》第3卷,人民出版社2009年版,第545页。

代，工人运动高涨。法国里昂工人举行了武装起义，英国发生了声势浩大的宪章运动，德国爆发了西里西亚纺织工人武装起义。这一系列事件说明："事实日益令人信服地证明，资产阶级经济学关于资本和劳动的利益一致、关于自由竞争必将带来普遍和谐和人民的普遍福利的学说完全是撒谎。"〔1〕

随着工人运动高涨，人们对工人阶级的意识形态——"社会主义"思潮就不能置之不理了。但是旧的"社会主义"无法对社会现实做出合理的解释。空想社会主义只是根据所谓的"永恒的理性"去构想出一个尽可能完善的社会制度，它不能深入到社会经济层面去研究为什么社会化大生产必然产生两个相互斗争的阶级；也不能在由此造成的经济状况中找出解决冲突的手段。工人运动高涨为"唯物史观"创立提出了要求，也提供了阶级基础。

2. 唯物史观的基本原理

对唯物史观的基本原理，恩格斯做了总结："以往的全部历史，除原始状态外，都是阶级斗争的历史；这些互相斗争的社会阶级在任何时候都是生产关系和交换关系的产物，一句话，都是自己时代的经济关系的产物；因而每一时代的社会经济结构形成现实基础，每一个历史时期的由法的设施和政治设施以及宗教的、哲学的和其他的观念形式所构成的全部上层建筑，归根到底都应由这个基础来说明。"〔2〕恩格斯关于唯物史观的精辟表达，包括以下几个要点：

第一，原始社会解体以后全部的人类历史（奴隶社会、封建社会、资本主义社会），都是阶级斗争历史。

第二，阶级关系与一定阶段的经济关系相联系。阶级和阶级斗争都是一定生产关系、交换关系的产物，都是每个时代的经济关系的产物。

第三，恩格斯说明了"经济—政治—文化"之间的关联。每个时代的社会经济结构形成经济基础，上层建筑"归根到底都应由这个基础来说明"——即经济基础决定上层建筑。"全部上层建筑"包括两个部分：第一部分是"法的设施和政治"，即政治上层建筑，包括军队、警察、法庭、监狱，政权机构、权力机关等，国家就是阶级压迫的工具，这些暴力机关、强力机构属于"第一上层建筑"。第二部分是"宗教的、哲学的和其他的观念形式"构成的文化上层建筑，属于"第二上层建筑"。生产力决定生产关系，生产关系对生

〔1〕〔2〕《马克思恩格斯文集》第3卷，人民出版社2009年版，第544页。

产力具有反作用;经济基础决定上层建筑,上层建筑对经济基础具有反作用。要解释上层建筑,必须回到经济基础;要解释阶级和阶级斗争,必须立足于社会经济根源。

《社会主义从空想到科学的发展》对唯物史观的表述不是第一次表述,也不是最后一次。马克思、恩格斯一生中曾多次对唯物史观进行概括。马克思、恩格斯第一次对唯物史观的完整表述是在 1846 年,他们合著了《德意志意识形态》,对唯物史观做了完整的表述,提出了唯物史观的要点。第二次是 1859 年,马克思在《政治经济学》序言中对唯物史观进行了新的表述,与人们今天所了解的唯物史观已经非常接近了,而且马克思还提出了"两个决不会":"无论哪一个社会形态,在它所能容纳的全部生产力发挥出来以前,是决不会灭亡的;而新的更高的生产关系,在它的物质存在条件在旧社会的胎胞里成熟以前,是决不会出现的。"[1]在 19 世纪七八十年代,在《反杜林论》和《社会主义从空想到科学的发展》中,恩格斯对唯物史观做了进一步概括,但这还不是唯物史观的最终版本。

1883 年 3 月,马克思去世后,恩格斯在马克思墓前发表讲话,对唯物史观又做了新的概括:正像达尔文发现有机界的发展规律一样,马克思发现了人类历史的发展规律,即历来为纷繁芜杂的意识形态所掩盖着的一个简单事实:人们首先为必须吃、喝、住、穿,然后才能从事政治、艺术、宗教等;所以直接的物质的生活资料的生产,从而一个民族或一个时代的一定的经济发展阶段,构成了社会的基础,人们的国家制度、法的观点、艺术以至宗教观念,就是从这个基础上发展起来的,因而也必须由这个基础来解释,而不是像过去那样做得相反。

1883 年 6 月,恩格斯在《共产党宣言》的序言中又增加了一些新的要点。而且在《共产党宣言》1888 年序言中,恩格斯原封不动地把 1883 年《共产党宣言》序言中关于唯物史观的表述抄了一遍。所以《共产党宣言》1883 年序言是对唯物史观表述的经典的版本。与恩格斯在《社会主义从空想到科学的发展》相比,恩格斯在《共产党宣言》1883 年序言中对唯物史观的概括有了明显变化。恩格斯说:"每一历史时代的经济生产以及必然由此产生的社会结构,是该时代政治的和精神的历史的基础;因此(从原始土地公有制解体以来)全部历史都是阶级斗争的历史,即社会发展各个阶段上被剥削

[1] 《马克思恩格斯选集》第 2 卷,人民出版社 1972 年版,第 83 页。

阶级和剥削阶级之间、被统治阶级和统治阶级之间斗争的历史；而这个斗争现在已经达到这样一个阶段，即被剥削被压迫的阶级（无产阶级），如果不同时使整个社会永远摆脱剥削、压迫和阶级斗争，就不再能使自己从剥削它压迫它的那个阶级（资产阶级）下解放出来，——这个基本思想完全是属于马克思一个人的。”[1]历史唯物主义的基本原理共有三层意思：

第一点讲原理：恩格斯说明了“经济”、“政治”、“精神”之间的关系，就是生产力—生产关系、经济基础—上层建筑之间的关系。

第二点讲实践：原理不可能自己发挥作用，还要靠无产阶级的革命实践，即阶级斗争。联系第一点的内容，生产关系的变革实际上是两个因素在推动，一是生产力发展，二是阶级斗争。

第三点讲目标：无产阶级的历史使命是解放全人类，从而使自己也获得解放。这说明唯物史观不仅是科学，而且绽放着人文精神的光辉，唯物史观是“科学精神”与“人文精神”的联盟。在世界社会主义运动史上，曾经有过把唯物史观，甚至把马克思主义完全“科学化”的倾向，把唯物史观的人文精神剪裁掉。如法国共产党理论家阿尔都塞曾提出：马克思主义是理论上的反人道主义。这与唯物史观的基本精神显然是不相符合的。

3. 唯物史观的日常生活叙事

唯物史观揭示了人类发展的规律，说明了各种社会形态更替的基本规律，它是宏大历史叙事；同时也是日常生活叙事。

(1) 大众日常生活叙事

唯物史观深深地植根于当时欧洲的社会日常生活。理解唯物史观的基本原理，要结合当时欧洲的历史。资产阶级革命之前，在欧洲的封建社会，人是分等级的。例如在法国，整个社会分成三个等级：第一等级是僧侣或教士，第二等级是国王和贵族——第一和第二等级是特权等级，第三等级是所有纳税的人——包括了百分之九十以上的人口。特别是新兴的资产阶级，他们属于第三等级，积累了一定的财富，但没有政治权利。要发展资本主义，必须推翻前两个等级。首先是实现“精神”层面的解放，反对教会；其次是实现“政治”层面的解放，反对封建特权。最后是实现“经济”层面的解放，主要指下层阶级起来反对剥削。马克思、恩格斯正处于欧洲社会的大变革时期，唯物史观是对欧洲大众日常生活叙事的反映。

---

〔1〕《马克思恩格斯选集》第1卷，人民出版社1995年版，第252页。

(2)个人日常生活叙事

恩格斯在不同著作中多次说,唯物史观的基本思想是“属于马克思一个人的”,因此要理解唯物史观的基本原理,需要联系马克思的个人日常生活叙事。

唯物史观的第一个核心要点,是强烈反对除欧洲普遍存在的人的“异化”问题。

在精神层面,马克思强烈地反对宗教异化。马克思家庭有很深的犹太教背景,宗教曾给马克思心灵带来了极为负面的影响。学者们对马克思的家谱做了详细的研究,结果得出这样的结论:在这个世界上,很难找到一个人比马克思的犹太血统更为纯正。[1]马克思的爷爷迈尔·列维·马克思曾经是特里尔的拉比,这一职位后来被马克思的伯父萨缪尔继承下来。马克思爷爷拉比的职位是从他爷爷的岳父那里继承过来的。因此,从16世纪以来,特里尔所有的拉比都是马克思的先辈。[2]马克思的母亲罕丽达来自奥匈帝国古老的犹太家族——普列斯波克家族,在犹太历史上拥有同样显赫的地位。但是,燕妮生于一个基督教家庭,马克思和燕妮的爱情得不到上帝的认可,大学时代的马克思曾激烈地反对宗教。为了反对宗教,马克思深深地迷恋上了黑格尔哲学。黑格尔作为德国当时的主流哲学家,实际上在用一种隐蔽的方式颠覆上帝。黑格尔认为“绝对精神”创造世界,他把创造世界的权力从上帝那里转移给了“绝对精神”。特别是,黑格尔有一本著作叫《自然哲学》,经过黑格尔自然哲学的启示,马克思转向了自然哲学。历史证明,哲学思辨无法真正颠覆上帝,真正颠覆上帝的是哥白尼、伽利略、开普勒等自然哲学家。上帝是人的产物,人是自然的产物,自然是本体,要颠覆上帝,就要找到本体,从“本体”上颠覆神学的逻辑。迷恋上黑格尔和自然哲学之后,马克思开始疯狂地读书,经常通宵达旦在几个领域中紧张地学习,以至于得了一场重病——肺部虚弱和大量的周期性出血,在这期间,他完成了一部著名的作品,这部吐血之作就是马克思关于自然哲学的博士论文。马克思在博士论文的序言中写下了这样“大不敬”的话:“老实说,我痛恨所有

〔1〕 B. Wachstein, “Die Abstammug von Marx”, in *Festskrift I anledning of Professor David Simonsens 70-aaroge födseldag* (Copenhagen, 1923) p.277 ff; E. Lewin-Dorsch, “Familie und Stammbaum von Karl Marx”, *Die Glocke*, Ⅸ(Berlin, 1924) p.209 ff.; 240 ff.; H. Horowitz, “Die Familie Lwow”, *Monatsschrift fllr Geschichte und Wissenscbaft des fudentums*, LXXII(Frankfurt, 1928), p.487ff.

〔2〕 参见“马克思家谱表”,载戴维·麦克莱伦:《马克思传》,中国人民大学出版社2010年版,第482页。

的神”；他还自比普罗米修斯，“我宁肯被缚在崖石上，也不愿作宙斯的忠顺奴仆”，并赞扬道，“普罗米修斯是哲学日历中最高尚的圣者和殉道者”。〔1〕马克思爱燕妮，上帝阻挡他，他就颠覆上帝，他抱定了殉道者的决心。

在政治层面，马克思强烈地反对国家异化。青年马克思曾接受了黑格尔的国家观——国家是自由的产物：人之所以创造国家，是因为在人无限的欲望和有限的资源之间形成永久冲突的时候，国家能够出来，把冲突控制在一定范围内，从而保护人的生命和自由。但是，为什么国家会成为人压迫人的工具？马克思生于一个平民之家；而燕妮却出身贵族，她父亲是男爵，她同父异母的哥哥斐迪南当时就做了很大的官，后来做到普鲁士内政大臣。燕妮完全可以缔结一门门当户对的婚姻，嫁入豪门。马克思和燕妮的婚姻遭到了双方家庭的反对。因此，马克思强烈地反对国家异化，这个思想体现在 1843 年《黑格尔法哲学批判》中。

在经济层面，马克思强烈地反对劳动异化。沿着反对国家异化的思路继续追问，国家作为政治上层建筑，它的根源在于经济基础。马克思发现，在经济层面，劳动也存在着异化：财富是劳动者的创造物，但为什么财富会反过来剥削劳动者？反对劳动异化是《1844 年经济学哲学手稿》的基本观点。

1846 年，马克思和恩格斯合著了《德意志意识形态》，把“精神”、“政治”、“经济”三个层面贯通起来，说明了“精神”、“政治”、“经济”之间的关系，揭示了“生产力—生产关系、经济基础—上层建筑”的基本原理。《德意志意识形态》的发表被看作唯物史观诞生的标志。

唯物史观的理论发展脉络非常清晰：第一步，在精神层面反对宗教异化；第二步，在政治层面反对国家异化；第三步，在经济层面反对劳动异化。然后，把精神、政治、经济三个层面贯通，形成唯物史观的基本原理。

唯物史观的第二个核心要点，是从认识世界转向改造世界。

理论不会自己起作用，理论转化现实要靠无产阶级的实践，即阶级斗争。1848 年，《共产党宣言》发表，标志着马克思、恩格斯从理论转向了实践，他们开始成立共产党，开始了推翻资产阶级的实践。1964 年，马克思、恩格斯成立了第一国际。1871 年，巴黎公社成为世界上第一个无产阶级政权，马克思及时总结了巴黎公社的经验教训。马克思去世以后，1889 年，在

〔1〕《马克思恩格斯全集》第 40 卷，人民出版社 1982 年版，第 190 页。

恩格斯支持下第二国际成立。马克思、恩格斯用自己的毕生奋斗诠释了唯物史观的精髓，即“哲学家们只是用不同的方式解释世界，而问题在于改变世界”。

物史观第三个核心要点，是追求“人的解放”宏伟目标。

“人的解放”是全面的，它包括了“精神”、“政治”、“经济”等各个方面；“人的解放”是全人类的解放，包括了各个阶级、各个民族；“人的解放”不仅是人类自身的解放，还包括了自然的解放，要实现人与自然和谐。“人的解放”是无产阶级的历史使命，也是科学社会主义的奋斗目标。

唯物史观追求“人的解放”，体现了强烈的人文精神。唯物史观是科学精神和人文精神的联盟。唯物史观不但是科学，还占领了人类道德的制高点。

第三节　剩余价值学说的发现

马克思、恩格斯运用唯物史观剖析资本主义的生产方式，创立了剩余价值学说。剩余价值学说科学地证明了资本主义生产关系的剥削实质，第一次揭示了资产阶级剥削工人的秘密，揭示了资本主义的基本矛盾，指明了实现理想社会的道路。

1. 剩余价值学说是唯物史观的充分展开

在《社会主义从空想到科学的发展》的第二章中，恩格斯关于剩余价值学说的阐述并不多。对于剩余价值学说这么重要的内容，用如此小的篇幅来说明，不免让人感到奇怪。恩格斯之所以这样处理，主要有几个方面的原因：第一，该书的写作对象是工人，写作目的是在工人中宣传科学社会主义，把纯学术理论“通俗化”是恩格斯的一个重要考虑；第二，剩余价值学说本身的内容非常深奥，需要《资本论》那样的鸿篇巨制来详细说明，而在薄薄一本小册子中根本无法解释清楚，所以恩格斯在书中只是提出了剩余价值学说的基本结论，即工人创造的价值大于资本家支付给工人的工资，二者的差就是剩余价值，被资本家占有了；第三，在该书的第三章，恩格斯运用剩余价值学说的基本原理，分析了资本主义生产方式，揭示了工人受剥削、受压迫的根源，启发工人投身革命实践。

历史唯物主义揭示了人类历史规律，“人类历史之谜”散去了迷雾。唯物史观奠定科学社会主义的第一块基石。按照恩格斯的评价，唯物史观使社会主义的“科学性”在两个方面得到了增强：

第一，社会主义的产生成为历史发展的“必然产物”。恩格斯说，由于唯物史观的发现，社会主义摆脱了唯心主义，“因此，社会主义现在已经不再被看做某个天才头脑的偶然发现，而被看做两个历史地产生的阶级即无产阶级和资产阶级之间斗争的必然产物”。〔1〕

第二，社会主义的任务不再是通过“空想”去构建完美的社会，而是通过对“经济状况”的研究去寻找解决问题的手段。例如，阶级和阶级冲突是怎样产生的，资本主义的经济运行存在着什么样的矛盾冲突，怎样从“经济状况”中寻找解决矛盾冲突的方案。以往的空想社会主义只是站在“永恒的理性”的道义立场上，非常气愤地批判资本主义，但是不能说明资本主义生产方式。恩格斯评价说：以往的社会主义“越是激烈地反对同这种生产方式密不可分的对工人阶级的剥削，就越是不能明白指出，这种剥削是怎么回事，它是怎样产生的”。〔2〕要揭示资产阶级对无产阶级的剥削，就要深入到“经济”层面对资本主义生产方式进行分析，于是马克思提出了剩余价值学说。剩余价值学说是唯物史观在逻辑上的充分展开。

2. 创立科学社会主义的任务

恩格斯指出，创立“科学社会主义”的任务要从两方面进行：第一，从历史唯物主义角度说明资本主义生产方式是与一定历史发展阶段相联系的。第二，从“经济状况”本身，说明资本主义生产方式。也就是说，要说明资本主义生产是怎么回事——即“揭露这种资本主义生产方式一直还隐藏着的内在的性质”。

第一项工作是用历史唯物主义说明资本主义生产方式不是永恒的。资本主义生产方式与一定历史发展阶段相联系，有其产生和灭亡历史必然性。这项工作，马克思、恩格斯 1848 年在《共产党宣言》中已经出色地完成了。在《共产党宣言》中，马克思、恩格斯说明了资本主义产生、发展和灭亡的规

〔1〕〔2〕《马克思恩格斯文集》第 3 卷，人民出版社 2009 年版，第 545 页。

律:在封建社会末期,资本主义生产关系的萌芽是怎样成长的;随着新航路的开辟和产业革命,资产阶级怎样夺取政权、资本主义生产关系具有怎样的革命作用;资本主义这个"魔法师"如何无法驾驭它所呼唤出来的巨大"魔鬼"——生产力,"生产过剩的瘟疫"为何周期性地爆发、治理经济危机的种种方法如何成为准备更全面、更猛烈的危机的手段;整个社会如何分化为资产者与无产者两大直接对立的阵营,工人运动怎样一步一步发展,最终推翻资本主义制度,建立社会主义制度。总之,马克思、恩格斯用唯物史观阐述了一个基本观点:在一定时期,资本主义生产关系代替封建生产关系符合生产力发展的要求,资本主义在历史上有其存在的合理性,资产阶级曾经在历史上起过非常革命的作用;但是,随着生产力的进一步发展,资本主义生产关系已经无法驾驭它所创造的生产力,从而资本主义的灭亡就成为必然。资产阶级的灭亡和无产阶级的胜利是同样不可避免的,这是《共产党宣言》的核心观点。

第二项工作是说明资本主义的生产方式,揭露资本主义生产的实质。资本主义生产的实质是榨取剩余价值。在马克思之前,"剩余价值"始终是一个"谜"。几百年来,很多的经济学家试图解开这个"谜":利润是从哪里来的?亚当·斯密和大卫·李嘉图曾提出过"劳动价值"学说。但他们的政治经济学无法揭示"利润"的来源——等价交换如何产生了"利润"?因此古典政治经济学无法揭示资本主义剥削的秘密,无法发现剩余价值的真正源泉,也不能揭示资本主义生产方式及其实质。恩格斯在《资本论》的书评中批评资产阶级古典经济学家:"只是写一些或说一些毫无意义的空话"〔1〕。马克思的"剩余价值"学说揭示了资本主义生产方式的本质,说明了"利润"的真正来源,发现了资本主义剥削的秘密。

3. 剩余价值学说的主要内容

恩格斯说:"以往的社会主义固然批判过现存的资本主义生产方式及其后果,但是它不能说明这个生产方式,因而也就不能对付这个生产方式;只能简单地把它当做坏东西抛弃掉。它愈是义愤填膺地反对这种生产方式必然产生的对工人阶级的剥削,就愈是不能明白指出这种剥削在哪里和怎样发生。"〔2〕空想社会主义认为资本主义生产方式不好,但是却不能说明它为

〔1〕《马克思恩格斯选集》第2卷,人民出版社1995年版,第590页。

〔2〕《马克思恩格斯文集》第3卷,人民出版社2009年版,第545页。

什么不好。因此，要批判资本主义生产方式，需要说清楚工人受剥削的根源，即剩余价值是怎样产生的。

恩格斯说：这已经由于剩余价值的发现而完成了。无偿占有劳动是资本家对工人进行的剥削的基本形式。“已经证明，无偿劳动的占有是资本主义生产方式和通过这种生产方式对工人进行的剥削的基本形式；即使资本家按照劳动力作为商品在商品市场上所具有的全部价值来购买他的工人的劳动力，他从这种劳动力榨取的价值仍然比他对这种劳动力的支付要多；这种剩余价值归根到底构成了有产阶级手中日益增加的资本量由以积累起来的价值量。”〔1〕

理解剩余价值学说必须区分“劳动”与“劳动力”这两个概念。资本家在市场上购买的不是“劳动”，而是“劳动力”——工资是劳动力的价格。简明地说：

剩余价值＝工人劳动价值－工资（劳动力价格）

工人的劳动所创造价值要大于资本家付给工人的工资，它们的差值就是剩余价值。

理解“剩余价值”理论，要把握“劳动二重性”学说这个“枢纽”。“劳动二重性”学说的主要内容是：“具体劳动”创造商品的“使用价值”；“抽象劳动”创造商品的“价值”。马克思从形形色色的“具体劳动”中抽象出“无差别的人类劳动”这个概念（即“抽象劳动”）；在商品交换过程中，人与人之间交换的是“无差别的人类劳动”，它体现着人与人之间的社会关系。

在写作《资本论》之前，马克思没有系统论述过劳动。他只是认为劳动是连接人与自然的纽带；人若要生存下去，就必须进行物质资料生产。这样的观点体现在《1844 年经济学与哲学手稿》和《德意志形态》等几部重要的著作中。直到写作《资本论》时，马克思才对劳动进行了系统论述。在《资本论》第一章，马克思从人与自然的关系界定了“劳动”：“劳动首先是人和自然之间的过程，是人以自身的活动来中介、调整和控制人和自然之间的物质变换的过程。”〔2〕在界定“劳动”的基础上，马克思提出了“劳动的二重性”学说。“劳动的二重性”的相关概念，如“具体劳动—抽象劳动”、“价值—使用

〔1〕《马克思恩格斯文集》第 3 卷，人民出版社 2009 年版，第 545 页。
〔2〕《马克思恩格斯选集》第 2 卷，人民出版社 1995 年版，第 177 页。

价值”等，都是从“劳动”这个基本概念派生而来。马克思说，劳动二重性学说“这一点是理解政治经济学的枢纽”。[1]

马克思认为，生产商品的劳动是具体劳动和抽象劳动的统一。具体劳动和抽象劳动是同一劳动过程的两个方面：具体劳动是指生产目的、劳动对象、所用工具、操作方法、生产结果都各不相同的劳动，体现了人与自然的关系。抽象劳动是指凝结在商品中无差别的一般人类劳动，体现了人与人的关系。

根据“劳动二重性”学说，马克思提出了“价值”和“使用价值”概念。抽象劳动创造商品的价值，具体劳动创造商品的使用价值。马克思认为，价值唯一的源泉是无差别的人类劳动，自然因素不创造价值。价值的本质是在物质外壳掩盖下的人与人的社会关系，体现着人与人之间的经济利益。从“价值”这个概念出发，马克思揭示了价值的来源、价值的本质、价值量的计算、价格的形成、劳动力成为商品、地租的形成、剥削的方式，从而推导出了剩余价值学说。于是，社会主义从空想变为科学的第二块理论基石也奠定了。

恩格斯在《社会主义从空想到科学的发展》中说，“这两个伟大的发现——唯物主义历史观和通过剩余价值揭开资本主义生产的秘密，都应当归功于马克思。由于这两个发现，社会主义变成了科学”。[2]

综上所述，社会主义从空想到科学的发展，大体经历了如下过程：

首先，唯物史观揭示了人类历史的规律。在唯物史观创立之前，旧唯物主义只限于自然领域，在社会历史领域唯心史观仍然占据统治地位；空想社会主义在思维方式上是唯心主义的。马克思、恩格斯创立唯物史观之后，把唯心主义从最后的避难所——人类历史领域中驱逐出去，使社会历史成为科学。从而给人们研究社会历史提供了科学的世界观和方法论。

其次，剩余价值学说揭露了资本主义剥削的秘密。剩余价值学说揭示了资本主义社会两大阶级对立的经济根源；揭示了资本主义基本矛盾是资本主义社会固有的、对抗性的矛盾，其后果是造成两个阶级激烈的冲突和周期性的经济危机；工人阶级是社会主义革命的历史主体，承担着解放全人类的使命。

---

〔1〕《马克思恩格斯选集》第2卷，人民出版社1995年版，第119页。

〔2〕《马克思恩格斯文集》第3卷，人民出版社2009年版，第546页。

最后，在两大发现的基础上，科学社会主义的理论体系逐渐形成。马克思主义三个组成部分显示了这样的生成逻辑：首先，马克思、恩格斯创立了马克思主义哲学（包括辩证唯物主义和历史唯物主义），实现了思维方式的变革；然后，马克思研究资本主义生产方式，发现了剩余价值学说，创立了马克思主义政治经济学；唯物史观与剩余价值学说为科学社会主义奠定了理论基石，藉此两大发现使社会主义从空想变成了科学。

第四章
科学社会主义的基本原理

《社会主义从空想到科学的发展》的第三章阐述了科学社会主义的基本原理。首先，恩格斯分析了资本主义社会的基本矛盾及其发展过程，论证了社会主义代替资本主义的历史必然性；其次，恩格斯通过批判资本主义旧世界，预测了未来理想社会的基本特征；最后，阐述了无产阶级解放世界的伟大历史使命与科学社会主义的根本任务。正如恩格斯所说，本章"是我所主张的观点的一个核心问题的表述"。〔1〕

第一节　资本主义基本矛盾的性质、表现与解决

唯物史观是通过"时代的经济"来发现人类历史发展规律。那么，究竟该怎样通过"时代的经济"来具体说明资本主义社会的历史发展规律？恩格斯在《社会主义从空想到科学的发展》中，系统地说明了资本主义基本矛盾的性质、主要表现与解决问题的根本出路。

1. 在时代经济中寻找历史发展规律

黑格尔提出了哲学的任务：发现人类历史规律，即去寻找"一切社会变迁和政治变革的终极原因"。用什么方法去寻找呢？恩格斯通过对比，总结了科学社会主义与空想社会主义的不同：

第一，唯心主义与唯物主义：空想社会主义寻找历史规律的方法是唯心主义的，科学社会主义寻找历史规律的方法是唯物主义的。恩格斯说，空想社会主义是"到人们的头脑中，到人们对永恒的真理和正义的日益增进的认

---

〔1〕《马克思恩格斯文集》第9卷，人民出版社2009年版，第12页。

识中去寻找”历史规律，而科学社会主义则“到生产方式和交换方式的变更中去寻找”；空想社会主义“到有关时代的哲学中去寻找”，而科学社会主义则“到有关时代的经济中去寻找”；空想社会主义认为，解决问题的手段是“从头脑中发明出来”，而科学社会主义认为，解决问题的手段是“从生产的现成物质事实中发现出来”。[1]

第二，永恒理性与阶级性：空想社会主义自认为代表了普适价值；科学社会主义是工人阶级的意识。空想社会主义把自己的主张看作是天才的头脑对“永恒的理性”的认识，具有普适价值，可以被所有阶级接受，所以一些空想社会主义者把实现社会主义的希望寄托于拿破仑或者某个大资本家，指望他们有一天会大发善心。科学社会主义不是普适价值，它有阶级性，它是工人阶级对社会现实冲突的认识。恩格斯解释道：当“蒸汽和新的工具机把旧的工场手工业变成大工业以后”，已经发展起来的大工业同“资本主义生产方式对它的种种限制”又发生了新的冲突。新的生产力已经超过了资本主义生产关系的限制。生产力和生产关系之间的冲突客观地存在着，不以人的意志为转移。恩格斯总结道：“现代社会主义不过是这种实际冲突在思想上的反映，是它在头脑中，首先是在那个直接吃到它的苦头的阶级即工人阶级的头脑中的观念上的反映。”[2]

2. 资本主义基本矛盾的性质

资本主义的基本矛盾是生产的社会化和资本主义私人占有之间的矛盾。恩格斯认为，资本主义基本矛盾“已经包含着现代的一切冲突的萌芽”。[3]

在中世纪，普遍存在的是小生产。这种小生产以个体劳动为基础，劳动资料是私人所有的，只归自己使用，劳动产品当然也归劳动者自己所有。这种以个体劳动为基础的小生产是分散的、小型的、简陋的、有限的。

在中世纪的欧洲也存在分工，即农业和手工业的分工；有分工就会有商品交换。“在整个社会中占支配地位的自发的无计划的分工中间，确立了在个别工厂里的有组织的有计划的分工；在个体生产旁边出现了社会化生产。”[4]社会化的生产比个体生产更有效率，两者的产品在同一市场上出卖，按几乎相等的价格出售，而采用社会化劳动的工厂里所制造的产品生产

[1] 《马克思恩格斯文集》第3卷，人民出版社2009年版，第547页。
[2] 同上书，第548页。
[3] 同上书，第551页。
[4] 同上书，第549页。

成本更低，因而可以获得更多利润。这样，分散的个体生产逐渐被淘汰，整个社会日益采用社会化生产。从小生产到社会化大生产经历了三个发展段：简单协作、工场手工业和大工业。“资产阶级怎样从15世纪起经过简单协作、工场手工业和大工业这三个阶段历史地实现了这种作用，马克思在《资本论》第四篇中已经作了详尽的阐述。”[1]社会化的生产首先是生产资料的社会化，把分散的小的生产资料加以集中和扩大；然后劳动过程是社会化的，许多人参与劳动，分工合作；最后，劳动产品也是社会化的，产品经过了很多人的手，没有谁可以说：这个产品是我的。

在个体生产向社会化大生产转变的过程中，生产力和生产关系的冲突产生了。恩格斯说：“在中世纪得到发展的那种商品生产中，劳动产品应当属于谁的问题根本不可能发生。”个体生产者往往自己生产原料，自己拥有劳动资料，自己或家属用手工劳动制造产品，这样生产出来的产品自然是属于他的。但是，在社会化大生产阶段，很多人共同参与生产过程，劳动产品已经不是某个个人的产品，而是很多人共同劳动的凝结，这样的产品应该属于谁呢？恩格斯说：“现在按社会化方式生产的产品已经不归那些真正使用生产资料和真正生产这些产品的人占有，而是归资本家占有。”生产力发展了，生产关系还是停留在从前。从前，在个体生产阶段，“劳动资料的占有者占有产品”；而现在，在社会化大生产阶段，产品已经社会化了——生产资料的所有者和劳动者已经发生了分离，产品是很多人共同劳动的成果，但是“劳动资料的占有者还继续占有产品，虽然这些产品已经不是他的产品，而完全是别人劳动的产品了。”也就是说，当生产力发展到了社会化大生产阶段，而产品仍然归生产资料所有者占有——因为生产资料是私有的。而且，资本主义生产方式越发达，它越是把小生产排挤到无足轻重的地位，越是占统治地位，“社会化生产和资本主义占有的不相容性，也必然越加鲜明地表现出来”。[2]

3. 资本主义基本矛盾的表现形式

在《社会主义从空想到科学的发展》中，恩格斯论述了资本主义基本矛盾有两种表现形式：无产阶级和资产阶级的对立、个别工厂中生产的组织性和整个社会中生产的无政府状态之间的对立。

---

〔1〕《马克思恩格斯文集》第3卷，人民出版社2009年版，第549页。

〔2〕同上书，第550—551页。

(1) 无产阶级和资产阶级的对立

资本主义基本矛盾的第一种表现形式是阶级对立。恩格斯说:"社会化生产和资本主义占有之间的矛盾表现为无产阶级和资产阶级的对立。"[1]恩格斯对资本主义阶级对立的产生和发展进行了历史分析。

在封建时代,占主导地位的是以个体劳动为基础的小生产。在个体劳动中,多数劳动者都拥有自己的生产资料,即生产资料和劳动者是统一的。生产资料和劳动者分离的情况只是个别存在——即雇佣劳动。只不过那时雇佣劳动是一种例外,一种副业,一种辅助办法,一种暂时措施。所以,封建社会,在小生产占主导地位的情况下,阶级分化不像资本主义社会那样明显。

在资本主义时代,个体小生产逐渐被排挤,社会化大生产占据了主导地位。生产资料和劳动者发生了分离,一方面生产资料集中在资本家手中;另一方面,出现了大量劳动者,他们一无所有,除了受雇于资本家以外就没有别的出路。恩格斯说:雇佣劳动以前是一种辅助办法,现在成了整个生产的基本形式;以前是一种副业,现在成了工人的唯一职业。暂时的雇佣劳动者变成了终身的雇佣劳动者。随着封建制度的崩溃和资本主义制度的确立,整个社会结构发生了改变,整个社会日益分裂为两大直接对立的阵营:资产者和无产者——在《共产党宣言》中,马克思、恩格斯对此有过详细的描述。恩格斯总结道:"集中在资本家手中的生产资料和除了自己的劳动力以外一无所有的生产者彻底分离了。"[2]那些拥有生产资料的资本家凭借手中的生产资料剥削劳动者,这个矛盾是内在地植根于资本主义制度本身。

资本和劳动之间的矛盾是无法调和的。直到今天,即使在最发达的资本主义国家,阶级对立仍然存在。1953 年,美国一个著名学者库兹涅茨出版了《高收入群体在国民收入与储蓄中所占份额研究》一书,根据 1913—1948 年美国联邦的纳税记录,他得出了这样一个结论:在工业化的初期阶段,随着经济发展,贫富分化不断加剧;但是到了工业化"高级阶段",随着经济发展,贫富分化将自动降低。这就是著名的"库兹涅茨曲线"。库兹涅茨的观点在世界上产生了巨大的影响。二战后,发达国家进入了经济高增长的"黄金时代",各个社会阶层都在分享经济发展成果,都很愿意相信库兹涅

[1][2] 《马克思恩格斯文集》第 3 卷,人民出版社 2009 年版,第 551 页。

茨给大家描绘的这条曲线；各个社会阶层都愿意相信资本主义“明天会更好”；马克思、恩格斯关于资本主义阶级矛盾的分析变得无人问津了。

2014 年，法国经济学家皮凯蒂（Thomas Piketty）批驳了库兹涅茨的观点，但继承了库兹涅茨大数据的方法。皮凯蒂和他的团队花费了近 10 年的时间，对发达国家的个人纳税记录进行了系统的收集整理，汇编形成了一个庞大数据库，“世界顶级收入数据库”（WTLD）。这个数据库的时间跨度将近 300 年，覆盖了 20 多个国家。在这样的大数据的基础上，皮凯蒂得出的结论是：从 20 世纪 70 年代开始，主要发达国家的贫富差距在不断加剧。在经济繁荣期，贫富分化问题被掩盖起来；在经济低迷的时候，阶级对立以阵痛的形式爆发了出来。2008 年，世界金融危机之后，发达国家发生了普遍的骚乱和“占街”运动，实质上就是阶级对立新的表现形式。〔1〕只要资本主义的基本矛盾仍然存在，阶级分化和阶级对立就不会消失。所以，恩格斯的当年的论断，直到今天仍有不朽的价值。

（2）个别工厂中生产的组织性和整个社会中生产的无政府状态之间的对立

恩格斯指出，资本主义基本矛盾的第二种表现形式是个别工厂中生产的组织性和整个社会中生产的无政府状态之间的对立。

“社会生产的无政府状态占统治地位”，这是商品经济的共同特点。恩格斯说明，每个以商品生产为基础的社会都有一个特点：对商品生产者来说，“谁也不知道，他的那种商品在市场上会出现多少，究竟需要多少；谁也不知道，他的个人产品是否真正为人所需要，是否能收回它的成本，到底是否能卖出去。”但是，商品经济也有其固有的规律，“这些规律不顾无政府状态、在无政府状态中、通过无政府状态而为自己开辟道路”。当商品生产者的盲目行动违反规律达到一定程度，商品经济规律就以危机的形式爆发出来，强迫生产者遵循这些规律。〔2〕

恩格斯还对这种对立进行了历史考察，说明了这种对立如何随着社会化大生产的发展而一步一步地演化。在中世纪的封建社会里，尽管也存在商品经济，但商品经济不占主导地位。在封建社会，生产基本上是为了自己消费，交换是有限的，市场是狭小的，因此个别工厂中生产的组织性和整个

〔1〕 参考托马斯·皮凯蒂：《21 世纪资本论》，巴曙松等译，中信出版社 2014 年版。

〔2〕《马克思恩格斯文集》第 3 卷，人民出版社 2009 年版，第 552 页。

社会中生产的无政府状态之间的对立不会明显暴露出来。

资本主义制度确立之后，商品生产不断扩大。“伟大的地理发现以及随之而来的殖民地的开拓使销售市场扩大了许多倍，并且加速了手工业向工场手工业的转化。”在这个过程中，首先是各个地方商品生产者之间的斗争；随后，地方性的斗争又发展为全国性的，演化为17世纪和18世纪的商业战争。最后，大工业和世界市场的形成使这个斗争成为世界性的，同时使它具有了空前的剧烈性，失败者被无情地淘汰掉。[1]一方面，市场竞争日益加剧，社会生产的无政府状态越来越走向极端；另一方面，单个企业内部的组织性不断加强。个别工厂中生产的组织性和整个社会中生产的无政府状态之间的对立日益加剧。

(3) 资本主义经济危机

在马克思、恩格斯之前，空想社会主义者也曾对经济危机进行批判。傅立叶发现，资本主义市场的扩张总是赶不上生产的扩张，资本主义总是在“扩张”——“过剩”——“危机”中进行着循环。傅立叶把资本主义周期性的经济危机称为“恶性循环”。但是，空想社会主义者不能说明经济危机的发生机理。

根据资本主义基本矛盾的两种表现形式，恩格斯解释了经济危机的发生机理。恩格斯说：“资本主义生产方式在它生而具有的矛盾的这两种表现形式中运动着，它毫无出路地处在早已为傅立叶所发现的‘恶性循环’中。”[2]

第一，机器的改进与工人阶级的贫困。

恩格斯指出：社会的生产无政府状态迫使每个工业资本家不断改进自己的机器，这成了“强制性命令”；但“机器的改进就造成人的劳动的过剩”。[3]机器的采用意味着成百万的手工劳动者被排挤，造成一支产业“后备军”。这支“后备军”在工业开足马力的时期可供随意支配，而在经济危机时期又被抛到街头。这支“后备军”是工人阶级同资本斗争的“绊脚石”，是把工资抑制在合乎资本家需要的低水平上的“调节器”。总之，工人不要指望机器的采用会改善工人的生活，相反只会使工人更加贫困。恩格斯引用了《资本论》中马克思的观点：机器的采用反而将工人钉在贫困之上，这是一

〔1〕《马克思恩格斯文集》第3卷，人民出版社2009年版，第553页。

〔2〕〔3〕 同上书，第554页。

个铁律，好像是“赫斐斯塔司的楔子”，比把普罗米修斯钉在岩石上的楔子还要牢。〔1〕

今天人类进入信息时代，工人还是被钉在“赫斐斯塔司的楔子”之上，而且机器对人的排挤作用更加明显。2014年，麻省理工学院的教授埃里克·布林约尔松(Erik Brynjolfsson)和科学家安德鲁·麦卡菲(Andrew McAfee)对机器排挤工人的现象进行了研究，出版了《与机器赛跑》一书。他们认为：新技术创造巨大的财富，但并不创造那么多的就业机会。而且随着科技加速进步，机器排挤人的速度越来越快。进入21世纪，人类正以血肉之躯和机器赛跑，去争夺越来越少的就业机会，人类不会获胜。他们的研究也涉及中国，“踏入21世纪，自动化影响到了范围更广的工作。”就连工资低微的中国工人，也受到了自动化的波及。富士康的董事长郭台铭在2011年宣布，未来3年中将购买100万台机器人，取代目前绝大部分员工。〔2〕

大约150年前，马克思提出了资本积累的一般规律：市场竞争迫使资本家不断采用新技术，造成资本有机构成不断提高；资本有机构成提高必然造成劳动力过剩；资本主义的人口过剩是相对过剩，是人口相对于资本的过剩。《与机器赛跑》印证了马克思人口相对过剩的观点。但托马斯·罗伯特·马尔萨斯(Thomas Robert Malthus)认为，人口呈几何级数增长，生活资料呈算术级数增长，人口过剩是绝对过剩。相对过剩还是绝对过剩，这是马克思、恩格斯与马尔萨斯在人口问题上的最根本的分歧。马克思、恩格斯给出了失业问题的本质：科技进步使人类获得了越来越多的闲暇，但在资本的逻辑之下，表现为越来越多的人失业。人类未来的出路在于跳出资本的逻辑，变革资本主义制度。

第二，资本生产能力相对于社会购买力的过剩。

一方面，生产的无政府状态迫使资本家不断改进机器，扩大产能。另一方面，工人被机器排挤，处于贫困状态，社会购买力低下。这样必然造成一个结果：市场的扩张赶不上生产的扩张。一方面是工人贫困的积累(包括相对贫困和绝地贫困)，另一方面是资本生产能力的扩展，冲突成为不可避免的了。恩格斯分析道：经济危机的根源内在于资本主义生产方式本身，不炸毁资本主义

〔1〕 赫斐斯塔司是希腊神话中的手艺异常高超的工匠之神，擅长砌石、雕刻和铁匠。赫斐斯塔司是奥林匹斯十二主神之一。他是众神之王宙斯和众神之王后赫拉的儿子，美神阿佛洛狄忒的丈夫。他被后世供奉为工匠的始祖。《马克思恩格斯全集》第25卷，人民出版社2001年版，第403页。

〔2〕 E.布林约尔松、A.麦卡菲著：《和机器赛跑》，闾佳译，电子工业出版社2014年版，第96页。

生产方式本身，经济危机不会得到解决。“从1825年以来，这种情况我们已经历了整整五次，目前(1877年)正经历着第六次。这些危机的性质表现得这样明显，以致傅立叶把第一次危机称为 crise pléthorique[多血症危机]，即由过剩引起的危机时，就中肯地说明了所有这几次危机的实质。”[1]资本主义的生产过剩是相对过剩，是资本生产能力相对于社会购买力的过剩。

4. 资本主义基本矛盾的解决

恩格斯认为，经济危机反映了两方面的问题：“一方面，资本主义生产方式暴露出它没有能力继续驾驭这种生产力。另一方面，这种生产力本身以日益增长的威力要求消除这种矛盾，要求摆脱它作为资本的那种属性，要求在事实上承认它作为社会生产力的那种性质。”[2]经济危机迫使资本主义国家采取措施调节资本主义生产关系，缓解资本主义的基本矛盾。

1848年，在《共产党宣言》中，马克思、恩格斯也曾提到：应该调节资本主义生产关系，使之适应生产力发展的要求。但当时，调节资本主义生产关系是行不通的，因为“一着手克服这种障碍，就使整个资产阶级社会陷入混乱，就使资产阶级所有制的存在受到威胁”。[3]调节资本主义生产关系，就会威胁到资本主义根本制度。当时欧洲主要资本主义国家没有实行普选制，工人的利益诉求没有合法的渠道上升为政策，从而调节资本主义生产关系；而且当时资本主义国家还颁布法律限制公民的言论，例如1877年，德国曾颁布《反社会党人非常法》，该法明确规定：一切旨在威胁国家根本制度的组织、活动、言论必须予以禁止。

到19世纪70年代，情况有所变化，英法等资本主义国家开始采取一些措施来缓解经济危机。原因包括几个方面：第一，欧洲工人开始获得一定的政治权利，可以通过议会选举，把自己的主张变成国家政策，从而调节资本主义生产关系。第二，在社会化大生产的压力之下，资产阶级也被迫主动调节生产关系。在工人和资产阶级的共同推动下，资本主义生产关系发生了新变化，出现了股份公司、托拉斯和国家财产。《社会主义从空想到科学的发展》对这些生产关系的新形式进行了研究。

股份制一定程度上适应了社会化大生产的要求。19世纪70年代，欧

〔1〕《马克思恩格斯文集》第3卷，人民出版社2009年版，第555—556页。

〔2〕同上书，第557页。

〔3〕《马克思恩格斯文集》第2卷，人民出版社2009年版，第37页。

洲开始了第二次工业革命，要求更大的生产规模。通过股份制，企业可以募集更多的资金，规模迅速扩大。

托拉斯是以调节生产为目的的联盟；它规定了生产的总产量，在彼此间分配产量，并且强制实行预先规定的出售价格。托拉斯等垄断组织一定程度上克服了资本主义生产的“无计划性”。

国家财产是资本主义国家管理生产的结果。“国家财产”指当时资本主义国家的国有企业。国家财产的必要性首先表现在邮政、电报和铁路等行业，因为这些行业本身的性质要求社会化大生产。

那么，怎样看待股份公司、托拉斯和国家财产？这些措施是不是解决资本主义基本矛盾的出路？恩格斯对此做出了回答：

第一，“如果说危机暴露出资产阶级没有能力继续驾驭现代生产力，那么，大的生产机构和交通机构向股份公司、托拉斯和国家财产的转变就表明资产阶级在这方面是多余的。资本家的全部社会职能现在由领工薪的职员来执行了。”恩格斯说，资本主义生产方式起初排挤工人，现在却在排挤资本家了，完全像对待工人那样把他们赶到过剩人口中去，虽然暂时还没有把他们赶到产业后备军中去。[1]

第二，“无论转化为股份公司和托拉斯，还是转化为国家财产，都没有消除生产力的资本属性。”因为工人雇佣劳动者的地位没有改变；劳动者和资本的关系仍然没有改变。[2]恩格斯举例说，俾斯麦也曾经办了一批国有企业，如国有铁路、电报、邮政等企业，但是这显然不能说明俾斯麦是在搞社会主义。判断国有企业的性质，要看国家的政权掌握在哪个阶级手里。资本主义国家是“资本家的国家”，是“总资本家”。2008 年金融危机之后，西方国家用上万亿美元来救银行，把一些金融机构收归国有，有人说这意味着西方国家在推行“社会主义”。实际上，这绝对不是什么“社会主义”，这是用纳税人的钱来挽救那些金融寡头。因此，老百姓不满意：正是这些人制造了危机，为什么要用我们的钱来救他们，同时还削减我们的社会福利？英国骚乱、希腊骚乱、美国“占领华尔街”的根源就在于此。

第三，“生产力归国家所有不是冲突的解决，但是它包含着解决冲突的形式上的手段，解决冲突的线索。”[3]这些措施不能消除资本主义的基本矛

---

〔1〕〔2〕〔3〕《马克思恩格斯文集》第 3 卷，人民出版社 2009 年版，第 559 页。

盾，但一定程度上缓解了资本主义的基本矛盾。股份制、托拉斯、国家财产提供了解决资本主义基本矛盾的线索：社会化大生产迫使资产阶级对资本主义生产关系做出调整，这说明社会化大生产已经发展到了资本主义制度难以容纳的程度，社会主义革命已经接近；股份制、托拉斯和国家财产的出现，为社会主义准备了充分的物质前提，便于无产阶级在夺取政权后实行生产资料的社会主义国有化。

总之，解决资本主义基本矛盾的出路在于：使生产关系适应生产力发展的要求。恩格斯说："这种解决只能是在事实上承认现代生产力的社会本性，因而也就是使生产、占有和交换的方式同生产资料的社会性质相适应。"[1]也就说，要解决资本主义基本矛盾，根本出路在于：以社会主义取代资本主义。

第二节　在批判旧世界中科学预测新社会

在批判旧世界中预测新社会，是科学社会主义的内在要求。科学社会主义本身顺应了人类历史发展的规律。恩格斯在批判资本主义的过程中，预测了未来共产主义社会的基本特征。实际上，与空想社会主义者不同，马克思和恩格斯很少对未来社会做出设想，他们对未来的设想是非常谨慎的。1893 年 5 月，法国《费加罗报》的记者采访了恩格斯。当记者问：你们给自己提出什么样的最终目标呢？恩格斯回答："我们没有最终目标。我们是不断发展论者，我们不打算把什么最终规律强加给人类。关于未来社会组织方面的详细情况的预定看法吗？您在我们这里连它们的影子也找不到。"[2]这是恩格斯晚年一再强调的原则。在恩格斯一生中，对未来社会的预测是比较少见的。

1. 社会主义的实现条件

恩格斯说明，社会主义取代资本主义需要两个条件：

[1] 《马克思恩格斯文集》第 3 卷，人民出版社 2009 年版，第 560 页。
[2] 《马克思恩格斯文集》第 4 卷，人民出版社 2009 年版，第 561 页。

第一,生产力高度社会化。要解决资本主义的基本矛盾,恩格斯说:"要实现这一点,只有由社会公开地和直接地占有已经发展到除了适于社会管理之外不适于任何其他管理的生产力。"[1]这句话可以分两个方面来理解:一方面,生产力的社会化已经达到了这样的程度,除了适于社会管理之外,已经不适于任何其它管理。恩格斯认为,股份制、托拉斯和国家财产的出现表明,生产力的社会化程度已经达到了这样的程度:生产关系必须做出调整,来适应生产力发展的要求。经济危机周期性地突破资本主义的生产关系,这是经济规律强制性地和破坏性地为自己开辟道路。另一方面,如果生产力还没有达到高度社会化的程度,对于那些不适应社会管理的生产力,则不应采用社会管理的形式。恩格斯曾提醒人们,生产关系不能超越生产力发展阶段,"自从资本主义生产方式在历史上出现以来,由社会占有全部生产资料,常常作为未来的理想隐隐约约地浮现在个别人物和整个派别的头脑中。但是,这种占有只有在实现它的实际条件已经具备的时候,才能成为可能,才能成为历史的必然性。"[2]

第二,阶级矛盾激化。恩格斯说:"资本主义生产方式日益把大多数居民变为无产者,从而就造成一种在死亡的威胁下不得不去完成这个变革的力量。"[3]生产关系的变迁实际上是两个因素在推动:一是生产力发展,二是阶级斗争。从资本主义社会转变为社会主义社会,依靠力量是无产阶级,阶级矛盾必须激化到一定程度,足以引发无产阶级革命。

按照恩格斯的本意,这两项条件必须同时具备,革命才会发生。应该说,今天在全球范围内,这两个条件都已经存在,但由于全球化的因素,这两个条件时常发生分离,因此世界社会主义运动不可避免地受到全球化影响。马克思、恩格斯当年在《共产党宣言》中曾经专门论述过"世界市场"的问题。"世界市场"通俗地说就是"经济全球化",而且"世界市场"带来了"世界文学"——通俗地说就是"文化全球化"。全球化也造成了边缘地区对中心地区的依附,"正像它使农村从属于城市一样,它使未开化和半开化的国家从属于文明的国家,使农民的民族从属于资产阶级的民族,使东方从属于西方"。[4]但是,后来,全球化的程度还是超过了马克思、恩格斯的预料。整个

〔1〕《马克思恩格斯文集》第3卷,人民出版社2009年版,第560页。

〔2〕同上书,第562页。

〔3〕同上书,第561页。

〔4〕《马克思恩格斯文集》第2卷,人民出版社2009年版,第36页。

世界分裂为中心地区和边缘地区；社会主义实现的两个条件，也发生了分离：

中心地区具备了第一个条件：生产力高度社会化，但是中心地区不具备第二个条件，他们的阶级矛盾没有激化到引起革命的程度。

边缘地区具备了第二个条件——阶级矛盾激化，但是边缘地区不具备第一个条件——生产力高度发达。边缘地区的工人阶级受到的剥削最重，阶级矛盾最尖锐，边缘地区也是帝国主义链条中最薄弱的环节。

列宁敏锐地观察到了帝国主义经济政治发展不平衡的规律。1915 年 8 月，列宁得出结论："社会主义可能首先在少数或者甚至在单独一个资本主义国家内获得胜利。"〔1〕经过十月革命，社会主义首先在相对落后的俄国建立起来。

社会主义取代资本主义的两个条件分离了，使社会主义的实际进程脱离了马克思、恩格斯的设想。社会主义首先在边缘地区取得胜利，这就产生了很多新问题。边缘地区怎样建设社会主义？在马克思、恩格斯那里没有答案，需要边缘地区的共产党自己探索。

2. 社会主义社会的基本特征

当年，一些社会主义者曾希望马克思、恩格斯对无产阶级夺取政权后的未来社会进行详细描绘。马克思、恩格斯对此慎之又慎，他们认为：像空想社会主义者那样，对未来社会描绘得愈细，他们的学说就愈陷入空想。但是，这并不是说在马克思、恩格斯的著作中没有从宏观上对未来社会做出某些预测。这种预测集中表现在《社会主义从空想到科学的发展》的第三章中。恩格斯根据历史唯物主义原理，在分析了发达资本主义国家的发展趋势的基础上，对未来社会基本特征做出了预测。这种预测没有实践依据，主要是通过对资本主义的批判和对人类社会发展规律的探索，进行逻辑推理得出的。恩格斯关于未来社会的基本特征可以概括为几个方面：(1)生产力高度发展，(2)实行生产资料公有制，(3)对社会产品进行有计划的指导与调节，(4)实行产品经济，(5)工人阶级和劳动人民的政权，(6)在消灭阶级和阶级差别的基础上国家自行消亡，(7)每个人都得到自由而全面的发展。经过实践检验，这些预测的基本点是正确的，对后来的社会主义实践具有重大指导意义。当然，也应指出，由于历史条件所限，恩格斯的个别论断，如在未

〔1〕《列宁全集》第 26 卷，人民出版社 1990 年版，第 367 页。

来社会的第一阶段，商品和货币就将退出历史舞台，国家开始消亡等，有些为时过早，应当通过实践有所修正。[1]

1886年，恩格斯特别说明："我所在的党没提出任何一劳永逸的现成方案。我们对未来非资本主义社会区别于现代社会的特征的看法，是从历史事实和发展过程中得出的确切的结论：脱离这些事实和过程，就没有任何理论价值和实际价值。"[2]马克思和恩格斯多次强调，他们的理论不是教条。研究马克思恩格斯关于社会主义社会的论述，最重要的乃在于学会掌握他们的科学的分析历史的方法，而不是把他们的某些论断奉为戒规。

马克思恩格斯作为伟大的思想家，他们的思想是不断发展的，所以不能把他们某个时期的观点当作最终结论。例如，关于"计划经济"的思想，在马克思、恩格斯那里经历了一个发展变化的过程。马克思、恩格斯曾继承了空想社会主义者关于"计划经济"的思想，以自觉的有计划的生产来取代生产的无政府状态，社会主义社会的生产应该"受到社会实际的预定的控制"，在消灭了商品交换、消灭了市场的条件下，只有这样，社会才会在用来生产某种物品的社会劳动时间的数量，和要由这种物品来满足的社会需要的规模之间，建立起联系。[3]在《反杜林论》中，恩格斯还认为："一旦社会占有了生产资料，商品生产就将被消除，而产品对生产者的统治也将随之消除。社会生产内部的无政府状态将为有计划的自觉的组织所代替。"[4]显然，马克思、恩格斯是在资本主义自由竞争和无政府状态的历史环境中来讨论"计划经济"问题的，因而他们把"计划"和"市场"对立起来；并且把"对社会产品进行有计划的指导与调节"看作社会主义的基本特征。自19世纪70年代起，股份制、托拉斯、国家资本主义在几个主要发达国家开始出现并迅速发展。随着垄断组织形成和国家干预加强，资本主义"计划"的特征明显加强。面对这个事实，恩格斯在《社会主义从空想到科学的发展》中认识到："在托拉斯中，自由竞争转为垄断，而资本主义社会的无计划生产向行将到来的社会主义社会的计划生产投降。"[5]从恩格斯的表述可以看出，他还没有完全摆

---

〔1〕 参考赵曜：《恩格斯对科学社会主义的重大历史贡献——纪念恩格斯逝世110周年》，《理论探讨》2005年6月。

〔2〕 《马克思恩格斯文集》第10卷，人民出版社2009年版，第548页。

〔3〕 《马克思恩格斯文集》第7卷，人民出版社2009年版，第208页。

〔4〕 《马克思恩格斯文集》第3卷，人民出版社2009年版，第564页。

〔5〕 同上书，第558页。

脱固定的思维方式——把“计划”看成是社会主义，把“市场”看作资本主义，但已经注意到了资本主义也可以有“计划”这一事实。恩格斯的认识在理论上打开了一个缺口：“计划”和“市场”都是手段，都不是社会主义和资本主义的本质特征；资本主义可以有“计划”，社会主义可以搞“市场”。

列宁实现了社会主义由理论变为现实的飞跃，有了初步的社会主义实践经验和教训。关于马克思、恩格斯对未来社会的预测，列宁曾给予高度评价：“马克思的这些解释的伟大意义，就在于他在这里也彻底地运用了唯物辩证法，即发展学说，把共产主义看成是从资本主义中发展出来的。马克思没有经院式地臆造和‘虚构’种种定义，没有从事毫无意义的字面上的争论（什么是社会主义，什么共产主义），而是分析了可以称为共产主义在经济上成熟程度的两个阶段的东西。”[1]但是，列宁对马克思、恩格斯的预测没有采取教条主义的态度，除了肯定“生产资料公有制和按劳分配”之外，列宁说：“我们不能阐述社会主义的特征；社会主义将来是个什么样子，什么时候达到完备的形式——这些我们不知道，也不能说。”[2]社会主义在相对落后国家首先取得胜利，那么社会主义的基本特征也必然出现新的变化，这些问题不能从马克思恩格斯那里获得现成答案，需要社会主义实践者自己的探索。

总之，马克思、恩格斯提出了社会主义的基本特征，为社会主义发展指明了方向。今天，中国特色社会主义建设者不能用马克思、恩格斯的设想去剪裁现实，更不能把其当作固定不变的模式硬套到现实中来；而是在坚持马克思主义基本原则的基础上，从中国实际出发，解决中国的问题，走中国特色社会主义道路。

3. 社会主义的革命历程

恩格斯根据唯物史观分析了社会主义革命的历史进程。和空想社会主义者明显不同，恩格斯不是单凭空想，而是根据人类历史发展规律，根据对资本主义社会基本矛盾的分析，来预测未来社会。

（1）中世纪社会：个体的小生产。在这个阶段，生产资料是供个人使用的，生产资料和劳动者是统一的，但也存在着少量剩余产品用于交换，商品生产刚刚处于形成过程中，但是这时它本身已经包含着社会生产的无政府

〔1〕《列宁选集》第3卷，人民出版社2012年版，第200页。
〔2〕《列宁全集》第3卷，人民出版社1958年版，第134页。

状态的萌芽。

(2) 资本主义革命:工业从小生产通过简单协作、工场手工业和大工业,向社会化大生产变革。资本主义促进了生产资料集中,个人的生产资料转变为社会化的生产资料,生产力社会化了;但旧的占有形式仍然起作用。这就是资本主义的基本矛盾。资本主义的基本矛盾产生了如下一系列后果:

a 生产者和生产资料相分离,无产阶级和资产阶级相对立;

b 个别工厂中的社会化组织和整个生产中的社会无政府状态相矛盾;

c 周期性的经济危机表明资本主义生产方式起来反对交换形式;

d 资本家本身不得不部分地承认生产力的社会性质,产生了股份公司、托拉斯和国家财产等占有形式。

(3) 无产阶级革命,矛盾的解决:资本主义的基本矛盾是生产的社会化和生产资料私人占有之间的矛盾。要消除资本主义的基本矛盾,生产资料占有也必须社会化。无产阶级革命就是要解决资本主义的基本矛盾。资本主义的基本矛盾解决了,资本主义就消失了,社会主义就诞生了。恩格斯根据对资本主义基本矛盾的分析,预测了从资本主义向社会主义转变的历史进程。

a 无产阶级将取得公共权力。这里说的"公共权力"就是国家政权。无产阶级在共产党的领导下,进行阶级斗争,取得国家政权。

b 把生产资料变为公共财产。无产阶级在取得国家政权之后,运用无产阶级专政国家政权的力量,进行社会主义改造,把生产资料收归国家所有,消灭生产资料私有制,解决资本主义的基本矛盾。

c 跳出商品生产的无政府状态,实行计划经济。恩格斯说:"一旦社会占有了生产资料,商品生产就将被消除,而产品对生产者的统治也将随之消除。社会生产内部的无政府状态将为有计划的自觉的组织所代替。"〔1〕

d 阶级消灭。生产资料私有制消灭之后,就消灭了剥削;阶级赖以存在的和再生产的经济基础就不存在了,这样就消灭了一切阶级差别和阶级对立。

e 国家消亡。没有了阶级,作为阶级统治工具的国家就不存在了,国家成为管理社会公共事务的机构。

---

〔1〕《马克思恩格斯文集》第3卷,人民出版社2009年版,第564页。

f 人成为自然界和社会的主人。恩格斯说:“人终于成为自己的社会结合的主人,从而也就成为自然界的主人,成为自身的主人——自由的人。”[1]

在上述三个历史阶段中,恩格斯关于第三阶段“无产阶级革命,矛盾的解决”的论述,对世界社会主义运动的指导意义最大。

第三节　无产阶级历史使命与科学社会主义任务

在《社会主义从空想到科学的发展》结尾,恩格斯指明了无产阶级的历史使命和科学社会主义的任务。恩格斯说:“完成这一解放世界的事业,是现代无产阶级的历史使命。深入考察这一事业的历史条件以及这一事业的性质本身,从而使负有使命完成这一事业的今天受压迫的阶级认识到自己的行动的条件和性质,这就是无产阶级运动的理论表现即科学社会主义的任务。”[2]无产阶级的历史使命是解放世界;科学社会主义的任务是深入考察解放世界的规律,并且使无产阶级认识到这一规律。

1. 无产阶级的历史使命

无产阶级的历史使命是“解放世界”,即实现“人的解放”。无产阶级传承了文艺复兴以来“人的解放”的精神。文艺复兴被看作是世界现代化进程的开端,文艺复兴最响亮的口号是“人的解放”。在人类现代化进程中,各个先进的阶级都把“人的解放”当作自己的历史使命,在不同的历史阶段,“人的解放”的内涵不同。

第一,启蒙运动的历史使命是在精神层面实现“人的解放”,把人从宗教统治下解放出来。

欧洲封建社会末期,资本主义萌芽的出现为启蒙思想兴起提供了经济基础。为了适应资本主义发展的要求,新兴的资产阶级需要在精神层面突破神学的束缚。于是,陈腐的欧洲兴起了一场新的提倡“人的解放”的启蒙

[1][2] 《马克思恩格斯文集》第3卷,人民出版社2009年版,第566页。

运动。无产阶级和资产阶级共同参与了启蒙运动，但无产阶级只是追随者，资产阶级掌握了领导权。

启蒙运动不是要消灭宗教本身，而是要消灭宗教霸权。当宗教与国家分离，在私人的信仰领域宗教依然存在，但此时宗教已经不是作为特权存在。尽管宗教仍然是客观世界在头脑中歪曲的反映，但宗教却并不成为国家实现现代化的障碍，而国家公权力也不必力求消除私人领域人们对宗教的笃信。马克思说："在政治解放已经完成了的国家，宗教不仅仅存在，而且是生气勃勃的、富有生命力的存在，那么这就证明，宗教的定在和国家的完成是不矛盾的。"〔1〕

第二，资产阶级的历史使命是在政治层面实现"人的解放"，以资产阶级民主代替封建特权。

在中世纪，市民社会与政治国家之间没有明确的边界，整个社会生活高度政治化，政治权力的影响无所不及，一切私人领域都具有政治性质。马克思说，"中世纪的精神可以表述如下：市民社会的等级和政治意义上的等级是同一的，因为市民社会就是政治社会，因为市民社会的有机原则就是国家的原则"。〔2〕

随着资本主义萌芽在封建社会内部发展，市民社会与政治国家之间的"同一性"被打破。资本主义市场经济内在要求私人的经济活动摆脱国家权力干预。通过资产阶级革命，市民社会和政治国家之间的边界得以界定。于是，封建贵族的世袭制以及各种人身依附关系被解除，封建等级制转变为代议民主制，市民社会的成员有了选举权并在政治生活中享有平等地位，人权和公民权也由此得到了法律的保障。马克思将这个过程称为"政治解放"，并且说："政治解放一方面把人变成市民社会的成员，变成利己的、独立的个人，另一方面把人变成公民，变成法人。"〔3〕

马克思认为"商品是天生的平等派"〔4〕，只有经过市场经济的充分洗礼，以及资产阶级的"政治革命"，才能消除封建特权。马克思总结了资产阶级反对封建特权的斗争，并对资产阶级的国家进行了分析。

第三，无产阶级的历史使命在经济层面完成"人的解放"，消灭剥削。

〔1〕《马克思恩格斯文集》第1卷，人民出版社2009年版，第27页。
〔2〕《马克思恩格斯全集》第3卷，人民出版社2002年版，第90页。
〔3〕《马克思恩格斯全集》第1卷，人民出版社1956年版，第443页。
〔4〕《马克思恩格斯全集》第23卷，人民出版社1972年版，第103页。

资产阶级在一定程度上实现了“精神”层面和“政治”层面“人的解放”，这是资产阶级的革命作用；但是，资产阶级不能实现“经济”层面“人的解放”，因为如果消灭了剥削，资本就死亡了。“经济”层面“人的解放”在资产阶级专政的国家不可能实现，“经济”层面“人的解放”要靠无产阶级来实现。

无产阶级的历史使命是：在资产阶级实现了“精神”和“政治”层面“人的解放”之后，继续实现“经济”层面“人的解放”，消灭剥削。

“人的解放”的具体内涵包括精神、政治、经济等各个层面。当世界开启了现代化进程，在不同的时代，不同的阶级的历史使命不同。

马克思、恩格斯传承了文艺复兴和启蒙运动以来“人的解放”的精神。“人的解放”是马克思、恩格斯的毕生追求。在马克思主义庞大的体系中，“人的解放”是具有统摄意义的核心思想。

1843年，青年马克思在《〈黑格尔法哲学批判〉导言》中就明确提出：“德国人的解放就是人的解放。这个解放的头脑是哲学；它的心脏是无产阶级。”[1]此时，马克思刚刚博士毕业，他的视野已经从德国人的解放扩展到了无产阶级的解放和全人类的解放，他希望德国首先发起民主革命，进而引起无产阶级世界革命，实现解放全人类的目标。1848年，马克思和恩格斯合著了《共产党宣言》，说明了共产党人的最终奋斗目标：“代替那存在着阶级和阶级对立的资产阶级旧社会的，将是这样一个联合体，在那里，每个人的自由发展是一切人的自由发展的条件。”[2]1867年，在《资本论》第1卷中，马克思把上述一段话概括为简短的几个字——“自由人联合体”[3]。建立“自由人的联合体”的目标是为了实现“人的解放”，把人从异化状态下解放出来。马克思去世后，在《共产党宣言》1883年德文版和1888年英文版序言中，恩格斯总结了“贯穿宣言的基本思想”，强调了无产阶级的历史使命：无产阶级“如果不同时使整个社会一劳永逸地摆脱一切剥削、压迫以及阶级差别和阶级斗争，就不能使自己从进行剥削和统治的那个阶级（资产阶级）的奴役下解放出来”[4]，即无产阶级仅仅解放自己还不够，还要解放全人类，消灭阶级，这样才能最终摆脱阶级压迫和阶级剥削，从而使全人类获得真正的解放。1894年1月，一位意大利记者卡内帕给恩格斯写信，请求

〔1〕《马克思恩格斯选集》第1卷，人民出版社1995年版，第16页。
〔2〕同上书，第294页。
〔3〕《马克思恩格斯选集》第2卷，人民出版社1995年版，第141页。
〔4〕《马克思恩格斯选集》第1卷，人民出版社1995年版，第257页。

恩格斯为即将在日内瓦出版的《新纪元》杂志的创刊号题词，而且要求尽量用简短的字句来描述未来的社会主义纪元的基本思想，以区别于伟大诗人但丁对旧纪元所作的描述。恩格斯回答说，用简短的字句来描述未来的社会主义纪元的基本思想并不是一件容易的事，但恩格斯还是从《共产党宣言》中找到了这句话，[1]并且说用它来描绘社会主义新纪元再合适不过了。

"人的解放"是整个马克思主义的主题。高放先生对马克思主义做了这样的定义："马克思主义是人的解放学。"[2]马克思主义的精神实质是"人的解放"，中国共产党提出的"以人为本"体现了马克思主义的精神实质。

2. 科学社会主义的任务

恩格斯指出：科学社会主义的任务是深入考察解放世界的规律，并且使无产阶级认识到这一规律。也就是说，科学社会主义有两个任务：一是深入考察"解放世界的规律"，二是在"无产阶级"中广泛传播解放世界的规律。在这里，科学社会主义的任务是针对空想社会主义而言的。

无产阶级的历史使命是：在资产阶级实现了"精神"和"政治"层面"人的解放"之后，继续实现"经济"层面"人的解放"，消灭剥削。科学社会主义继承了空想社会主义"人的解放"的宏愿。在实现无产阶级历史使命的问题上，科学社会主义和空想社会主义是一致的。

那么，如何实现"经济"层面"人的解放"？在这个问题上，科学社会主义和空想社会主义存在着差别，主要体现在两个方面：

第一，对"解放世界的规律"的认识，是科学社会主义与空想社会主义的差别。空想社会主义不懂人类历史规律，只是根据"永恒理性"对资本主义进行道德批判；空想社会主义不懂剩余价值规律，无法深入到"经济生活"中去分析阶级斗争的根源。马克思、恩格斯"深入考察解放世界的规律"，提出了唯物史观和剩余价值学说，将社会主义建立在科学的基石上。

第二，使"无产阶级"认识到解放世界的规律，是科学社会主义与空想社会主义的另一个差别。空想社会主义不懂阶级斗争，不懂"人的解放"首先是无产阶级的解放，不懂"人的解放"的历史主体是无产阶级；为了实现社会主义，一些空想社会主义者求助于统治者或资本家。科学社会主义具有鲜

[1] 即"代替那存在着阶级和阶级对立的资产阶级旧社会的，将是这样一个联合体，在那里，每个人的自由发展是一切人的自由发展的条件"。

[2] 高放：《加强对马克思主义科学的整体研究》，《马克思主义与现实》2005年第2期，第7页。

明的阶级性，是无产阶级的意识形态；无产阶级是实现“人的解放”的历史主体，马克思、恩格斯成立了共产党，在各国无产阶级中广泛传播科学社会主义，使无产阶级认识到“解放世界的规律”。

总之，科学社会主义和空想社会主义有着共同的历史使命，即无产阶级的历史使命。但怎样实现无产阶级的历史使命，科学社会主义和空想社会主义产生了差别。

下篇:当代启示

- 开创中国特色社会主义的新境界
- 置于现实基础之上的中国特色社会主义
- 坚持科学社会主义的基本原则
- 完善中国特色社会主义的基本形态
- 推进马克思主义中国化、时代化、大众化

第五章
开创中国特色社会主义的新境界

读马克思主义经典著作，想当代现实问题，搞中国特色社会主义。中国特色社会主义是社会主义，不是别的什么主义。中国特色社会主义是植根于中国大地，反映中国人民意愿，适应中国和时代发展进步要求的科学社会主义。《社会主义从空想到科学的发展》中指出，现代社会主义“同任何新的学说一样”，“必须首先从已有的思想材料出发”。[1]科学社会主义建立在唯物史观的理论基石之上。中国特色社会主义作为当代中国马克思主义理论创新成果，也必然遵循这一客观规律。中国特色社会主义亦即科学社会主义。同时，中国特色社会主义又以唯物史观为哲学基础，直接继承了马克思列宁主义、毛泽东思想，追本溯源，中国特色社会主义实质上是科学社会主义，我们要毫不动摇地坚持和发展中国特色社会主义。

第一节　社会主义是一项“世界历史性”的宏伟事业

马克思、恩格斯认为，由地域性的历史进入世界历史是实现社会主义的一个重要前提，社会主义在本质上就是世界历史的产物。“无产阶级只有在世界历史意义上才能存在，就像共产主义——它的事业——只有作为‘世界历史性的’存在才有可能实现一样。”[2]因而要用世界历史的眼光看待社会主义，把握社会主义发展的大趋势。

---

〔1〕 恩格斯：《社会主义从空想到科学的发展》，人民出版社 2014 年版，第 36 页。
〔2〕 《马克思恩格斯选集》第 1 卷，人民出版社 1995 年版，第 87 页。

1. *以世界历史大视野看待和研究社会主义*

正因为社会主义是一项“世界历史性”的事业，我们在观察和研究它时，就需要有一种宽广的世界眼光和深邃的历史眼光，站在时代高度，放眼当今世界，扎根历史与现实的基础，深入研究科学社会主义和中国特色社会主义。

(1) 运用世界的眼光看待社会主义

社会主义是作为资本主义的对立物和替代物出现在世界历史上，其世界性不仅体现在以解放全人类作为自己的崇高理想，还体现在其本身就是对资本主义全球化的一种扬弃。社会主义发展的每一个阶段，始终与全球化有着千丝万缕的联系。在第一次全球化的浪潮中，社会主义实现了由空想到科学的发展。19 世纪下半叶开始的第二次全球化，正是由于经济政治发展的不平衡成为资本主义的绝对规律，社会主义才可能“首先在少数或者甚至在单独一个资本主义国家内获得胜利”。[1]在这一次全球化过程中，社会主义先后实现了由科学理论形态到现实制度形态、由一国胜利到多国胜利的两次飞跃，从苏联到东欧再到东亚，不仅地理上连成一片，而且组成一个占世界三分之一人口和四分之一土地的强大的社会主义世界体系，由此大大改变了世界政治经济格局和世界力量的对比。20 世纪 60 年代以后，以微电子技术、信息技术和空间技术等为标志的新科技革命爆发，推动了全球化的第三次高潮。在这一次全球化过程中，发达资本主义国家抓住机遇，一改颓势，重新站稳了自己在全球化中的主导地位，而社会主义世界体系则经历了一个由盛转衰的发展过程。20 世纪 60 年代拉丁美洲的古巴走上了社会主义道路，1975 年印度支那人民抗美战争取得胜利，柬埔寨、老挝也走上了社会主义道路，共产党领导的社会主义国家达到了 16 个。随后，部分社会主义国家则因封闭僵化或盲目改革，在接二连三的失误中走向困境，在离经叛道中走向没落，最终导致了苏联解体和东欧剧变，使世界社会主义遭受严重挫折。

可见，社会主义伴随全球化而诞生，又在全球化的进程中曲折前进。当前，中国等一些社会主义国家纷纷总结社会主义建设的经验和教训，开辟了具有本国特色的社会主义道路，推进改革开放战略，出现了新的生机和活力。与此同时，世界上一些社会主义政党和流派，也在以信息化和网络技术为特征的新一轮全球化浪潮中总结经验教训，蓄势待发。

---

〔1〕《列宁选集》第 2 卷，人民出版社 1972 年版，第 709 页。

(2) 运用历史的眼光看待社会主义

首先,社会主义无论是作为一种理论,还是一项实践,都是在特定世界历史条件下的产物。资本主义大工业的发展和地理大发现,使民族历史转变为世界历史,并使整个社会日益分裂为两大相互对立的阶级,即资产阶级和无产阶级。伴随着资本主义社会的生产力与生产关系、经济基础与上层建筑的基本矛盾日益激化,作为资本主义对立物的社会主义才开始真正形成。

其次,社会主义本身也是一种动态发展的自然历史现象。世界社会主义一直是历史地、发展地存在着的,并且它在不同历史时期会有不同的表现形式。500 年前,在世界历史的舞台上,社会主义思潮首先是以一种空幻的梦想在托马斯·莫尔的小说《乌托邦》中闪亮登场。160 多年前,社会主义又羽化为一个徘徊在欧洲上空的共产主义"幽灵",被欧洲的一切势力公认为一种势力,并在各种反动派的恐慌和围剿中实现了从空想社会主义到科学社会主义的历史性飞跃,推动了浩浩荡荡的国际共产主义运动。100 年前,俄国十月革命的胜利又使社会主义从理论、运动形态转化为一种活生生的制度形态,建立了人类历史上的第一个社会主义国家,开辟了人类历史发展的新纪元。十月革命一声炮响又给我们传来了马克思列宁主义,指引中国革命的航船胜利前进。90 多年来,中国共产党人领导人民闹革命、搞建设、抓改革、谋发展,取得了史无前例、举世公认的辉煌成就。同时,我们勇敢直面社会主义探索中的失误和曲折,带领中国人民走上了中国特色社会主义的康庄大道,并且正在为实现中华民族伟大复兴的中国梦而努力奋斗。当代科学社会主义正在呈现恩格斯 1890 年在给奥·伯尼克的信中所预见的发展大趋势:"所谓'社会主义社会'不是一种一成不变的东西,而应当和任何其他社会制度一样,把它看成是经常变化和改革的社会。"〔1〕

正因为如此,习近平在回顾世界社会主义 500 年历程后,指出中国特色社会主义的主心骨就是科学社会主义,中国共产党人的老祖宗是马克思、恩格斯。无论我们如何发展,如果我们连老祖宗都不认、都丢了的话,那我们就像断了线的风筝,北风来了随北风,西风来了随西风,不知飘到哪儿去了。反之,我们坚持科学社会主义理论越彻底,根扎得越深,中国特色社会主义就能发展得越好。因而,我们要认祖归宗,正本清源,科学认识中国特色社会主义与科学社会主义一脉相承、与时俱进的关系。

〔1〕《马克思恩格斯文集》第 10 卷,人民出版社 2009 年版,第 588 页。

(3) 运用现实的眼光看待社会主义

科学社会主义是马克思、恩格斯创立的关于社会主义的科学理论体系。马克思、恩格斯在考察了人类社会的历史发展，尤其是对资本主义产生和发展的历史进程进行深入分析之后，揭示了人类社会发展的一般规律，论证了资产阶级的灭亡和与无产阶级的胜利是同样不可避免的历史必然性，并找到了实现社会主义革命的正确路径和依靠力量。马克思、恩格斯在批判资本主义旧世界的过程中，还对什么是社会主义、社会主义的本质规定进行了深入的分析和研究。认为社会主义是在资本主义创造的高度发达的生产力基础上产生和发展起来的一种崭新的社会制度，是超越于资本主义、比资本主义更高的一种社会形态，这种社会形态以解放和发展生产力为前提，最终目标是实现人类解放和人的全面自由发展。

科学社会主义是无产阶级和广大人民的价值追求，是无产阶级争取彻底解放的强大思想武器。正因为有了马克思、恩格斯所创立的科学社会主义，才有了无产阶级革命政党的建立，才有了社会主义运动在全世界的蓬勃兴起，才有了社会主义发展的一次次重大历史性飞跃。

科学社会主义自创立以后，经过马克思、恩格斯的不断总结、充实和完善，经过列宁在领导俄国社会主义革命和建设实践过程中的丰富和发展，再以马克思列宁主义的形式传入中国，在指导中国新民主主义革命、社会主义革命与建设，以及改革开放的过程中不断创新和发展，历经马克思主义中国化的两次历史性飞跃，最终形成了毛泽东思想和中国特色社会主义理论体系这两大理论成果。从马克思主义到列宁主义，再到毛泽东思想、中国特色社会主义理论体系，无论理论的名称和形式如何变化，科学社会主义的核心思想和基本原理都是一脉相承和与时俱进的。

2. 中国特色社会主义与科学社会主义

科学社会主义是中国特色社会主义的思想来源和理论基础。中国特色社会主义是马克思主义中国化的产物，是科学社会主义基本原理同时代特征、中国国情相结合的最新成果，它不仅守科学社会主义之“魂”，而且塑中国特色之“形”。

(1) 中国特色社会主义是科学社会主义在中国的新发展

自1840年以后，积贫积弱的中国逐渐沦为半殖民地半封建社会，成为列强任意宰割的对象。从那时起，救亡图存和强国富民就成为中国社会面临的两大历史性课题。为了回答和解决这一课题，中国社会各阶级、各阶层、各团体、各政党，纷纷你方唱罢我登场，都使出了浑身的解数，但是，太平天国、洋务运动、戊戌变法、辛亥革命相继失败了。历史最终选择的是以科学社会主义理论为指导的中国共产党，中国共产党作为中国人民的领导核心，团结带领全国各族人民，夺取了新民主主义革命胜利，取得了社会主义革命、建设和改革开放的巨大成就，创造了举世公认的奇迹。

中国特色社会主义体现当今世界和平与发展的时代主题，立足于中国社会主义初级阶段的基本国情，作为一种理论、道路和制度形态，归根结底属于科学社会主义范畴，是科学社会主义在当代中国的新发展。因而，习近平在2013年1月5日的讲话中强调，中国特色社会主义是科学社会主义理论逻辑和中国社会发展历史逻辑的辩证统一，是植根于中国大地、反映中国人民意愿、适应中国和时代发展进步要求的科学社会主义。

(2) 中国特色社会主义是科学社会主义在当代的新贡献

中国特色社会主义用新的理论丰富了科学社会主义，在毛泽东科学探索中国革命道路和革命规律的基础上，我党继续探索回答了"什么是社会主义、怎样建设社会主义"，"建设什么样的党、怎样建设党"，"实现什么样的发展、怎样发展"等一系列重大的理论和实践问题，以全新的视野深化了对共产党执政规律、社会主义建设规律、人类社会发展规律的认识，使科学社会主义在中国的发展进入一个新的阶段。

中国特色社会主义的成功开创，为经济文化落后国家建设社会主义提供了成功启示。一是坚持把科学社会主义基本原理与本国实际和时代特征结合起来，走自己的路，建设具有本国特色的社会主义。二是经济文化相对比较落后国家建立社会主义制度以后，必须把经济和社会发展作为自己的最根本任务，努力实现原本应在资本主义制度下完成的现代化任务。三是要通过改革开放，不断发展和完善社会主义制度，不断满足人民群众日益增长的物质文化生活需要，使人民过上幸福美好的生活。四是要坚持独立自主的和平外交政策，按照和平共处五项原则正确处理与世界各国的关系，为本国社会主义建设创造一个良好的国际环境。

(3) 科学社会主义与中国特色社会主义是辩证统一整体

科学社会主义与中国特色社会主义是一般与个别、普遍与特殊的关系。科学社会主义是一般，它的本质、原则、目标、方向应当是统一的、普遍适用的，然而社会主义发展的阶段、方式、方法、途径由于各国的基本国情不同和时代特征不同是多种多样的、丰富多彩的。中国特色社会主义是科学社会主义在当代中国的具体表现。

科学社会主义与中国特色社会主义是抽象与具体的关系。由于时代和实践的限制，马克思主义经典作家不可能准确预测到社会主义在每一个国家的具体发展和社会主义制度的每一个具体的方面，因而他们对未来社会的描述相对比较抽象。而中国特色社会主义则是社会主义在中国这一特定环境、特定时段、特定背景下的具体。抽象是对具体的指导，具体是对抽象的证明，二者不可或缺，不可取代。

科学社会主义与中国特色社会主义是继承与发展的关系。中国特色社会主义既坚持又发展了科学社会主义。就继承而言，中国特色社会主义始终坚持科学社会主义关于生产力理论、公有制理论、按劳分配理论、人民民主专政理论，以及共产党领导、马克思主义在意识形态领域的领导地位等方面的传承。就发展而言，中国特色社会主义发展了社会主义初级阶段理论、改革开放理论、社会主义市场经济理论，以及鼓励引导非公有制经济发展、生产要素参与分配等一系列创新理论和发展战略。

第二节　唯物史观是中国特色社会主义的哲学基础

唯物史观是马克思和恩格斯共同创立的，是马克思主义思想体系的理论基石。它作为无产阶级的历史观，体现了人类社会发展的普遍规律，正确指导人们提高对于社会现象和历史发展规律的认知，促使社会主义由空想向科学转变，揭示了社会发展的根本动力是社会基本矛盾运动，预示了社会主义代替资本主义、实现共产主义的必然趋势。恩格斯 1892 年在《社会主义从空想到科学的发展》一书英文版导言中用“历史唯物主义”这个名词表达这一科学的社会历史观。列宁称之为“科学的社会学”、“唯一的科学的历史观”和“社会科学的唯一科学方法即唯物主义的方法”，因为“只有历史唯

物主义才第一次使我们能以自然史的精确性去考察群众生活的社会条件以及这些条件的变更”。〔1〕

1. 唯物史观是科学社会主义的理论基石

唯物史观和剩余价值学说，从不同角度完成了对社会主义的论证，成为科学社会主义的两块理论基石。唯物史观成为理论基石的原因，在于它揭示了社会发展的客观规律，把社会主义的实现建立在历史必然性的基础之上。

唯物史观是马克思主义哲学最核心的成果，是马克思主义哲学对人类哲学思想的重要贡献，它的创立实现了社会历史观的伟大变革，标志着马克思主义的诞生。作为马克思一生的两个重大发现之一，唯物史观科学地揭示了社会发展的普遍规律，清算了以前的唯心主义历史观，从而使社会发展的探索建立在科学的理论基础之上。列宁说：“马克思的历史唯物主义是科学思想中的重大成果。”〔2〕

唯物史观深刻揭示了资本主义社会的本质和它产生、发展、灭亡的规律，为无产阶级提供了强大的理论武器，使社会主义理论由空想成为科学。列宁领导的十月革命第一次使社会主义理论成为现实，从而使马克思主义哲学思想得到弘扬和传播，社会主义革命在世界范围内开始不断取得胜利。

唯物史观实现了人类历史观的伟大变革。首先，它把“现实的个人”作为前提或出发点。这一点超越了以往所有的社会历史理论。先前，奥古斯丁从上帝本体论出发点说明历史事件；贝克莱将感觉作为前提和出发点，从感觉出发去解释一切；黑格尔则把绝对精神作为理论的出发点和历史的发展动力，他认为自然、社会及其历史都不过是绝对精神的自我发展过程。甚至连费尔巴哈也是从“抽象的人”来研究社会历史。唯物史观以“现实的人”作为出发点，揭示了人及社会生活在本质上是实践的，意味着人是能动性和受动性的统一，还表明人的本质是一切社会关系的总和。个人的物质社会条件、所处的社会关系以及在这些既有条件下所进行的能动的实践活动，共同构成了人类历史的变化发展。马克思、恩格斯把“现实的个人”作为理论的前提和出发点并对它作出了科学的规定，克服了以往一切社会历史理论的根本缺陷，为新世界观的确立奠定了坚实的基础。

〔1〕《列宁选集》第2卷，人民出版社1972年版，第586页。

〔2〕列宁：《马克思主义的三个来源和三个组成部分》，《列宁专题文集·论马克思主义》，人民出版社2009年版，第68页。

唯物史观实现了唯物主义从本体论向认识论、方法论的转换和深化。我们之所以说马克思、恩格斯将唯物主义推进到一个新的阶段，是因为他们把自然先于人这个唯物主义的结论当作一个现成的结论，但他们并没有将眼光停留在“自然界如何产生人”这样的本体论问题，而是关注“自然界和人的现实的关系”这样的认识论问题。因为“对现实的描述会使独立的哲学失去生存环境，能够取而代之的充其量不过是从对人类历史发展的考察中抽象出来的最一般的结果的概括。这些抽象本身离开了现实的历史就没有任何价值”。〔1〕马克思总是将自己的研究首先放在“当下”的社会现实上。从当下的社会存在来研究人类社会发展的历史，是马克思主义唯物史观作为哲学、社会科学方法论的基本特征。因而，从这个意义上讲，唯物史观从根本上讲不仅仅是关于历史的本体论的学说，而更加是研究社会科学的方法。

2. 唯物史观是中国共产党人的看家本领

中国共产党作为马克思主义政党，从成立之日起就高度重视思想建党和理论武装，其中十分重要的一条就是坚持用唯物史观武装全党、指导工作。在革命、建设、改革各个历史时期，我们党运用历史唯物主义，系统、具体、历史地分析中国社会运动及其发展规律，在认识世界和改造世界过程中不断把握规律、积极运用规律，推动党和人民事业取得了一个又一个胜利。历史和现实都表明，正是因为我们坚持历史唯物主义，所以才能不断地把对中国特色社会主义规律的认识提高到新的水平，不断开辟当代中国马克思主义发展的新境界。〔2〕

(1) 中国共产党坚持唯物史观的历史经验

理论在一个国家实现的程度，既取决于理论的自身品质，又取决于这个国家对理论的需求程度。正是基于唯物史观本身的实践性、科学性、批判性和开放性，以及近代中国国情的需要，中国共产党人选择了唯物史观，并将其作为“吾党哲学的根据”。〔3〕

在新民主主义革命时期，中国共产党人将中国放在世界历史发展中加以认识，在革命实践中，经过曲折探索，对中国社会性质做出了准确定位，逐步厘清了中国革命的阶段和目标，创立了新民主主义革命理论体系。并以

---

〔1〕《马克思恩格斯选集》第1卷，人民出版社1995年版，第73—74页。

〔2〕 中共中央宣传部：《习近平总书记系列重要讲话读本(2016年版)》，学习出版社、人民出版社2016年版，第281页。

〔3〕《毛泽东书信选集》，人民出版社1983年版，第15页。

此为指导，从中国革命的实际出发，运用阶级分析的方法对中国社会各阶级进行了分析，分清了中国革命的敌、我、友，确立了革命的总路线，开辟了中国特色的革命道路，创立了一整套革命战略与策略。从人民立场出发，找到了中国革命的力量之源，在实践中创造性地提出了党的群众路线。最终取得了新民主主义革命的胜利，实现了民族解放和阶级解放的目标。

新中国成立后，中国共产党人又开始了社会主义革命和建设道路的艰难摸索，并取得了辉煌成就。但是，由于国际国内复杂政治因素的影响，由于"左"的错误的影响，我们一度偏离了唯物史观的大方向，社会主义事业遭受了严重的挫折。

在改革开放时期，中国共产党人在总结中国社会主义建设正反两方面经验和教训的基础上，勇敢地开展了"真理标准问题"的大讨论，重新确立了唯物史观在中国社会主义建设中的科学世界观和方法论地位；对"什么是社会主义"、"怎样建设社会主义"等基本问题进行了长期的思考和务实的探索，重新将马克思主义的基本原理与中国社会主义建设的实际结合起来，开创了中国特色社会主义道路。

中国共产党 90 多年的经验和教训告诫我们，只有遵循了唯物史观的基本原理，社会主义事业才能顺利前行；脱离了唯物史观的科学指导，社会主义就要遭受挫折。

(2) 坚持和发展中国特色社会主义的哲学基础

唯物史观是马克思主义哲学不可分割的重要组成部分，是中国共产党人在新的历史条件下做好各项工作的"看家本领"，也是坚持和发展中国特色社会主义的理论基石。2013 年 12 月 3 日，习近平在主持中央政治局第十一次集体学习时强调，推动全党学习历史唯物主义基本原理和方法论，以更好地认识国情，更好地认识党和国家事业发展大势，更好地认识历史发展规律，更加能动地推动各项工作。

第一，社会存在决定社会意识的原理，是我们党提出和实施的理论、路线和方针政策的基础和依据。恩格斯在《社会主义从空想到科学的发展》中指出，必须将社会主义置于现实的基础之上。[1]我们党现阶段提出和实施的理论、路线和方针政策之所以是正确的，就是因为它们都是以我国现实的社会存在为基础的。党的十八届三中全会对我国全面深化改革作出的总体

[1] 恩格斯：《社会主义从空想到科学的发展》，人民出版社 2014 年版，第 51 页。

部署，是从我国现存的社会实际出发的，即从我国现在的社会物质条件的总和出发的，也就是从我国基本国情和发展要求出发的。

第二，社会基本矛盾分析法，是我们深入理解全面深化改革的重要性和紧迫性的基础和依据。只有把生产力和生产关系的矛盾运动同经济基础和上层建筑的矛盾运动结合起来观察，把社会基本矛盾作为一个整体来观察，才能全面把握整个社会的基本面貌和发展方向。坚持和发展中国特色社会主义，必须不断适应社会生产力发展调整生产关系，不断适应经济基础发展完善上层建筑。我们提出进行全面深化改革，就是要适应我国社会基本矛盾运动的变化来推进社会发展。社会基本矛盾总是不断发展的，所以调整生产关系、完善上层建筑需要相应地不断进行下去。改革开放只有进行时、没有完成时，这是历史唯物主义态度。

第三，物质生产是社会生活的基础的观点，是我们协调处理各类关系、做出重大战略布置的基础和依据。唯物史观认为，物质生产方式是社会历史发展的根本原因和基本动力。生产力是推动社会进步的最活跃、最革命的要素。社会主义的根本任务是解放和发展社会生产力。在全面深化改革中，我们要坚持发展仍是解决我国所有问题的关键这个重大战略判断，使市场在资源配置中起决定性作用和更好发挥政府作用，推动我国社会生产力不断向前发展，推动实现物的不断丰富和人的全面发展的统一。物质生产是社会历史发展的决定性因素，但上层建筑也可以反作用于经济基础，生产力和生产关系、经济基础和上层建筑之间有着作用和反作用的现实过程，并不是单线式的简单决定和被决定逻辑。我们提出全面深化改革的方案，是因为要解决我们面临的突出矛盾和问题，仅仅依靠单个领域、单个层次的改革难以奏效，必须加强顶层设计、整体谋划，增强各项改革的关联性、系统性、协同性。只有既解决好生产关系中不适应的问题，又解决好上层建筑中不适应的问题，这样才能产生综合效应。同时，只有紧紧围绕发展这个第一要务来部署各方面改革，以解放和发展社会生产力为改革提供强大牵引，才能更好推动生产关系与生产力、上层建筑与经济基础相适应。

第四，人民群众是历史的创造者的观点，是紧紧依靠人民全面推进改革的基础和依据。唯物史观认为，人民群众是历史的创造者，是社会发展的主体动力。要坚持把实现好、维护好、发展好最广大人民根本利益作为推进改革的出发点和落脚点，让发展成果更多更公平惠及全体人民，唯有如此改革才能大有作为。要处理好尊重客观规律和发挥主观能动性的关系。要坚持一切从实际出发，按照客观规律办事，一张蓝图抓到底，抓好打基础利长远的工作。同时，要鼓励地方、基层、群众大胆探索、先行先试，勇于推进理论和实践创新，不断深化对改革规律的认识。

3. 坚持唯物史观，反对历史虚无主义

一段时间以来，在历史虚无主义思潮的影响下，有些人对从国际共产主义运动的历史到中国新民主主义革命和社会主义革命、建设、改革的历史，几乎没有一个事件不进行攻击和否定；从马克思列宁主义的创始人到我们党和国家的领导人、从为人民解放流血牺牲的烈士到新中国建立后各条战线涌现出的英雄模范，几乎都遭到某些人的污蔑、诽谤、丑化、调侃、戏弄。

习近平指出："古人说：'灭人之国，必先去其史。'国内外敌对势力往往拿中国革命史、新中国历史来做文章，竭尽攻击、丑化、污蔑之能事，根本目的就是要搞乱人心，煽动推翻中国共产党的领导和我国社会主义制度。"他联系苏联解体的深刻教训进一步分析，当年苏联的历史虚无主义者"全面否定苏联历史、苏共历史，否定列宁，否定斯大林，搞历史虚无主义，思想搞乱了，各级党组织几乎没任何作用了，军队都不在党的领导之下了。最后，苏联共产党偌大一个党就作鸟兽散了，苏联偌大一个社会主义国家就分崩离析了。这是前车之鉴啊！"〔1〕这段精辟分析和肺腑之言，充分道出了历史虚无主义思潮的巨大危害，也道出了旗帜鲜明地坚持唯物史观反对历史虚无主义思潮的极端重要性和紧迫性。尽管在当前的中国，历史虚无主义只是一种非主流思潮，但如果任由其蔓延，势必会消解主流意识形态、动摇党的执政地位、危及社会主义国家政权，从根本上动摇社会主义中国的立国之本和强国之基，阻碍中华民族伟大复兴中国梦的实现。所以，我们必须旗帜鲜明地批判历史虚无主义思潮。

第一是要坚持阶级分析法。当前坚持唯物史观，批判历史虚无主义思潮，首先要坚持人民立场，批判历史虚无主义替剥削阶级辩护的立场。因为马克思主义的阶级分析法，是分析阶级社会现象的有效钥匙。没有这个方法，就会得出一些肤浅、错误的结论。历史虚无主义思潮以统治阶级的利益作为评价依据，得出一些停留在表象的言论。历史唯物主义阶级分析法要

〔1〕 习近平：《关于坚持和发展中国特色社会主义的几个问题》，详见《十八大以来重要文献选编(上)》，中央文献出版社2014年版。

求在评价历史人物时，不能仅看言辞，更要看行动。

第二是要坚持历史分析法。反对历史虚无主义，必须系统学习党史、国史、社会主义史、改革开放史，认真学习中华民族上下五千年的历史，正确认识近现代以来中国人民探索救亡图存、强国富民道路的历史。只有历史地去看待历史，才能正确认识历史，真正探究历史发展的规律指导现实，总结历史经验教训为现实服务。

第三是要坚持辩证分析法。一是采取一分为二的方法，反对那种“要么全面肯定，要么全面否定”的形而上学方法。二是抓住历史的本质、主流、主线，把握研究对象的内在本质，辨清内容与形式的关系。三是坚持联系的全面的观点，科学地搜集全部事实，确定事实之间的联系和相互依附性。

第三节　在新形势下坚持和发展中国特色社会主义

马克思主义是在不断创新中丰富发展的理论，与时俱进是马克思主义的理论品质。中国特色社会主义，是科学社会主义理论逻辑与中国社会发展历史逻辑的辩证统一，是植根于中国大地、反映中国人民意愿、适应中国国情和时代发展进步要求的科学社会主义。我们既要坚持马克思主义的科学原理和科学精神，又要善于把握客观情况的变化，善于总结人民群众在实践中创造的新鲜经验，不断丰富和发展中国特色社会主义。

1. 中国特色社会主义的创立与发展

中国共产党把马克思主义基本原理同中国具体实际相结合，经历了新民主主义革命、社会主义革命与建设、改革开放等阶段，创立和发展了中国特色社会主义。

(1) 奠定基础

从1921年到1949年，中国共产党人从学习苏俄开始起步，将列宁的建党学说和革命理论与中国革命的实际结合起来，创造性地解决了“什么是中国革命，怎样进行中国革命”的历史课题，提出了“工农武装割据”、“农民包围城市、武装夺取政权”的革命道路和“党指挥枪”、“党支部建在连上”、“着重从思想上建党”、“培养党的优良作风”、“三三制”等建党、建军、建政方面的创新思想。实现了马克思主义中国化的第一次飞跃，创立了毛泽东思想。以毛泽东为主要代表的中国共产党人，历经苦难辉煌，带领全党全国各族人民完成了新民主主义革命，建立了新中国。

从 1949 年到 1976 年，中国共产党人带领全党全军全国各族人民在“一穷二白”的基础上开始起步，迅速医治战争创伤、恢复发展国民经济。提出了“一化三改”、“先合作化，后机械化”、“和平赎买”、“公私合营”等思想，创造性地实现了生产资料私有制的社会主义改造，确立了社会主义基本制度，完成了从新民主主义社会到社会主义社会的过渡，开始了社会主义建设的初步探索。在社会主义全面建设时期，毛泽东提出了正确处理社会主义建设中的十大关系，创造性地提出了“两类矛盾”学说和正确处理人民内部矛盾的理论、方针政策等，这些创新思想和社会主义建设的经验教训，给后人继续探索中国问题提供了至为宝贵的直接思想材料，为新时期开创中国特色社会主义提供了宝贵经验、理论准备和物质基础。

正是在这个意义上，党的十七大指出，“我们要永远铭记，改革开放伟大事业，是在以毛泽东同志为核心的党的第一代中央领导集体创立毛泽东思想，带领全党全国各族人民建立新中国，取得社会主义革命和建设伟大成就以及艰辛探索社会主义建设规律取得宝贵经验的基础上进行的。新民主主义革命的胜利，社会主义基本制度的建立，为当代中国一切发展进步奠定了根本政治前提和制度基础”。〔1〕

(2) 成功开创

以邓小平为主要代表的中国共产党人，在总结世界社会主义历史尤其是中国共产党自身经验教训的基础上，以实践是检验真理唯一标准的大讨论和十一届三中全会为起点，重新确立了解放思想、实事求是的思想路线，带领全党全国各族人民开始了对中国社会主义现代化建设道路的进一步探索，在改革开放的伟大实践中成功开创了中国特色社会主义，其理论结晶就是邓小平理论。

从 1978 年党的十一届三中全会到 1982 年党的十二大是邓小平理论的萌芽时期，主要任务是拨乱反正和改革起步。十一届六中全会通过的《关于

---

〔1〕《中国共产党第十七次全国代表大会文件汇编》，人民出版社 2007 年版，第 7 页。

建国以来党的若干历史问题的决议》标志着党的指导思想的拨乱反正的完成，实现了从以阶级斗争为纲到以经济建设为中心、从僵化封闭到改革开放的历史性转变，“一个中心、两个基本点”的基本路线大框架开始形成。党的十二大开幕词中关于“走自己的路，建设有中国特色的社会主义”的论述标志着中国特色社会主义主题的确立。家庭联产承包责任制的实施和经济特区的建立是这一阶段的两大突破性实践成果。

从1982年的十二大到1987年的十三大是邓小平理论的形成时期，主要任务是全面推进改革开放。随着实践的全面展开，“社会主义初级阶段”、“社会主义根本任务”、“社会主义发展动力”、“有计划的商品经济”、“一国两制”等重大理论观点全面提出，初步回答了我国社会主义建设的阶段、任务、动力、条件、布局和国际环境等基本问题，规划了我们前进的科学轨道，构成了建设有中国特色社会主义理论的大体轮廓。[1]

从1987年的十三大到1992年的十四大是邓小平理论的成熟时期，主要任务是应对国际国内政治风波的严峻考验，坚定不移地推进改革开放，坚持走中国特色社会主义道路。这一时期党的创新理论成果集中体现在邓小平南方谈话和党的十四大报告中。“三个有利于”的判断标准和姓“资”姓“社”问题的明晰、“社会主义本质论”的提出、社会主义市场经济的改革方向，是最具代表性的理论阐释。

邓小平理论第一次比较系统地初步回答了在中国这样经济文化比较落后的国家如何建设社会主义、如何巩固和发展社会主义的一系列基本问题，用新的思想观点，继承和发展了马克思主义，开拓了马克思主义新境界，把我们党对社会主义的认识提高到新的科学水平。

(3) 捍卫推进

以江泽民为主要代表的中国共产党人，在邓小平的南方谈话精神的指引下，带领全党全国各族人民，坚持党的基本理论和基本路线，在严重曲折和严峻考验面前，捍卫了中国特色社会主义；确立了党的基本纲领和基本经验，成功地把中国特色社会主义推向21世纪。

从十四大到十六大的十年间，以江泽民为核心的党中央领导集体从四个方面推进中国改革发展大业，有力地推进我国经济社会的进步：确立经济

〔1〕 牛先锋：《中国特色社会主义理论体系的创立和发展》，《中共石家庄市委党校学报》2008年第5期。

体制改革的总目标，推进从计划经济体制到建立社会主义市场经济体制的改革；确立科教兴国和可持续发展战略，推进经济增长方式从粗放型到集约型的转变，走出一条持续、快速、健康的经济发展路子；确立依法治国的基本方略，发展社会主义政治文明，建设社会主义法治国家，推动从人治到法治的转变；确立以德治国和依法治国相结合的方针，推进社会主义精神文明建设。

"三个代表"重要思想，在面临着长期执政、改革开放和发展社会主义市场经济这三重考验的前提之下，回答"建设什么样的党，怎样建设党"的时代课题，提出我们党要始终代表中国先进生产力的发展要求，代表中国先进文化的前进方向，代表中国最广大人民群众的根本利益，成功把中国特色社会主义推向 21 世纪。

(4) 丰富发展

以胡锦涛为主要代表的中国共产党人，带领全党全国各族人民，在艰巨复杂的国内外形势下，推进实践创新、理论创新、制度创新，沿着中国特色社会主义道路不懈前进，成功在新的历史起点上坚持和发展了中国特色社会主义，其理论结晶就是科学发展观。

在实践上，我们党一方面紧紧把握住发展机遇，发展自己，增强综合国力，改善人民生活；另一方面善于化险为夷，变被动为主动，成功地应对 2008 年国际金融危机的冲击，实现经济企稳回升，积累了有效应对外部环境经济风险、保持我国经济平稳较快发展的重要经验。2010 年，中国 GDP 总量超过日本，成为世界第二大经济体。

在理论上，我们党提出以人为本，全面协调可持续发展；形成中国特色社会主义事业总体布局：即经济建设、政治建设、文化建设、社会建设和生态文明建设；倡导推动建设和谐世界；推进党的执政能力建设和先进性建设。科学发展观，面对新世纪新阶段我国经济社会发展出现的阶段性特征，着力回答"实现什么样的发展，怎样发展"的时代课题，成功在新的历史起点上坚持和发展了中国特色社会主义。

2. 续写中国特色社会主义大文章

习近平指出，"坚持和发展中国特色社会主义是一篇大文章"，"我们这一代共产党人的任务，就是继续把这篇大文章写下去"。[1]因为"一切伟大

〔1〕《习近平谈治国理政》，外文出版社 2014 年版，第 23 页。

的成就都是接续奋斗、接力探索的结果，一切伟大的事业都需要在承前启后、继往开来中推进”。[1]党的十八大以来，以习近平同志为核心的新一届中央领导集体紧紧扣住科学社会主义主线，围绕中国特色社会主义主题，创造性地提出了一系列紧密联系、相互贯通的新理念、新思想、新战略，全面系统地阐述了改革和发展中的基本问题，这些创新理论成果和实践经验不断丰富与发展了中国特色社会主义。

(1) 深刻揭示中国特色社会主义的科学界定和理论渊源

中国特色社会主义，是科学社会主义基本原则同中国实际和时代特征相结合的产物。针对国内外有些舆论提出“中国现在搞的究竟还是不是社会主义”的质疑，习近平在世界社会主义 500 年发展中追本溯源，揭示了“中国特色社会主义是社会主义而不是其他什么主义；中国特色社会主义是中国特色的科学社会主义”。[2]他强调：“中国特色社会主义，既坚持了科学社会主义基本原则，又根据时代条件赋予其鲜明的中国特色。”[3]中国特色社会主义，是科学社会主义理论逻辑和中国社会发展历史逻辑的辩证统一，是根植于中国大地、反映中国人民意愿、适应中国和时代发展进步要求的科学社会主义。习近平指出，一个国家实行什么样的主义，关键要看这个主义能否解决这个国家面临的历史性课题。科学社会主义之所以能在中国扎根，就在于我们党把它运用于中国实际，形成了中国特色社会主义并解决了中国问题。独特的文化传统，独特的历史命运，独特的基本国情，决定了我们必然建设和发展中国特色社会主义。我们对待当代中国的科学社会主义的基本态度是：既不丢老祖宗，又别开生面；不是僵化教条地“照着讲”，也不是另起炉灶地“另外讲”，更不是改旗易帜地“反着讲”，而是继承发展地“接着讲”、“接着干”。习近平强调：“科学社会主义基本原则不能丢，丢了就不是社会主义。”[4]习近平新时代中国特色社会主义思想既是对马克思列宁主义、毛泽东思想的继承与发展，又是与马克思列宁主义、毛泽东思想一脉相承、与时俱进的思想理论体系。

(2) 系统阐发中国特色社会主义的基本形态和鲜明特色

科学社会主义具有学说、运动、制度这三种含义或三种基本形态。中国

〔1〕 习近平：《在纪念胡耀邦同志诞辰 100 周年座谈会上的讲话》，《人民日报》2015 年 11 月 21 日。

〔2〕〔3〕〔4〕 习近平：《在新进中央委员会的委员、候补委员贯彻落实党的十八大精神专题研讨班上的讲话》，《人民日报》2013 年 1 月 6 日。

特色社会主义来源于科学社会主义，它必然也具有这三种基本形态。中国特色社会主义发展历程与成功经验，集中到一点，就是形成了中国特色社会主义道路、理论体系和制度的有机统一整体。“中国特色社会主义特就特在其道路、理论体系、制度上，特就特在其实现途径、行动指南、根本保障的内在联系上，特就特在这三者统一于中国特色社会主义伟大实践上。”〔1〕习近平在开创中国特色社会主义新局面的实践中，围绕中国特色社会主义道路、理论体系、制度三大创新成果，系统阐发了中国特色社会主义实践形态、理论形态与制度形态三方面内涵及其辩证统一。从世界历史大视野观察，“我们的道路、理论、制度有着自己鲜明特色和显著优势，不能全盘照搬西方的洋办法，搬过来只会水土不服，注定要失败。这个结论，是已经被历史证明了的事实，是已经被事实证明了的历史。”〔2〕当下，我们要破除各种错误思潮的干扰，始终坚持中国特色社会主义道路、理论、制度和文化的高度自信。

(3) 科学谋划中国特色社会主义事业的战略布局和发展理念

新一届党中央领导集体非常注重把中国特色社会主义的创新理论成果应用于解决当今中国重大问题的实践之中，转化为治国理政的顶层设计和“四个全面”战略布局，为坚持和发展中国特色社会主义设定了一系列互相协调、相辅相成的总体谋划。其中包括，总依据，社会主义初级阶段；总目标和总任务，实现民族复兴中国梦；总布局，经济、政治、文化、社会和生态文明建设“五位一体”；“四个全面”战略布局，第一次将全面建成小康社会、全面深化改革、全面依法治国和全面从严治党作为治国理政的新方略；“五个发展”新理念，创新、协调、绿化、开放、共享。这些规定谋划了当代中国发展的整体战略体系，进一步阐明了为什么发展、发展什么和怎样发展的问题，是改革开放30多年来我国发展经验的集中体现，反映出我们党对我国发展规律的新认识，开辟了中国特色发展战略的新境界，开启了中国现代化建设的新阶段。

(4) 不断推进执政党建设新的伟大工程

党的领导是中国特色社会主义事业的最大特色和根本保障。党的十八大以来，以习近平同志为核心的党中央，面对具有许多新的历史特点的伟大斗争，结合我们正在从事的中国特色社会主义伟大事业，多次提出要“不断

〔1〕 习近平:《在十八届中共中央政治局第一次集体学习时的讲话》，新华网2012年11月19日。

〔2〕 习近平:《在全国宣传思想工作会议上的讲话》，《人民日报》2013年8月21日。

把党的建设新的伟大工程推向前进”。党的十八届六中全会专题研究和部署全面从严治党，就新形势下加强党的建设作出新的重大部署，翻开了执政党建设伟大工程新的时代篇章。

第一，坚持治党伟大工程与治国伟大事业的紧密结合。纵观中国共产党 95 年的发展历程，围绕党的中心任务加强党的建设，始终把推进党的建设伟大工程同党领导的伟大事业紧密结合，这是中国共产党不断发展壮大并不断取得成功的基本经验，也是党的建设的基本规律。党中央将全面从严治党作为“四个全面”战略布局的关键环节，推进“四个全面”必须坚持党的领导，标志着我们党对新形势下治党治国协同推进规律的认识到达了新的高度。

第二，“全面从严治党”凸显政治生活主题。办好中国的事情，关键在党，关键在党要管党、从严治党。党要管党必须从党内政治生活管起，从严治党必须从党内政治生活严起。[1]严肃党内政治生活是我们党的优良传统和政治优势，党的十八届六中全会抓住党内政治生活建设的主线，推出新形势下党内政治生活准则，是新形势下全面从严治党的顶层设计和总体部署。规范党内政治生活、净化政治生态，形成良好的政治局面，对提高党的建设科学化水平，对实现中华民族伟大复兴中国梦的意义非常重大。

第三，坚持自我改造和系统提升的高度统一。坚持和完善党的领导，是党和国家的根本所在、命脉所在，是全国各族人民的利益所在、幸福所在。[2]改革开放，特别是进入 21 世纪以来，随着时代的发展和事业的推进，我们党越来越多地面临执政考验、改革开放考验、市场经济考验、外部环境考验，越来越面临精神懈怠的危险、能力不足的危险、脱离群众的危险、消极腐败的危险。在党内政治生活中也出现了一些亟待解决的突出矛盾和问题，严重侵蚀党的思想道德基础，严重破坏党的团结和集中统一，严重损害党内政治生态和党的形象，严重影响党和人民事业发展。[3]落实党要管党、从严治党的任务比以往任何时候都更为繁重、更为紧迫。由于“我们是一党长期执政”，[4]坚持和完善党的领导必须主要依靠自身，全党必须要以自我

---

〔1〕《关于新形势下党内政治生活的若干准则》，人民出版社 2016 年版，第 1 页。

〔2〕习近平：《在庆祝中国共产党成立 95 周年大会上的讲话》，人民出版社 2016 年版，第 22 页。

〔3〕习近平：《关于〈关于新形势下党内政治生活的若干准则〉和〈中国共产党党内监督条例〉的说明》，《中国共产党第十八届中央委员会第六次全体会议文件汇编》，人民出版社 2016 年版，第 97 页。

〔4〕王岐山：《全面从严治党，承载起党在新时代的使命》，《人民日报》2016 年 11 月 8 日。

革命的政治勇气，着力解决党自身存在的突出问题，不断增强党自我净化、自我完善、自我革新、自我提高能力。

第四，坚持思想建党与制度治党的有机结合。党的十八大以来，党中央把党的思想建设放在首位，从反“四风”、推行“八项规定”着手，着重解决党风廉政建设中的突出问题；“打老虎拍苍蝇”，坚决惩治官员腐败；以党员领导干部为重点，开展群众路线教育实践活动，进行“三严三实”专题教育；面向全体党员，推进“两学一做”学习教育。与此同时，把思想建党与制度治党紧密结合，在不断强化治标力度、巩固治标成果、形成管党治党强大氛围的过程中，坚持标本兼治，进一步明确和规范党员和党组织的行为准则，进一步明确和严格执纪问责、监督制约制度规范，着力构建不敢腐、不能腐、不想腐的体制机制，不断扎紧管党治党的制度笼子，实现管党治党从宽、松、软到严、紧、硬的转变，从集中式运动式到常态化制度化的转变。这些举措，由易到难，由表及里，由上到下，由局部到全面，是自我改造与系统提升、思想建党与制度治党的高度统一，彰显了“打铁还需自身硬”的高度自觉。

(5) 对中国共产党的指导思想作出最新概括

习近平在中共中央政治局第十八次集体学习时强调：“我们共产党人是坚定的马克思主义者，我们党的指导思想就是马克思列宁主义、毛泽东思想和中国特色社会主义理论体系。”〔1〕这是迄今为止，党中央领导核心对中国共产党指导思想作出的最新表述。习近平的这一概括，实质上已经把新时期我们党三大创新理论成果，即邓小平理论、“三个代表”重要思想、科学发展观进行了系统整合，并且在指导思想层面上加以定位。其深刻寓意是揭示中国共产党在实现马克思主义中国化的进程中，实现了两次历史性的飞跃，产生了两大理论创新成果。马克思列宁主义与这两大理论成果具有不可分割、相辅相成的内在联系。马克思列宁主义是中国共产党的行动指南和党的指导思想的理论来源，毛泽东思想是对马克思列宁主义的坚持与发展；中国特色社会主义理论体系是对毛泽东思想的继承与突破，习近平新时代中国特色社会主义思想是中国特色社会主义理论体系的重要组成部分，中国特色社会主义理论体系是与马克思列宁主义、毛泽东思想既一脉相承，又与时俱进的科学体系。在当代中国，坚持中国特色社会主义理论体系，就是真正坚持马克思主义、毛泽东思想。

〔1〕 习近平：《在十八届中共中央政治局第十八次集体学习时的讲话》，新华网 2014 年 10 月 13 日。

3. 坚持和发展中国特色社会主义的原则与方法

恩格斯指出，“我们只能在我们时代的条件下进行认识，而且这些条件达到什么程度，我们便认识到什么程度”。[1]站在历史与未来的交汇点，更伟大的征程正在我们面前展开，但是，“巩固和发展社会主义制度，还需要一个很长的历史阶段，需要我们几代人，十几代人，甚至几十代人坚持不懈地奋斗，绝不能掉以轻心”。[2]党的十八大以来习近平在理论创新和实践突破中，坚持了解放思想、实事求是、与时俱进、求真务实的党的思想路线。其蕴含的思想方法，为我们分析、认识和解决纷繁复杂的问题予以了指点，也树立了运用马克思主义立场、观点、方法创新理论、推进发展的光辉典范。

(1) 追本溯源

新时期改革开放以来，随着中国特色社会主义事业的不断发展，理论的不断创新，制度的不断完善，国内外众多舆论媒体高度评价中国特色社会主义的辉煌成就。但是，也有一些社会思潮开始质疑和否定中国特色社会主义的本质属性，有的认为中国特色社会主义实质上是“中国特色资本主义”，改革开放之后的中国是“挂社会主义牌子，走资本主义路子”。习近平对社会主义500年历史的阐述和分期，厘清了中国特色社会主义的思想来源与理论渊源，强调中国特色社会主义不是别的什么主义，它就是中国特色的科学社会主义。正如邓小平所说，“马列老祖宗不能丢、马列老祖宗没有丢，而是讲了老祖宗没有讲过的新话”，这就是理论上的追本溯源。无论是历史的回溯、现实的照应，还是理论与实践的比较，都足以证明我们搞的就是马克思、恩格斯创立的科学社会主义。但是，我们在坚持和发展科学社会主义的过程中决不能采取教条主义、本本主义的态度，而应破除那些对科学社会主义的教条式理解，纠正对科学社会主义某些理论观点的误解曲解，剥离附加到科学社会主义名下的错误观点，着眼于马克思主义理论的运用，着眼于对实际问题的理论思考，着眼于新的实践和新的发展。

(2) 增强自信

习近平在庆祝中国共产党成立95周年大会上明确指出，中国共产党人“坚持不忘初心、继续前进，就要坚持中国特色社会主义道路自信、理论自信、制度自信、文化自信，坚持党的基本路线不动摇，不断把中国特色社会主

---

[1] 《马克思恩格斯全集》第20卷，第585页。

[2] 《邓小平文选》第3卷，人民出版社1993年版，第379—380页。

义伟大事业推向前进”。[1]自信来源于理论的底气，来源于历史的成就和经验的比较。

500年来世界社会主义风雨历程，曲曲折折、坑坑洼洼，进入中国后却峰回路转、渐入佳境。近代以降，中国人民在救亡图存、强国富民的道路选择上百般求索、四处碰壁，改良主义、自由主义、无政府主义，屡试屡败；“洋务梦”、“立宪梦”、“变法梦”，梦梦皆空。唯有中国共产党的领导和中国特色社会主义道路，从根本上扭转了中华民族的命运。中国共产党从一个只有50余名党员、力量微薄的小党，发展成为拥有八千多万名党员的世界最大执政党；中国从一个备受欺凌的落后国家发展成为世界第二大经济体。当西方国家在洋洋自得中接连遭遇经济衰退、政治乱局、民主失灵时，中国人民却在中国共产党的领导下，在中国特色社会主义理论体系的指导下，一次次粉碎“中国崩溃”、“唱衰中国”的陈词滥调，稳打稳扎，逆势飞扬，创造了“中国奇迹”，提供“中国方案”，演绎“中国故事”，得到了越来越多国家、政党和进步人士的由衷点赞和认可，让有着五千多年文明发展史的中华民族焕发出新的蓬勃生机。正是在这样的基础上，习近平斩钉截铁地指出：“当今世界，要说哪个政党、哪个国家、哪个民族能够自信的话，那中国共产党、中华人民共和国、中华民族是最有理由自信的。”[2]

(3) 把握大势

把握大势，是习近平战略思维的重要特点。在全国宣传思想工作会议上，他提出要“因势而谋，应势而动，顺势而为”，“势”就是把握国际国内的两个大局，把握世界历史和人类文明发展的大趋势，就是一种站得高、看得远的战略思维。习近平在参观“复兴之路”图片展之后的讲话中，用三句诗生动概括了中华民族的昨天、今天和明天，勾勒出了中华民族伟大复兴的光荣和梦想。昨天，雄关漫道真如铁；今天，人间正道是沧桑；明天，长风破浪会有时。这是一种大气磅礴的历史思维，高瞻远瞩的洞察能力。因为，只有了解昨天才能把握今天，只有把握今天才能瞻望明天。

以恩格斯《社会主义从空想到科学的发展》的基本原理论证社会主义500年发展史，可以看到当代世界社会主义是人类文明发展的必然趋势，科学社会主义不会因为一时的挫折而停顿，更不会因为个人的喜好而改变。

---

[1][2] 习近平：《在庆祝中国共产党成立95周年大会上的讲话》，人民出版社2016年版，第12页。

“世界潮流，浩浩荡荡，顺之则昌，逆之则亡。”正确处理中国和世界的关系，正确处理中国特色社会主义与人类文明发展的关系，是事关党和国家事业的成败、人民幸福安危的重大问题。中国共产党的诞生，社会主义中国的成立，改革开放的实行，民族复兴中国梦与人类文明世界梦的追求，都是顺应世界发展大势的结果。在和平发展时代充满机遇和挑战的背景下，在世界局势复杂多变、国际形势风云变幻的情况下，在中国同世界的联系和互动空前紧密的态势中，我们更要密切关注世界潮流的发展变化，把握世界发展大势和人类文明走势，统筹好国内国际两个大局，在时代前进潮流中把握主动、赢得发展。

(4) 科学思维

在坚持和发展中国特色社会主义的伟大征程中，我们党始终面对着十分复杂的国内外环境，肩负着十分繁重的执政使命，如果没有科学思维的有力支撑，就难以在实际工作中正确地观察事物、精准地分析问题、科学地解决矛盾。当前，最为重要的就是要通过思维训练和实践锻炼不断提高自己的战略思维能力、历史思维能力、辩证思维能力、创新思维能力和底线思维能力。

提高战略思维能力，就是要保持开阔的视野、博大的胸襟，始终站在时代前沿和战略全局的高度来观察、思考和处理问题，从政治上认识和判断形势，透过纷繁复杂的表面现象把握事物的本质和发展的内在规律。在观察、分析和处理问题的过程中，既抓住重点又统筹兼顾，既立足当下又放眼长远，既熟悉国情又把握世情，在解决突出问题中实现战略突破，在把握战略全局中推进各项工作。提高历史思维能力，就要加强对中国历史、党史国史、社会主义发展史以及世界历史的学习，在全面而深入的历史学习中，深刻总结历史经验、把握历史规律、认清历史趋势、更好走向未来。提高辩证思维能力就是要运用辩证唯物主义观察事物、分析问题、解决问题，在矛盾双方对立统一过程中把握事物发展规律，克服极端化、片面化思维方式。提高创新思维能力就是要有敢为人先的锐气，打破迷信经验、迷信本本、迷信权威的惯性思维，摒弃不合时宜的旧观念，以思想认识的新飞跃打开工作的新局面。提高底线思维能力，就是要居安思危、增强忧患意识，宁可把形势想得更复杂一点，把挑战看得更严峻一些，做好应付最坏局面的思想准备。要增强前瞻意识，把工作预案准备得更充分、更周详，做到心中有数、处变不惊。

正如习近平在中央政治局第七次集体学习时指出，在新的历史条件下坚持和发展中国特色社会主义，“必须坚持走自己的路，必须顺应世界大势，必须代表最广大人民根本利益，必须加强党的自身建设，必须坚定中国特色社会主义自信”。〔1〕我们要在深入把握中国特色社会主义的科学性和真理性的基础上增强自信，在领导人民推进改革开放和社会主义现代化建设的进程中继续开拓，按照党的十八大提出的坚持和发展中国特色社会主义的基本要求，不断开创中国特色社会主义事业新局面。

〔1〕 习近平:《在中共中央政治局第七次集体学习时的讲话》,《人民日报》2013年6月27日。

第六章 置于现实基础之上的中国特色社会主义

现代社会主义的“根子深深扎在物质的、经济的事实之中”。[1]“为了使社会主义变为科学，就必须首先把它置于现实的基础之上”。[2]这是恩格斯《社会主义从空想到科学的发展》的一个核心思想。中国特色社会主义之所以是中国特色的科学社会主义，最根本的是在于把它置于和平发展时代和社会主义初级阶段这一现实基础之上。党的十八大报告指出，建设中国特色社会主义，总依据是社会主义初级阶段，总布局是五位一体，总任务是实现社会主义现代化和中华民族伟大复兴。习近平指出：“社会主义初级阶段是当代中国的最大国情、最大实际。我们在任何情况下都要牢牢把握这个最大国情，推进任何方面的改革发展都要牢牢立足这个最大实际。”[3]我们不仅在经济建设中要始终立足初级阶段，而且在政治建设、文化建设、社会建设、生态文明建设中也要始终牢记初级阶段；不仅在经济总量低时要立足初级阶段，而且在经济总量提高后仍然要牢记初级阶段；不仅在谋划长远发展时要立足初级阶段，而且在日常工作中也要牢记初级阶段。我们必须明确中国特色社会主义在相当长的时间内，是处在社会主义初级阶段这个最大国情基础上的社会主义，在坚持和发展中国特色社会主义的过程中必须防止超越阶段，杜绝“空想论”回潮。

第一节 社会主义进程阶段划分的科学依据

马克思主义经典作家对未来社会的预见始终贯穿着彻底的唯物史观，

---

〔1〕 恩格斯：《社会主义从空想到科学的发展》，人民出版社 2014 年版，第 36 页。

〔2〕 同上书，第 51 页。

〔3〕 习近平：《在十八届中共中央政治局第一次集体学习时的讲话》，《人民日报》2012 年 11 月 19 日。

他们把未来社会放在人类历史发展的长河中加以考察，认为未来社会也必然是一个由低级到高级不断发展的过程，并在认识生产力发展规律的基础上，根据未来社会不同时期生产力发展水平的高低及其与旧社会之间的不同联系来确定未来社会不同阶段的历史方位。

1. 马克思主义经典作家对未来新社会发展阶段的初步构想

恩格斯把社会主义置于现实的基础之上，在批判资本主义中预测未来新社会的时候，已经蕴含着未来理想社会将经历一个不断完善、逐步提升的阶段性发展思想。早在1847年6月，恩格斯在《共产主义信条草案》中就指出，未来社会的“这种发展受到群众生活条件的发展的制约，因而是逐步前进的”。[1]马克思的《哥达纲领批判》则被看作是马克思主义对未来新社会发展阶段科学构想的经典之作。马克思在这本书中将未来的共产主义社会分为“第一阶段”和“高级阶段”。马克思认为，“第一阶段”“不是在它自身基础上已经发展了的，恰恰相反，是刚刚从资本主义社会中产生出来的”，因而“在经济、道德和精神方面都还带着它脱胎出来的那个旧社会的痕迹”。[2]“高级阶段”是“在它自身的基础上已经发展了的”，“在迫使个人奴隶般地服从分工的情形已经消失，从而脑力劳动和体力劳动的对立也随之消失之后；在劳动已经不仅仅是谋生手段，而且本身成了生活的第一需要之后；在随着个人的全面发展，他们的生产力增长起来，而集体财富的一切源泉都充分的涌流之后，——只有在那个时候，才能完全超出资产阶级权利的狭隘眼界，社会才能在自己的旗帜上写上各尽所能，按劳分配。”[3]可见，共产主义社会两个阶段的区别就在于它们的成熟程度和发展程度的不同，在第一阶段，新社会还不可避免地带有它所脱胎而出的那个旧社会的痕迹，而从低级阶段发展到高级阶段的过程，就是在社会生产力发展的基础上逐渐消除旧社会的痕迹的过程。

列宁在《国家与革命》中，系统阐发了马克思关于“从资本主义到共产主义的过渡”的理论以及共产主义社会分为第一阶段和高级阶段的学说。他说，“马克思的全部理论，就是运用最彻底、最完整、最周密、内容最丰富的发展论去考察现代资本主义。自然，他也就要运用这个理论去考察资本主义的即将到来的崩溃和未来共产主义的未来的发展”。[4]为什么要有过渡阶

---

〔1〕 马克思恩格斯：《共产党宣言》，人民出版社2014年版，第73页。

〔2〕《马克思恩格斯文集》第3卷，人民出版社2009年版，第434页。

〔3〕 同上书，第436页。

〔4〕 列宁：《国家与革命》，《列宁专题文集·论社会主义》，人民出版社2009年版，第25页。

段？列宁分析说："其实，无论在自然界或在社会中，实际生活随时随地都使我们看到新事物中有旧的残余。"但是，"马克思并不是随便把一块'资产阶级'权利塞到共产主义中去，而是抓住了从资本主义脱胎出来的社会里那种在经济上和政治上不可避免的东西"。[1]由于未来的共产主义社会"是历史地从资本主义中发展出来的"，是"资本主义所产生的那种社会力量发生作用的结果"，因而"在历史上必然会有一个从资本主义向共产主义过渡的特殊时期或特殊阶段"。[2]

列宁结合俄国经济文化落后、生产力水平低、小农经济所占比重大的实际，务实地将注意力集中到共产主义的第一阶段，明确将之称为"社会主义社会"。在他看来，共产主义的第一阶段"这还不是共产主义"，因为这个阶段"还不能做到公平和平等，因为富裕的程度还不同"，它"最初只能消灭私人占有生产资料这一'不公平'现象，却不能立刻消灭另一不公平现象：'按劳动'(而不是按需要)分配消费品"。[3]而只有在共产主义的高级阶段才能称为"共产主义社会"，这个阶段的到来不能"光靠把生产资料转为公有财产，光靠剥夺资本家"，而要靠"人类社会的生产力蓬勃发展"，只有"当人们已经十分习惯于遵守公共生活的基本规则，他们的劳动生产率已经极大地提高，以致他们能够自愿地尽其所能来劳动的时候"，[4]才能够实现。同时，列宁认为"社会主义社会"本身也具有"完全、发展、完整的"与"不完全的、不发达的"两种形式。而俄国"还不能实行社会主义制度"，现在还处于从资本主义到社会主义的过渡阶段。[5]在这一阶段，"社会主义的幼芽还很嫩弱，旧的经济形式还占很大的支配地位"，从小生产向社会主义过渡，必须通过一个利用商业和市场的过程。

无论是马克思、恩格斯还是列宁，都不愿对未来社会的细节作出过多的、过于具体的刻画，而是倾向于提出原则性的论断，至于未来社会"生产力将以什么样的速度向前发展，将以什么样的速度发展到打破分工、消灭脑力劳动和体力劳动的对立、把劳动变为'生活的第一需要'，这都是我们所不知道而且也不可能知道的"，"因为现在还没有可供解决这些问题的材料"。[6]

〔1〕 列宁:《国家与革命》,《列宁专题文集・论社会主义》,人民出版社 2009 年版,第 39 页。
〔2〕 同上书,第 25、26 页。
〔3〕 同上书,第 33 页。
〔4〕〔6〕 同上书,第 36 页。
〔5〕《列宁全集》第 37 卷,人民出版社 1995 年版,第 367 页。

2. 社会主义初级阶段的理论创新

在社会主义阶段划分的问题上，中国共产党人曾经走过一段弯路，有过深刻的教训。在党的十一届三中全会前，我们党对中国处于什么阶段作过有益的探索，但认识并不是完全清醒的。我们曾一度认为"共产主义在我国的实现，已经不是什么遥远将来的事情了"；[1]在较长的时间里，又认为我国社会主义社会仍然处在两个阶级、两条道路激烈斗争的"过渡时期"。毛泽东在纠正"共产风"错误之后，对中国的社会主义发展阶段进行了较为集中的思考，提出了社会主义"可能分为两个阶段"的思想，他指出"社会主义这个阶段，又可能分为两个阶段，第一个阶段是不发达的社会主义，第二个阶段是比较发达的社会主义。后一阶段可能比前一阶段需要更长的时间。经过后一阶段，到了物质产品、精神财富都极为丰富和人们的共产主义觉悟极大提高的时候，就可以进入共产主义社会了"。[2]但这种思想萌芽只是他在读书笔记中探讨过，并没有正式形成理论判断公布于世。1988 年 6 月，邓小平总结道，"从一九五七年下半年开始，我们就犯了'左'的错误。总的来说，就是对外封闭，对内以阶级斗争为纲，忽视发展生产力，制定的政策超越了社会主义的初级阶段"。[3]

党的十一届三中全会以后，中国共产党人逐步提出了"中国社会主义处在初级阶段，是初级阶段的社会主义"的科学判断。1979 年 9 月 29 日，叶剑英在庆祝中华人民共和国成立 30 周年大会上的讲话中指出，"社会主义制度是人类历史上崭新的社会制度，它同世界上任何其他事物一样，有它发生和发展的过程。同已经有了三四百年历史的资本主义制度相比，社会主义制度还处在幼年时期"。[4]1980 年邓小平在同外宾谈话时强调，"我国封建社会的历史特别长"，"我们不要离开现实和超越阶段采取一些'左'的办法，这样是搞不成社会主义的"。[5]1981 年 6 月，党的十一届六中全会通过的《关于建国以来党的若干历史问题的决议》明确指出，"我们的社会主义制度还是处于初级的阶段"。"尽管我们的社会主义制度还是处

---

〔1〕 1958 年 8 月，北戴河会议通过的《中共中央关于在农村建立人民公社问题的决议》，载于《人民日报》1958 年 9 月 10 日。

〔2〕《毛泽东文集》第 8 卷，人民出版社 1999 年版，第 116 页。

〔3〕《十一届三中全会以来党的历次全国代表大会中央全会重要文件选编》，中央文献出版社 1997 年版，第 419 页。

〔4〕《中国共产党第十二次全国代表大会文件汇编》，人民出版社 1982 年版，第 220 页。

〔5〕《邓小平文选》第 2 卷，人民出版社 1994 年版，第 132 页。

于初级的阶段，但是毫无疑问，我国已经建立了社会主义制度，进入了社会主义社会，”“当然，我们的社会主义制度由比较不完善到比较完善，必须要经历一个长久的过程”。[1]党的十二大报告指出，“我国的社会主义社会现在还处在初级发展阶段，物质文明还不发达。”[2]1987 年 8 月 29 日，邓小平在会见意大利共产党领导人约蒂和赞盖里时指出：“我们党的十三大要阐述中国社会主义是处在一个什么阶段，就是处在初级阶段，是初级阶段的社会主义。社会主义本身是共产主义的初级阶段，而我们中国又处在社会主义的初级阶段，就是不发达的阶段。一切都要从这个实际出发，根据这个实际来制订规划。”[3]中国共产党人在改革开放之初的第一个十年逐渐厘清了中国特色社会主义所处的历史方位，从而制定出了真正科学务实的社会主义初级阶段基本路线。1997 年党的十五大报告进一步明确了社会主义初级阶段的长期性和不可逾越性，指出，“社会主义初级阶段是经济文化落后的国家实现工业化和经济的社会化、市场化、现代化不可逾越的历史阶段”。此后，历次党代会报告和党章，始终明确坚持社会主义初级阶段理论和党的基本路线。

由此可见，以邓小平为主要代表的中国共产党人在总结历史经验和教训的基础上，坚持解放思想，实事求是，正确判断我国社会主义社会所处的历史方位，指明了社会主义初级阶段是我国的最大国情，并以社会主义初级阶段理论为依据，对建设中国特色社会主义的一系列基本问题作了独创性的科学回答，开创了中国特色社会主义。

3. 社会主义初级阶段理论的主要内容

社会主义初级阶段理论从提出到完整阐述，再到确立为中国特色社会主义的总依据，是一个不断创新、逐步完善的过程。党的十三大是社会主义初级阶段理论形成的标志，党代会报告《沿着有中国特色社会主义道路前进》对社会主义初级阶段理论的论述进行了系统详实的梳理。此后，中国共产党人接力推进，社会主义初级阶段理论得到了进一步系统阐发，并直接指导我国社会主义事业的发展。[4]

---

[1] 《三中全会以来重要文献选编(上)》，人民出版社 1982 年版，第 838 页。

[2] 《中国共产党第十二次全国代表大会文件汇编》，人民出版社 1982 年版，第 29 页。

[3] 《邓小平文选》第 3 卷，人民出版社 1993 年版，第 252 页。

[4] 王钰鑫：《社会主义初级阶段理论的形成及其接续问题》，《科学社会主义》2014 年第 5 期。

(1) 社会主义初级阶段的科学内涵与历史方位

这个论断包括两层含义:第一,我国已经进入社会主义社会,我们必须坚持而不能离开社会主义。第二,我国的社会主义还处在初级阶段,必须从这个实际出发,而不能超越这个阶段。我国处在社会主义初级阶段的最鲜明特征,就是人口多、底子薄、基础差。具体来说,人均国民生产总值仍居世界后列,生产力落后而又发展不平衡,生产的社会化程度还很低,商品经济和国内市场还很不发达,自然经济和半自然经济占相当比重,社会主义经济制度和政治制度还不成熟、不完善。

我国的社会主义初级阶段,不是泛指任何国家进入社会主义社会都会经历的起始阶段。比如马克思、恩格斯所设想的社会主义,就是在发达国家生产力取得充分发展的基础上进入的发达社会主义,就不需要经历像我国这样相对较低水平的初级阶段,或者说初级阶段的时间可以短一点,不需要像我国这样经历上百年之久的过程。社会主义初级阶段是特指我国在生产力落后、商品经济不发达条件下建设社会主义必然要经历的特定的阶段。这个清醒的论断是社会主义初级阶段理论形成的重要标志。

(2) 社会主义初级阶段的历史起点与目标终点

社会主义初级阶段的起点是社会主义制度的建立,在我国就是从 20 世纪 50 年代中期生产资料所有制的社会主义改造基本完成开始算起;终点是社会主义初级阶段基本任务的完成,在我国具体就是指 2049 年建成富强、民主、文明、和谐的社会主义现代化强国的宏伟目标基本实现,至少需要上百年的时间。这个阶段,既不同于社会主义经济基础尚未奠定的过渡时期,也不同于已经实现社会主义现代化的更高阶段,是介于这二者之间的特殊阶段。

(3) 社会主义初级阶段的主要矛盾与根本任务

在这个阶段,我国社会的主要矛盾是人民日益增长的物质文化需要同落后的社会生产之间的矛盾。根本任务是发展社会生产力,大力发展商品经济,提高劳动生产率,逐步实现工业、农业、国防和科学技术的现代化,并且为此而改革生产关系和上层建筑中不适应生产力发展的部分。关于主要矛盾和根本任务有两点值得注意。第一,在这个阶段,阶级矛盾在一定范围还会长期存在,但已经不是社会的主要矛盾。因而,要防止阶级斗争扩大化的倾向。第二,根本任务的具体提法,会随着社会主义制度的不断发展和完善，随着旧的任务的完成新的任务的产生而发生阶段性的变化。比如，1992年党的十四大以后，“大力发展商品经济”被“建立社会主义市场经济体制”所代替，市场在资源配置这所发挥的作用也从最初“基础性”作用变为十八届三中全会之后的“决定性”作用。“四个现代化”的部分目标已经达到，并且又新增了“社会治理体系和治理能力的现代化”的新任务。

(4) 社会主义初级阶段的指导方针与基本路线

正确认识社会主义初级阶段这个基本国情，是建设中国特色社会主义的前提和基础，是我们制定和执行正确的路线和政策的根本依据。从社会主义初级阶段的实际出发，应当确立六条具有长远意义的指导方针。第一，必须集中力量进行现代化建设。第二，必须坚持全面改革。第三，必须坚持对外开放。第四，必须以公有制为主体，大力发展有计划的商品经济。第五，必须以安定团结为前提，努力建设民主政治。第六，必须以马克思主义为指导，努力建设社会主义精神文明。

党的十三大正式提出，后来进一步完善的党在社会主义初级阶段的基本路线是：领导和团结全国各族人民，以经济建设为中心，坚持四项基本原则，坚持改革开放，自力更生，艰苦创业，为把我国建设成为富强、民主、文明、和谐的社会主义现代化国家而奋斗。党的基本路线的核心内容是“一个中心，两个基本点”，其中以经济建设为中心是兴国之要，坚持四项基本原则是立国之本，坚持改革开放是强国之路。

党的十八届六中全会发表的《关于新形势下党内政治生活的若干准则》指出：“党在社会主义初级阶段的基本路线是党和国家的生命线、人民的幸福线，也是党内政治生活正常开展的根本保证。必须全面贯彻执行党的基本路线，把以经济建设为中心同坚持四项基本原则、坚持改革开放这两个基本点统一于中国特色社会主义伟大实践，任何时候都不能有丝毫偏离和动摇”。全党必须坚决捍卫党的基本路线，“对一切违背、歪曲、否定党的基本路线的言行，必须旗帜鲜明反对和抵制”。[1]从政治上而言，坚持四项基本原则，根本是坚持党的领导，坚持中国特色社会主义道路、中国特色社会主义理论体系、中国特色社会主义制度、中国特色社会主义文化，做到头脑清醒、立场坚定，矢志不移坚持和发展中国特色社会主义。

〔1〕《中国共产党第十八届中央委员会第六次全体会议文件汇编》，人民出版社2016年版，第29—30、32页。

从20世纪50年代中期我国进入社会主义初级阶段开始到现在，我国的生产力水平有了很大提高，中国特色社会主义各项事业有了很大进步。但是，总的说来，人口多、底子薄、地区发展不平衡、生产力不发达的状况没有根本改变。社会主义制度还不完善，社会主义市场经济体制还不成熟，社会主义民主法制还不够健全，封建主义、资本主义腐朽思想和小生产习惯势力还有广泛影响，我国社会主义仍然并将长期处于初级阶段，决不能盲目乐观，离开社会主义初级阶段的现实，推行超越社会发展阶段的政策。在1992年的"南巡"讲话中，88岁高龄的邓小平再次语重心长地告诫我们："巩固和发展社会主义制度，还需要一个很长的历史阶段，需要我们几代人、十几代人，甚至几十代人坚持不懈的努力奋斗，绝不能掉以轻心。"[1]这一科学论断到今天依旧适用，没有过时。

实践证明，社会主义初级阶段的基本国情是动态发展而不是一成不变的，我们必须准确把握我国不同发展阶段的新变化新特点，按照实际决定发展战略和工作方针，以使我们的主观世界更好地符合客观实际，使我们的政策方针更好地促进不断变化着的经济社会的发展。

第二节　吸取"空想论"回潮失误的深刻教训

恩格斯《社会主义从空想到科学的发展》是对社会主义500年历史上第一次飞跃的理论总结，留给我们最宝贵的精神财富就是对空想社会主义的批判性继承和历史性超越。但是，值得注意的是，社会主义从空想到科学的发展，并不是一蹴而就、一次完成，更不是一劳永逸的。在前苏联和我国等国家在社会主义建设中，一度出现过超越阶段、刮"共产风"等深刻教训，我们权且称之为"空想论"回潮的失误。历史证明，科学社会主义仍然要不断地批判、克服种种空想的东西，才能在实践中一步步走向胜利的彼岸。在社会主义革命和建设过程中，要坚决抵制"空想论"的影响，时时防止在超越空想之后再向"空想论"回潮。

〔1〕《邓小平文选》第3卷，人民出版社1994年版，第379—380页。

1. 社会主义实践中的"空想论"回潮及其成因

在世界社会主义的历史进程中，充满着马克思主义同右的机械论和"左"的空想论等各种错误思想的斗争，并在斗争中一步步走向成熟，走向胜利。社会主义建设过程中的"空想论"回潮，概括起来就是在经济成分上求"纯"，在利益关系上求"均"，在发展速度上求"快"，在政治上求"统"，说到底是在发展阶段上的"超"。在不同的社会主义国家以及社会主义发展的不同阶段，空想论回潮失误的表现及其成因不尽相同，但脱离现实基础的特征是相似的，对社会主义实践造成巨大伤害都是深切而痛彻的。

（1）苏联社会主义建设中的"空想论"失误

前苏共领导人对苏联社会主义发展阶段的定位与认识呈现一个由低到高，再由高到低的变化的过程。十月革命的胜利，使社会主义在俄国由理想变成了现实。经过战时共产主义政策转向新经济政策的实践，列宁纠正了不切实际的"直接过渡"的想法，认识到在俄国这样经济文化比较落后的国家向社会主义过渡需要一个长期的过程，对落后国家建设社会主义形成了很好的思路。但是，列宁在实践中对过渡时期的复杂性、曲折性没有充分的思想准备，他将新经济政策定位为"向后转"、"退却"和"改良主义的办法"，经过一段时间的调整之后，便认为"退却所要达到的目的已经达到了。这个时期就要结束或者已经结束。现在提出的另一个目标，就是重新布置力量"。〔1〕

列宁逝世后，斯大林领导苏联人民推进了工业化，实现了农业集体化，并于1936年生产资料社会主义改造刚完成时，就急于宣布苏联基本上建成了社会主义社会，并将社会主义社会看作位于过渡时期和共产主义社会的高级阶段之间的一个非常短暂的时期。仅仅三年之后的1939年，斯大林就宣布党的主要任务是从社会主义过渡到共产主义。1952年苏共十九大的文件就明确提出，"现在，苏联共产党的主任是：从社会主义逐步过渡到共产主义，最后建成共产主义社会"。〔2〕在斯大林看来，社会主义一旦建成，就应该立即向共产主义社会过渡，而且只需要10—15年时间苏联就可以进入共产主义社会。

在此基础上，赫鲁晓夫提出了加快向共产主义社会过渡的目标，并认为苏联的社会已经处于社会主义的成熟阶段。在苏共二十一大上，赫鲁

〔1〕《列宁全集》第43卷，人民出版社1985年版，第58页。

〔2〕徐恕：《社会主义发展阶段的理论与实践研究》，中国人民大学出版社2002年版，第27页。

晓夫断言，“共产主义现在已经不是遥远的理想，而是我们最近的明天”。在苏共二十二大上，赫鲁晓夫正式提出了“在20年内基本建成社会主义社会”的规划。

在勃列日涅夫时期，苏联沿着建成共产主义社会的目标继续推进，但是，在现实社会发展阶段的判定上调门有所降低。1967年11月，在庆祝十月革命胜利50周年的大会上，勃列日涅夫宣称，社会主义已建成了“发达的社会主义社会”。

安德罗波夫上任以后，开始认识到这些判断具有脱离现实的空想性质，于是进一步降低标准，将发达社会主义“建成论”改为“起点论”。他指出，“苏联正处在发达社会主义漫长历史的起点”，并尽力防止过早地提出“直接向共产主义过渡的历史任务”。〔1〕

戈尔巴乔夫上台之后，走向了另一个极端，他先后提出了“异化的社会主义”、“变形的社会主义”等概念，认为由于现实经济中存在人与生产资料的异化，所以苏联没有真正意义上的公有制；由于现实政治中存在人与政权的异化，所以苏联没有真正的民主。这样就等于“把小孩子与洗澡水一起倒掉了”，全盘否认了苏联的社会主义历史和社会主义制度的合法性。于是，他认为“苏联社会主义正在发展中”，他主张搞“民主的人道的社会主义”。显然，苏联直到亡党亡国还没有搞清楚苏联的社会发展现状究竟处在什么样的阶段。

(2) 中国社会主义建设中的“空想论”回潮的教训

在一个经济文化落后的东方人口大国如何建设社会主义，是中国共产党人在现代化建设中遇到的史无前例的难题。围绕这个难题，我们党作过有益的探索，取得很大的成绩，但也曾出现过很多带有空想性的东西。

20世纪50年代后期，在我国曾经出现过“大跃进”、“共产风”、“人民公社化”运动等“空想论”回潮的失误。党的十三大报告在论述社会主义初级阶段理论时，明确指出：“以为不经过生产力的巨大发展就可以越过社会主义初级阶段，是革命发展问题上的空想论。”〔2〕

众所周知，在我国1956年社会主义改造基本完成之后，党的“八大”适时而正确地分析了我国社会发展所面临的主要矛盾，认识到党所面临的新

〔1〕 周尚文:《苏联兴亡史》，上海人民出版社2002年版，第797页。

〔2〕《十三大以来重要文献选编》，人民出版社1991年版，第9—10页。

的主要任务。遗憾的是，由于党对我国所处的社会发展阶段不明确，阐发主要矛盾的理论根基不扎实，加以党内政治生活不健全，“空想论”回潮的失误就容易发生。1958年5月，中共八大二次会议召开，会议根据毛泽东的提议，通过了“鼓足干劲，力争上游，多快好省地建设社会主义”的总路线，力图开创我国社会主义建设的新局面。在盲目求快、急于求成的思想影响下，全国一哄而上，在发展生产方面搞“大跃进”、刮“浮夸风”，大搞“群众运动”，社会主义建设逐渐脱离正轨。在农业上鼓吹“人有多大胆，地有多大产”。在工业上搞全民大炼钢铁运动，盲目地提倡“超英赶美”。特别是在生产关系上大搞人民公社化运动，在所有制上急于求成，由集体所有制向全民所有制过渡，追求“一大二公三纯”；在分配关系上搞贫富拉平、“大锅饭”、“吃饭不要钱”。

人民公社运动虽然号称是人民群众的自发运动，实际上是人们“想象中的农村乌托邦”，[1]“是利用行政权力，在自然经济或半自然经济基础之上建立起来的，带有浓厚平均主义色彩、军事共产主义色彩和超社会发展阶段的空想色彩的联合体”。[2]以大跃进和人民公社化运动为代表的急躁冒进、主观浮夸、急于向共产主义过渡的“空想论”回潮，严重脱离了现实基础，忽视了客观的经济发展规律，过分夸大了主观意志和主观努力的作用，使高指标、瞎指挥、浮夸风、共产风等“左”的错误大肆泛滥，工农业生产遭到极大破坏，国民经济比例严重失调，人民生活发生严重困难。

2.“空想论”回潮失误的原因分析

空想失误的产生，往往源于两个因素：一是在生产力发展水平比较低的情况下，人们违背实事求是的根本方法，脱离现实基础，对美好生活和理想社会的强烈向往和追求不切实际，好高骛远，陷入乌托邦泥潭；二是人们不顾生产力发展水平的制约，超越现实条件的许可，执意要把更高阶段理想社会的追求直接变成现实，“空想论”失误就会产生。具体而言，各国社会主义建设过程中出现的“空想论”有如下几个根源。

第一，教条主义和唯意志论是产生“空想论”的理论根源。

教条主义亦称“本本主义”，是主观主义的一种表现形式。主要特点是把书本、理论当教条，思想僵化，一切从定义、公式出发，不从实际出发，反对

〔1〕 李瑗：《党对社会主义“空想论”的三次批判》，《中共山西省委党校学报》1999年第6期。

〔2〕 薄一波：《若干重大决策与事件的回顾》（上），中共中央党校出版社1991年版，第194页。

具体情况具体分析，否认实践是检验真理的唯一标准。教条主义轻视实践，割裂理论与实践、主观与客观的具体的历史的统一。在中国共产党历史上，教条主义不懂得马克思主义普遍真理必须同中国的具体实践相结合，曾给革命和建设带来严重危害。唯意志论又称“唯意志主义”，是一种主张意志高于理性的非理性主义哲学。其特点是片面地夸大意志的作用，把意志看成是世界万物的本质和基础。

马克思主义是共产党人的行动指南。但是，任何理论都不可能“句句是真理”，马克思、恩格斯关于历史进程的预料和对未来社会主义社会的设想，同当今的现实不可能完全相符。因为，他们对客观事物的认识，也必须遵守和符合客观规律。恩格斯说：“我们只能在我们时代的条件下进行认识，而且，这些条件达到什么程度，我们便认识到什么程度。”[1]而且，“世界体系每一个思想映象，总是在客观上受到历史状况的限制，在主观上受到得出该思想映象的人的肉体状况和精神状况的限制”。[2]我们不能要求100多年前的马克思、恩格斯为100多年之后的我们在建设社会主义中提供绝对精确的操作指南。因为马克思的整个世界观不是教义，而是方法。它提供的不是现成的教条，而是进一步研究的出发点和供这种研究使用的方法。[3]科学社会主义基本原理的运用必须与具体的历史条件和国情相结合，如果不顾实际地照搬书本、硬套原理，必然形成教条，产生空想。

比如，马克思、恩格斯原来设想资本主义发展到最高阶段，生产社会化与资本主义私人占有的基本矛盾发展到顶点，则导致社会主义革命，而革命胜利后，脱胎于资本主义高度发展的社会主义社会，首先就要在高度社会化的大生产的基础上，实行生产资料所有制的公有化，取消商品、取消货币，以有组织有计划的生产代替生产的无政府状态等。然而，在后来的历史发展中，社会主义革命却全是在资本主义生产尚不发达的落后国家取得胜利。不注意这个事实，离开社会生产力发展的实际需求，硬去实行生产资料所有制的公有化，实行经济管理的计划化，甚至去限制和消灭商品，自然会陷入空想。

马克思主义的唯物史观揭示了生产力决定生产关系，生产关系必须适

〔1〕《马克思恩格斯全集》第20卷，第376页。
〔2〕《马克思恩格斯选集》第3卷，人民出版社1995年版，第376页。
〔3〕《马克思恩格斯全集》第39卷，第417页。

应生产力性质的客观规律。我们有时往往只注意生产关系落后于生产力就会阻碍生产力的发展，而不懂得生产关系如果超越了生产力的性质，妄想通过主观努力在客观条件尚不具备的情况下"全面跃进"、"大干快上"，也可能对生产力的发展造成巨大破坏。因为受国内外的长期压迫、经济文化的长期落后、现实政治经济发展的急迫需求、人民加快发展的热切渴望等因素的影响，给党和毛泽东造成很大的思想和工作压力，总想把经济和社会建设速度搞得快一点，从而忽视了发展的基本条件、建设的客观规律，容易犯急性病。邓小平曾说："我们都是搞革命的，搞革命的人最容易犯急性病。我们的用心是好的，想早一点进入共产主义。这往往使我们不能冷静地分析主客观方面的情况，从而违反客观世界发展的规律。中国过去就是犯了性急的错误。"[1]在革命战争年代，中国共产党人在异常艰难的条件下，依靠崇高的革命理想和坚强的革命意志，由小到大，由弱到强，打败强敌，取得了革命的成功。在建国以后，在建设社会主义的过程中，我们想当然地将这一经验运用于社会主义建设中，忽视了对经济发展规律的应有的遵循，有时往往助长了一种急躁情绪，成为"空想论"产生的温床。

第二，照搬外国经验，不从本国实际出发是产生"空想论"回潮的认识根源。

社会主义是项前无古人的事业，究竟社会主义的政治、经济、文化、社会、生态文明建设以及整个国家治理现代化应该怎么办？整个社会究竟还要有一些什么阶段，各阶段有些什么特点，应该采取一些什么方针政策等，都没有也不可能有现成药方。在这种情况下，我们和许多社会主义国家向世界上第一个社会主义国家学习是很自然的，第一个社会主义国家的带头和样板作用也是客观的。问题是这种学习应该是"借鉴"，而不是照搬；即使发现弊端以后，应该是"扬弃"，而不是抛弃。但是，一方面由于原来"共产国际"组织的影响，"两大阵营"斗争的需要，第一个社会主义国家手里有个"指挥棒"，不允许别人学得"走样"；另一方面因为我们对自己国情研究不够，也不能真正做到把别国经验与自己国情很好地结合。结果，某些"借鉴"就变成了照搬，我们有些"空想论"回潮失误，实质上是苏联空想因素的翻版。

第三，绝对平均主义是产生"空想论"回潮的文化传统根源。

平均主义正式出现于原始社会，这是当时唯一可供选择的分配方式。

---

[1] 《邓小平文选》第3卷，人民出版社1993年版，第139—140页。

在私有制时代的财富和权力的垄断所造成的种种不公面前，人们总是习惯于从对历史的追忆中去寻求现实苦难的解脱之道。在这样一种心理状态下，毫无疑问，人类文明出现的前夜——原始社会，相比于残酷的现实，就成了人类历史上的“黄金时代”。作为一种历史叙述，之所以能给文明的薪火尚未燃起的蛮荒时代涂上一层灿烂的、温暖的金色，这并不是一种对历史真相的人为的遮蔽和扭曲，而是一种充满热诚的道德化的历史重构。平均主义在我国传统文化中有深厚的思想基础。“均贫富”曾是我国历史上许多农民运动的旗帜，在历史上很多声势浩大的反抗暴政或是私有制的斗争中，“平均主义”往往成了鼓动并吸引民众参与其中的最诱人的承诺。在中国革命的过程中，革命者为了获取底层民众的支持、扩大同盟者队伍，也曾经直接地或变相地将“平均主义”作为对未来社会的美好愿景和承诺。虽然这种植根于封建的、小生产者的平均主义思想，在历史上曾经起过一定的进步作用，但在社会主义改造基本完成之后，则必然打上空想的烙印。

第四，制度缺失是产生“空想论”回潮的根本根源。

“由于缺乏国家民主和党内民主的强有力制度”，[1]由于无产阶级的革命领袖在长期革命和建设中形成的崇高威望，使他们在事实上自觉不自觉地凌驾于中央和全党之上。而对于这种高度集中的权力，党内又长期缺乏必要的、有力的制度加以约束和监督。这样，在领袖家长制作风逐步损害了党的民主集中制，全党及全国人民都没有意识、更没有能力加以制止和纠正的情况下，也容易导致“空想论”的错误。

3. 避免重蹈“空想论”回潮失误

新时期，以邓小平为主要代表的中国共产党人基于对中国社会主义实践经验的总结，特别是对“文革”给中国带来的灾难性后果的深刻反思，经过拨乱反正、正本清源，全面恢复解放思想、实事求是的思想路线，彻底清除了“空想论”回潮的错误，对内改革，对外开放，开辟了中国特色社会主义道路，制定了党在社会主义初级阶段的基本路线，开创了中国特色社会主义的新局面。

(1) 社会主义建设和改革的长期性、艰难性和复杂性的思想准备

要避免“空想论”回潮的重演，就必须提高全党和全国人民对社会主义

[1] 胡乔木:《中国为什么犯二十年的“左”倾错误》,《胡乔木文集》第2卷，人民出版社1993年版，第268页。

建设和改革的艰巨性、复杂性、曲折性和长期性的认识，决不能盲目乐观地把历史上的成功经验神圣化。

一方面，我们要破除人们的传统观念，破除头脑中几十年形成的社会主义固定模式，充分切实地认识我国国情，使人们提高对改革必要性的认识；还要从世界各社会主义国家发展的对比中，从社会主义与某些资本主义发展的对比中，从人们日益增长的物质文化需要同现实生产发展水平的矛盾中，提高人们对改革迫切性的认识，运用各种宣传教育手段，使人们进一步体察空想因素的危害，认识到各领域非改革不行，早改革比晚改革好，从而消除人们思想中的保守观念和僵化思想。当然，提高人们对改革必要性、迫切性的认识，也是逐步的、渐进的，随着改革的深入而日益加深的。

另一方面，在改革进程中还要警惕空想因素的袭扰，提高人们对改革的长期性、艰巨性、曲折性、复杂性的认识，增强人们对改革以及改革中可能出现的各种问题的承受能力。首先，使人们了解改革既要破除包含种种空想因素的旧体制并逐步建立一系列符合我国国情的新体制，还要推动我国生产力的解放和发展，使人们的物质和文化生活逐步得到提高。它涉及政治、经济、文化教育、科学技术各个领域，涉及全社会方方面面。任务十分艰巨，不可能在短时期内轻而易举，一蹴而就。其次，使人们切实了解任何一项具体改革，都可能关联到社会其他方面。每项改革措施、方案、步骤都有个选择、试验、推广和逐步完善发展的过程，既不能"挖到筐里就是菜"，也不能一开始就求全责备。在任何一个环节上出现点什么问题都是难免的。对许多复杂问题的改革往往也不可能"一步到位"，需要连续地使改革不断深入。再次，还应认识到整个改革既要从上而下地有组织、有领导、有计划地进行，又要尊重广大人民群众的首创精神。

(2) 切实解决好改革、发展、稳定之间的重大关系

要警惕"空想论"的影响，必须切实解决好改革、发展、稳定之间的关系。我们要认真回顾和深入总结改革开放的历程，更加深刻地认识改革开放的历史必然性，更加自觉地把握改革开放的规律性，更加坚定地肩负起深化改革开放的重大责任。

第一，改革开放是一场深刻革命，必须坚持正确方向，沿着正确道路推进。在方向问题上，我们头脑必须十分清醒，不断推动社会主义制度自我完善和发展，坚定不移走中国特色社会主义道路。

第二，改革开放是前无古人的崭新事业，必须坚持正确的方法论，在不断实践探索中推进。摸着石头过河，是富有中国特色、符合中国国情的改革方法。摸着石头过河就是摸规律，从实践中获得真知。摸着石头过河和加强顶层设计是辩证统一的，推进局部的阶段性改革开放要在加强顶层设计的前提下进行，加强顶层设计要在推进局部的阶段性改革开放的基础上来谋划。要加强宏观思考和顶层设计，更加注重改革的系统性、整体性、协同性，同时也要继续鼓励大胆试验、大胆突破，不断把改革开放引向深入。

第三，改革开放是一个系统工程，必须坚持全面改革，在各项改革协同配合中推进。改革开放是一场深刻而全面的社会变革，每一项改革都会对其他改革产生重要影响，每一项改革又都需要其他改革协同配合。要更加注重各项改革的相互促进、良性互动，整体推进，重点突破，形成推进改革开放的强大合力。

第四，稳定是改革发展的前提，必须坚持改革发展稳定的统一。只有社会稳定，改革发展才能不断推进；只有改革发展不断推进，社会稳定才能具有坚实基础。要坚持把改革的力度、发展的速度和社会可承受的程度统一起来，把改善人民生活作为正确处理改革发展稳定关系的结合点。

第五，改革开放是亿万人民自己的事业，必须坚持尊重人民首创精神，坚持在党的领导下推进。改革开放在认识和实践上的每一次突破和发展，改革开放中每一个新生事物的产生和发展，改革开放每一个方面经验的创造和积累，无不来自亿万人民的实践和智慧。改革发展稳定任务越繁重，我们越要加强和改善党的领导，越要保持党同人民群众的血肉联系，善于通过提出和贯彻正确的路线方针政策带领人民前进，善于从人民的实践创造和发展要求中完善政策主张，使改革发展成果更多更公平惠及全体人民，不断为深化改革开放夯实群众基础。

(3) 坚持实事求是，随时修正错误

历史是过去的现实，现实是未来的历史。历史启示我们，要防止“空想论”的影响，就必须坚持实事求是的思想路线，坚持真理，随时修正错误。一个政党，只有充满生机和活力才能具有凝聚力和感召力，才能在各种复杂的环境中生存和发展。这种凝聚力和感召力，不仅来自于革命的胜利和建设的成就，而且来自于这个党能否以大无畏的气概和实事求是的态度，依靠自身的力量纠正自己的错误，使党的事业不断胜利前进。毛泽东指出"我们的态度是：坚持真理，随时修正错误"。[1]

在全面建设社会主义时期，我们党在探索过程中出现了一些挫折，甚至发生了"文化大革命"这样全局性的严重错误。但是正如邓小平所说，"过去的成功是我们的财富，过去的错误也是我们的财富"。[2]1978年，在邓小平等老一辈无产阶级革命家的领导、支持下，全党开展了真理标准问题的大讨论，廓清了长期以来在判断真理标准问题上的糊涂认识，重新确立了马克思主义的真理观。全党思想大解放，为党的十一届三中全会的胜利召开、拨乱反正的全面展开、改革开放的政策制定奠定了重要的思想基础。坚持真理，修正错误的最终目的，就是始终把社会主义置于现实基础之上，不断开创中国特色社会主义的新局面。

(4) 适应我国经济社会发展进入新常态的趋势和要求

在改革开放三十多年之后的今天，我国改革开放与现代化建设面临的时势总体有利，但艰险在不断增多；成绩非常突出，但问题依然严峻。一是改革作为推进社会主义现代化的核心动力，已经进入攻坚期、深水区，一系列深层次矛盾凸显，迫切需要"啃硬骨头"，需要"涉险滩"、"爬陡坡"。二是中国共产党作为领导社会主义现代化建设的核心力量，正在面临"四大考验"、"四大危险"，落实党要管党、从严治党的任务比以往任何时候更为繁重，团结带领人民推进改革开放和社会主义现代化建设的使命比以往任何时候更为艰巨。

正是在这样的时代背景下，党的十八大以来，党中央审时度势，总揽国际国内大局，尤其是在总结我国改革开放和现代化建设实践经验基础上，提出了中国经济社会发展进入新常态的战略判断。习近平指出："既要看到社会主义初级阶段基本国情没有变，也要看到我国经济社会发展每个阶段呈现出来的新特点。"[3]新常态既是经济范畴，又是经济社会范畴，最早体现在经济上，主要表现为经济发展的速度变化、结构优化和动力转换。"增长速度要从高速转向中高速，发展方式要从规模速度型转向质量效率型，经济结构调整要从增量扩能为主转向调整存量、做优增量并举，发展动力要从主

〔1〕《毛泽东文集》第8卷，人民出版社1999年版，第291页。
〔2〕《邓小平文选》第3卷，人民出版社1993年版，第272页。
〔3〕习近平：《在中共中央政治局第二十次集体学习时的讲话》，新华网，2015年1月24日。

要依靠资源和低成本劳动力等要素投入转向创新驱动。这些变化不以人的意志为转移，是我国经济发展阶段性特征的必然要求。”[1]新常态是我们认识当下、规划未来、制定政策、推进事业的客观基点。《中共中央关于制定国民经济和社会发展第十三个五年规划的建议》的起草就充分考虑了中国经济社会发展进入新常态的趋势和要求，是新形势下认识新常态、适应新常态、把握新常态、引领新常态的一篇光辉文献。

不懈探索和适时把握社会主义初级阶段基本国情及其内涵变化，善于准确认识社会主义初级阶段不同时期的新特征，善于从不同历史时期的阶段性特征出发制定治国理政的大政方针，是我们党的理论优势和执政优势。但是，值得注意的是，当前认识和把握新常态要注意防止两种倾向。一是把新常态等同于新出现的矛盾和问题。例如，有的观点把当前我国经济出现的内需回落、传统企业利润下滑、经济下行压力加大等当作新常态，这显然是不对的。这些矛盾和问题，是在我们尚未完成调结构、转方式的背景下，主动调低发展速度后出现的问题，也是我们在推动结构优化和动力转换中产生的矛盾。这些正是新常态下我们推动发展所要解决的问题。二是把新常态当做“筐”，与此无关的内容都往里装。这种倾向若不加以克服，也是不利于我们做到适应、把握、引领新常态的。真理只要再向前跨出一步，哪怕是小小一步，就会成为谬误。[2]

当前，我们要准确认识新常态，就是要把握好我国经济增长速度、经济发展方式、经济结构和经济发展动力等四个方面的转变。要主动适应新常态，就是要进一步增强加快转变经济发展方式的自觉性和主动性，抛弃旧的片面强调增长速度、过度依赖投资拉动和资源消耗的方式方法，彻底摆脱“速度情结”、“换挡焦虑”，保持“平常心态”。具体来说，就是做到“八个更加”，即要更加注重满足人民群众需要，更加注重市场和消费心理分析，更加注重引导社会预期，更加注重加强产权和知识产权保护，更加注重发挥企业家才能，更加注重加强教育和提升人力资本素质，更加注重建设生态文明，更加注重科技进步和全面创新。[3]积极引领新常态，就要破解发展难题，厚植发展优势，保持平常心态，树立科学的新常态思维，打破掣肘发展进步的“路径依赖”，牢固树立并切实贯彻创新、协调、绿色、开放、共享的发展理念。

---

〔1〕 习近平：《关于〈中共中央关于制定国民经济和社会发展第十三个五年规划的建议〉的说明》，《〈建议〉辅导读本》，人民出版社2015年版，第65页。

〔2〕 严书翰：《治国理政的新理念新思想新战略》，人民论坛网，2015年11月6日。

〔3〕 《主动适应新常态，奋力开创新局面》（社论），《人民日报》2014年12月12日。

第三节　彰显中国特色社会主义的时代特征

中国共产党立足社会主义初级阶段建设的中国特色社会主义，是科学社会主义原则与时代特征和中国实际相结合的结晶。中国特色社会主义开辟了世界社会主义发展史上崭新的伟大试验，回答了关于中国初级阶段社会主义建设的性质、特征、形式、方法和路径等基本问题。中国特色社会主义彰显了马克思主义在当代的强大生命力，具有鲜明的时代特征和民族特色。中国特色社会主义究竟特在何处？它的巨大优越性和强大生命力来自何处？中国特色社会主义作为前无古人的伟大创造，不仅具有鲜明的中国特色，而且具有重要的世界历史价值。

1. 中国特色社会主义是初级阶段的社会主义

党的十一届三中全会之前，我国社会主义建设出现严重失误的根本原因之一，就是因为提出的一些目标、任务和方针政策脱离现实，超越了社会主义初级阶段。由于没有很好地把握社会主义初级阶段这个最大国情，结果在社会主义建设中吃了苦头，遭受损失甚至严重挫折。改革开放以来，我国社会主义各项事业蓬勃发展，取得了巨大成功，根本原因之一是纠正了那些超越现实的思想观念、方针政策，对那些不符合社会主义初级阶段要求的体制、制度逐步进行根本性的改革。同时，坚决抵制了抛弃社会主义基本制度的错误主张，坚持和发展了中国特色社会主义。

坚持和发展中国特色社会主义是一项长期而艰巨的历史任务。在具有许多新的历史特点的伟大征程中，始终牢牢把握社会主义初级阶段这个最大国情和最大实际，是我们有效应对复杂多变的发展环境并保持正确发展方向的根本保证。只有把握住了这一最大国情，我们才能不断丰富中国特色社会主义的道路特色、理论特色、制度特色、实践特色和时代特色，如期全面建成小康社会和顺利推进中国社会主义现代化伟大事业。

2. 中国特色社会主义是改革开放的社会主义

恩格斯在瞻望未来社会前景时曾经预言："所谓'社会主义社会'不是一

种一成不变的东西，而应当和任何其他社会制度一样，把它看作是经常变化和改革的社会。”[1]我国新时期的改革开放是探索和开辟中国特色社会主义道路的历史起点和逻辑起点，更是决定当代中国命运的关键一招。回顾改革开放以来的发展历程，每一次重大改革都给党和国家发展注入新的活力、给事业前进增添强大动力。实践已经证明，“改革开放是当代中国最鲜明的特色，是我们党在新的历史时期最鲜明的特色”。[2]

自从党的十一届三中全会开始，改革开放就与中国特色社会主义不可分割地联系在一起了，成为中国特色社会主义最鲜明的特色和最强大的动力。党的十八届三中全会关于全面深化改革的决定指出，“改革开放最主要的成果是开创和发展了中国特色社会主义，为社会主义现代化建设提供了强大动力和有力保障。事实证明，改革开放是决定当代中国命运的关键抉择，是党和人民事业大踏步赶上时代的重要法宝”。[3]我国过去30多年的快速发展靠的是改革开放，我国未来发展也必须坚定不移依靠改革开放。[4]

3. 中国特色社会主义是市场经济的社会主义

把社会主义制度与市场经济体制结合起来，是中国共产党和中国人民的伟大发明和原始创新，是科学社会主义的重大突破。其核心问题是处理好政府与市场的关系，围绕这一问题的探索与创新，贯穿于中国特色社会主义形成和发展的全过程。经过党的十一届三中全会之后长达十多年之久的实践拓展和认识深化，党的十四大提出了建立社会主义市场经济体制的改革目标导向。党的十五大提出“使市场在国家宏观调控下对资源配置起基础性作用”。从建立社会主义市场经济体制到完善社会主义市场经济体制的深入推进，党的十八届三中全会把市场在资源配置中起“基础性作用”修改为起“决定性作用”。提出使市场在资源配置中起决定性作用，是我们党对中国特色社会主义建设规律认识的一个新突破，是马克思主义中国化的一个新的成果，标志着社会主义市场经济发展进入了一个新阶段。[5]

---

[1] 《马克思恩格斯文集》第10卷，人民出版社2009年版，第588页。

[2] 习近平：《在庆祝中国共产党成立95周年大会上的讲话》，人民出版社2016年版，第16页。

[3] 《中共中央关于全面深化改革若干重大问题的决定》，人民出版社2013年版，第2页。

[4] 中共中央宣传部：《习近平总书记系列重要讲话读本（2016年版）》，学习出版社、人民出版社2016年版，第68页。

[5] 《习近平在中共中央政治局第十次集体学习时强调正确发挥市场作用和政府作用推动经济社会持续健康发展》，《人民日报》2014年5月28日。

社会主义市场经济体制反映了以公有制为主体、多种所有制经济共同发展的基本经济制度和以按劳分配为主体、多种分配方式并存的分配制度的有机整合，体现了发挥市场在资源配置中的决定性作用和更好发挥政府作用的辩证统一。实践已经初步证明，社会主义市场经济体制是效益与公平兼顾的最佳的经济体制。通过不断地完善社会主义市场经济体制，社会主义制度的优越性——最大化的效益和最大限度的公平一定会得到充分的体现。

4. 中国特色社会主义是全面发展的社会主义

社会主义制度是克服了资本主义制度弊端的崭新社会制度。社会主义的发展过程是一个综合、全面、协调、可持续的发展过程，是一个社会各个子系统相互支持、相互协作的发展过程。党的十七大报告指出：科学发展观"是我国经济社会发展的重要指导方针，是发展中国特色社会主义必须坚持和贯彻的重大战略思想"。[1]因此，中国特色社会主义不仅强调发展，而且更强调科学发展、全面发展、协调发展。党的十八大报告进一步明确，建设中国特色社会主义总布局是五位一体。

习近平指出，"中国特色社会主义是全面发展的社会主义"。我们要牢牢抓好党执政兴国的第一要务，"在经济不断发展的基础上，协调推进政治建设、文化建设、社会建设、生态文明建设以及其他各方面建设"。[2]党的十八大以来，以习近平同志为核心的党中央按照"五位一体"的总布局，统筹改革发展稳定、内政外交国防、治党治国治军各方面工作，促进现代化建设各方面相协调，促进生产关系与生产力、上层建筑与经济基础相协调。

"四个全面"，即全面建成小康社会、全面深化改革、全面依法治国、全面从严治党，是党中央从坚持和发展中国特色社会主义全局提出来的战略布局。"四个全面"战略布局的提出，更完整地展现出新一届中央领导集体治国理政的新理念、新思想、新战略，使当前和今后一个时期，党和国家各项工作的关键环节、重点领域、主攻方向更加清晰，内在逻辑更加严密，对推动改革开放和社会主义现代化建设提供了强有力的保障。

"四个全面"战略布局是闪耀着马克思主义与中国实际相结合的思想光

---

〔1〕《十七大报告辅导读本》，人民出版社 2007 年版，第 12 页。

〔2〕习近平：《紧紧围绕坚持和发展中国特色社会主义学习宣传贯彻党的十八大精神》，《习近平谈治国理政》，外文出版社 2014 年版，第 11 页。

辉，包含着马克思主义的立场观点方法。“四个全面”战略布局既坚持马克思主义全局观，同时又注意把握事物的重点，做到两点论和重点论的高度统一。“四个全面”首先着眼全局，经过全面实践和深入调查研究，所有情况都了然于胸，再从中抓住最关键最主要最急迫的问题加以解决。每个“全面”也是如此，注意处理好总体谋划和“牵牛鼻子”的关系。如全面深化改革包括各领域各方面的改革，重点是经济体制改革，关键是处理好政府与市场的关系。其他“全面”都有相似的特点。“四个全面”既覆盖所有的矛盾和问题，又重点突出、切中要害，每一个问题都抓到了点子上。

5. 中国特色社会主义是“一国两制”的社会主义

用“一国两制”的方式，解决台湾问题、香港问题、澳门问题，实现祖国的和平统一，是邓小平和我们党的伟大创造，是“中国智慧”的生动体现。“一国两制”构想具有鲜明的时代特征和马克思主义实践品格，它的实现将为中华民族的伟大复兴提供广泛的力量支持。坚持“一个中国”，是维护国家和民族利益的具体体现，是“一国两制”构想的核心，是实现祖国和平统一的政治前提和根本保证；实行两制，是从中国的现实出发，以祖国统一为政治前提，既坚持大陆地区的社会主义，又允许保留台港澳地区的资本主义。港澳回归以来的实践表明，这一构想既符合中华民族的根本利益和大陆地区人民的心愿，也符合港澳地区人民的利益和心愿；它既尊重历史，又从现实出发，兼顾各方的利益。这一为各方均能接受的和平统一祖国的最佳方案，闪耀着唯物辩证法的光辉，反映了邓小平的高超政治谋略和斗争艺术，也是他一切从实际出发，坚持党的实事求是思想路线的生动体现。

6. 中国特色社会主义是维护和平、共建和谐的社会主义

中国特色社会主义事业开创于和平与发展的时代，坚持走和平发展道路是中国根据时代潮流和国家根本利益作出的战略选择。在新的历史条件下，世界很不安宁，人类面临诸多难题和挑战，但和平与发展仍是时代主题，“和平、发展、进步的阳光足以穿透战争、贫穷、落后的阴霾”。[1]改革开放30多年来的历史已经证明，和平发展是中国基于自身国情、社会制度、文化传统作出的战略抉择，顺应时代潮流，符合中国根本利益，符合周边国家利益，符合世界各国利益，没有理由去改变它。

从历史来看，中国选择和平发展道路，是对中华民族优秀传统的传承和

〔1〕 习近平：《在第十七届联合国大会一般性辩论时的讲话》，《人民日报》2015年9月29日。

发展，是中国人民从近代以来的苦难遭遇中得出的必然结论，是新中国成立以来特别是改革开放以来经过艰辛探索和不断实践逐步形成的，因而具有历史的必然性。从现实来看，中国坚持和平发展道路，是根据世界文明发展的潮流和当今时代主题所作的战略抉择，是根据中国现实国情和实现“中国梦”的自身要求所作的战略决定，也是发展起来的中国承担负责任大国的国际义务和确立国际形象的需要，因而具有现实的必要性。

党的十八大以来，面对国际形势的深刻变化和世界各国同舟共济的客观要求，党中央统筹国内国际两个大局、统筹发展安全两件大事，在继续坚持独立自主的和平外交政策的基础上，不断推进中国特色大国外交理论与实践创新，提出了“新型国际关系”、“人类命运共同体”、“正确义利观”、“亚洲安全观”、“国际发展观”等新理念新思想，推进了“亚投行”、“一带一路”等新战略、为世界经济发展开出“中国药方”，为全球共同治理提供“中国方案”等。走向世界舞台中心的中国，正与世界各国一道致力于建立平等相待、互商互谅的伙伴关系，营造公道正义、共建共享的安全格局，谋求开放创新、包容互惠的发展前景，促进和而不同、兼收并蓄的文明交流，打造以合作共赢为核心的新型国际关系，构筑尊崇自然、绿色发展的生态体系，努力为构建以合作共赢为核心的新型国际关系、打造人类命运共同体作出自己独特的贡献。

第七章 坚持科学社会主义的基本原则

科学社会主义的基本原则，是科学社会主义与非科学社会主义的分水岭。《社会主义从空想到科学的发展》对科学社会主义的思想来源、理论基石和基本原理的阐述实际上蕴含了科学社会主义的基本原则。确立科学社会主义的基本原则，为我们在新的历史条件下坚持和发展中国特色社会主义奠定了科学的理论基础，为增强政治定力和战略定力提供了基本遵循。2013年1月5日，习近平在新进中央委员、候补委员学习和贯彻十八大精神学习班上指出："中国特色社会主义是社会主义而不是其他什么主义，科学社会主义基本原则不能丢，丢了就不是社会主义。"[1]这个论断抓住了"什么是社会主义，怎么建设社会主义"的基本问题，点明了中国特色社会主义是社会主义的根本要害。中国特色社会主义，既坚持了社会主义基本原则，又根据时代条件赋予其鲜明的中国特色。中国不论怎么改革，怎样开放，都始终坚持科学社会主义的基本原则。

第一节 科学社会主义的基本原则

科学社会主义的基本原则，就是科学社会主义发展必须坚持的法则、准绳和标准。自科学社会主义问世以来，坚持和发展社会主义就不能离开科学社会主义基本原则了。这实际上已成为判断社会主义的根本标准：坚持科学社会主义基本原则，才是社会主义；否定、反对或者离开这些基本原则，

〔1〕 习近平：《毫不动摇坚持和发展中国特色社会主义》，载《习近平谈治国理政》，外文出版社2014年版，第22页。

就不是社会主义。[1]

1. 马克思、恩格斯奠定科学社会主义基本原则

马克思、恩格斯作为科学社会主义的创始人,始终旗帜鲜明地提出、坚持、发展科学社会主义的基本原则。他们或是在分析、批判资本主义制度时,针对它的弊病,提出对未来社会的设想;或是在批判机会主义时,阐述有关的科学社会主义原理;或是在起草党纲、发表宣言时,一以贯之地坚持和发展科学社会主义的基本原则。

1844 年,恩格斯在《英国状况·英国宪法》中谈到单纯民主制原则和社会主义原则的关系时说,英国将会走向民主制,但这种民主制是同中间阶级的财产对立的民主制,因此"单纯的民主制并不能消除社会的祸害……这个阶段也只是一个过渡,是最后一种纯粹政治的手段,这一手段还有待进行试验,从中必定会发展出一种新的要素,一种超出一切政治事物的原则。这种原则就是社会主义的原则"。[2]这里,恩格斯主要是从政治解放与社会解放的关系意义上讨论科学社会主义的基本原则。1848 年,《共产党宣言》在分析资本主义基本矛盾的基础上,按照社会发展规律提出了未来社会的基本原则:政治上,工人阶级必须在自己的政党——共产党领导下夺取政权,使自己成为统治阶级;经济上,必须逐步实行生产资料公有制,尽可能快地发展生产力;思想上,必须使工人阶级思想占统治地位。总体上,整个社会消灭剥削,消灭阶级,实现人人自由的全面的发展。

1875 年,针对德国社会民主党爱森纳赫派和拉萨尔派合并的过程中,李卜克内西和倍倍尔等党的领导人向拉萨尔派妥协的错误,马克思的《哥达纲领批判》和马克思、恩格斯的相关信件都对此进行了严厉的批评,指出"决不能拿原则做交易"。[3]1880 年,恩格斯在《社会主义从空想到科学的发展》中提出科学社会主义必须置于现实的基础之上;又提出科学社会主义必须建立在唯物史观的理论基石之上;在对未来社会的预测中更提出"无产阶级将取得国家政权,并首先把生产资料变成国家财产,由社会占有生产资料"。[4]通过社会生产,"保证一切社会成员具有富足的和一天比一天充裕的物质生活",通过社会生产,保证一切社会成员的"体力和智力获得充分的

[1] 周新城:《必须坚持科学社会主义基本原则》,《毛泽东邓小平理论研究》2015 年第 1 期。

[2] 《马克思恩格斯全集》第 3 卷(第二版),人民出版社 2002 年版,第 585 页。

[3] 马克思:《给威廉·白拉克的信》,《马克思恩格斯文集》第 3 卷,人民出版社 2009 年版,第 426 页。

[4] 恩格斯:《社会主义从空想到科学的发展》,人民出版社 2014 年版,第 76 页。

自由的发展和运用”。[1]这些都是对科学社会主义基本原则的阐述。

2. 在新形势下坚持和发展科学社会主义的基本原则

20世纪七八十年代，当时的社会主义国家纷纷卷入改革的浪潮。但是，到20世纪末尘埃落定之时，许多社会主义国家在这次改革浪潮之中垮台崩溃、亡党亡国。中国等一些社会主义国家冲破各种风险，不断推进社会主义事业，取得了举世瞩目的成就。为什么同样的改革却出现如此巨大的结果和差异？关键就在于能不能在改革和开放的进程中始终坚持科学社会主义的基本原则。这其实已经成为社会主义改革成败和国家存亡的分水岭。中国共产党人在改革之初，就提出了坚持四项基本原则：第一，必须坚持社会主义道路；第二，必须坚持无产阶级专政；第三，必须坚持共产党的领导；第四，必须坚持马列主义、毛泽东思想。这四项基本原则规定，实质上就是科学社会主义基本原则的重要内容。

2008年3月1日，习近平在中央党校2008年春季学期开学典礼上的讲话中指出，马克思列宁主义告诉我们，坚持科学社会主义，必须遵循一系列基本原则。(1)必须以历史唯物主义为理论基石，(2)必须以实现共产主义为最高理想，(3)必须以无产阶级政党为领导核心，(4)必须以解放和发展生产力为根本任务，(5)必须坚持代表最广大人民的根本利益，(6)必须与社会化大生产相联系、以公有制和按劳分配为社会主义经济制度的基础，(7)必须以人民当家作主为社会主义民主政治的本质特征，(8)必须坚持改革和完善社会主义制度和体制机制，等等。[2]这是迄今对科学社会主义基本原则的最集中、最权威的概括。当然，在不同阶段人们对社会主义基本原则的认识是不一样的。只要社会实践在发展变化，科学社会主义的基本原则也要与时俱进。

党的十八大报告在深入总结实践经验的基础上明确提出夺取中国特色社会主义新胜利，必须牢牢把握的八项基本要求，即：必须坚持人民主体地位，必须坚持解放和发展社会生产力，必须坚持推进改革开放，必须坚持维护社会公平正义，必须坚持走共同富裕的道路，必须坚持促进社会和谐，必须坚持和平发展，必须坚持党的领导。[3]这八项基本要求言简意赅，要言不

---

[1] 《马克思恩格斯文集》第3卷，人民出版社2009年版，第655页。

[2] 习近平：《关于中国特色社会主义理论体系的几点学习体会和认识》，《习近平党校十九讲》，中共中央党校出版社2014年版，第13页。

[3] 《中国共产党第十八次全国代表大会文件汇编》，人民出版社2012年版，第15页。

繁,从理论和实践的结合上进一步回答了什么是中国特色社会主义、怎样建设中国特色社会主义的基本问题,是中国共产党 90 多年艰苦奋斗、不断探索得出的正确结论,为我们夺取中国特色社会主义新胜利提供了理论和实践指导,这是坚持科学社会主义基本原则的生动体现。

3. 坚持科学社会主义基本原则需要厘清的几对关系

中国特色社会主义道路之所以完全正确、之所以能够引领中国发展进步,关键在于我们既坚持了科学社会主义的基本原则,又根据我国实际和时代特征赋予其鲜明的中国特色。在坚持和发展中国特色社会主义的实践中,科学社会主义的基本原理或原则,包括社会主义本质规定、社会主义核心价值观、认识和实践社会主义的方法论,都是我们必须坚持的基本原则。其中,有不少问题是需要说说道理,厘清关系的。

第一,正确处理"坚持"与"发展"的关系。

在新形势下坚持和发展科学社会主义基本原则,要正确处理好坚持和发展的关系。坚持是为了发展,发展是最好的坚持。掌握了科学社会主义之后,不能像"古董鉴赏家"那样,只会赞其好,不会用其理,只会保养它,不会发展它。而要科学地对待它,不仅要坚持它的基本原则,更重要的是要把它同新时期的新实践相结合,创造性地发展科学社会主义。党的十八大以来,党中央领导集体在治国理政的过程中,一方面追根溯源,正本清源,回到中国特色社会主义的理论源头,坚定科学社会主义的基本原则。另一方面又紧紧围绕人民的要求和时代的问题谋篇布局、制定政策,提出了"四个全面"的战略布局,这就是对科学社会主义基本原则在新的历史条件下的坚持与发展。

第二,厘清科学社会主义的基本原则与基本原理的关系。

"原理"指的是对某一事物客观规律的理论概括,包括一系列相互联系的论点、论断和论述,具有较强的理论性;而"原则"指的是对某一事物总的方向和规定,明确应如何做和不应如何做,要求人们在实践中按其规定行事,具有较强的刚性特点。[1]一般来讲,基本原理相对微观和具体,而基本原则则相对宏观与抽象,基本原则寓于基本原理之中而又高于基本原理。在无产阶级为改变资本主义世界,建设社会主义、共产主义世界的过程中,

---

〔1〕 赵曜:《中国特色社会主义是科学社会主义基本原则的创造性运用和发展》,《科学社会主义》2013 年第 2 期。

会针对不同的具体问题形成许多具体的原理，而针对科学社会主义基本问题所形成的基本观点便属于科学社会主义的基本原理，贯穿于科学社会主义基本原理之中而又对科学社会主义的基本原理起着指导性作用的则属于科学社会主义的基本原则。例如，无产阶级必须掌握政权，这是《共产党宣言》所揭示的一条基本原则，而暴力革命还是和平发展则属于无产阶级夺取政权的两种基本途径。因此，我们不应该把暴力革命的原理提升到基本原则的高度，尽管这一原理在科学社会主义理论体系中占有相当重要的地位。

第三，辨析科学社会主义基本原则与某一国或几国社会主义建设特定原则的关系。

科学社会主义的基本原则对于坚持科学社会主义的政党和国家具有普遍的意义，各国共产党人要善于把这些原则与本国实际相结合，独立探索本国特色的社会主义。各国具有民族特色的社会主义的实践与理论探索，又会不断地丰富和充实着科学社会主义基本原则的内容。但如果把一些明显具有独特民族性或时代性的具体原则等同于科学社会主义基本原则，显然是不妥当的，这表面上是提高了某种特殊理论的普适性，实际上则恰恰是贬低这种特殊理论的创新性。邓小平说过，我们搞改革开放，马克思主义“老祖宗不能丢啊！”[1]在当代中国，坚持中国特色社会主义道路，就是真正坚持科学社会主义。

第二节　苏联丢弃科学社会主义基本原则的警示

习近平在十八届中央纪委二次全会上指出，我们国家无论在体制、制度上，还是所走的道路和今天所面临的前所未有的境遇，都与前苏联有着相似或者相近乃至相同的地方。弄好了，能走出一片艳阳天；弄不好，苏共的昨天就是我们的明天。正因为有如此之多的“相似”、“相近”和“相同”，建国以来中国共产党对社会主义道路的探索历程中一直没有停止过对苏联模式的

〔1〕《邓小平文选》第3卷，人民出版社1993年版，第369页。

借鉴与反思。因为“学习苏联好的东西对我们用处很大,借鉴苏联错误的东西,对我们也有很大的益处”,[1]特别是苏联解体以后,这种借鉴和反思显得尤为紧急和必要。反思社会主义国家特别是苏联改革发展道路上正反两个方面的经验教训,我们可以得到一个基本的共识:社会主义国家的改革必须始终坚持科学社会主义原则,一旦丢弃科学社会主义的原则,改革就会走入歧途,并最终走到亡党亡国的地步。作为世界上第一个社会主义国家,苏联曾经是能与美国抗衡的社会主义强国,曾经在实现全民就业和发展教育、科学、文化、社会福利事业等方面取得巨大成就,并被全世界劳动者所向往。然而却在戈尔巴乔夫上台执政六年多的时间里迅速陷入经济、政治和社会的全面危机,并迅速走向亡党亡国的历史悲剧。其根本原因在于戈尔巴乔夫执政后实行全盘西化的政策,背离了社会主义方向,偏移了社会主义道路,改变了无产阶级专政的国家性质,瓦解了共产党的领导,丢弃了马克思列宁主义的指导思想。一言以蔽之,戈尔巴乔夫在改革中全面背离了科学社会主义的基本原则。

1. 指导思想多元化,马列主义旗帜砍倒了

指导思想搞多元化,是戈尔巴乔夫背离改革的社会主义方向而迈错的关键一步。所谓指导思想多元化,实质上是指苏联共产党不再把马克思列宁主义作为党的指导思想,不再把共产主义作为苏联共产党的奋斗目标。自砍大旗,自我否定,最终走向了反面。

戈尔巴乔夫要搞全盘西化,首先将党的指导思想马克思列宁主义作为一大障碍,千方百计要把它搞掉。首先,借斯大林的错误,全盘否定斯大林,通过否定斯大林,进而否定列宁、否定马克思主义。在戈尔巴乔夫主持制定的《苏共纲领(草案)》中提出:“苏共毫无保留地谴责脱离生活、毁坏千百万人以及整个民族命运的斯大林主义的罪行。对此没有、也不可能有任何辩解的理由。”其次,与“民主化”、“公开性”联在一起,来实现指导思想“多元化”。“民主化”、“公开性”是戈尔巴乔夫入主克里姆林宫后叫得很响的一个口号。后来随着各种思潮在“民主化”、“公开性”中沉渣泛起和改革转向之际,1987年后戈尔巴乔夫就松了口,转向“放手去搞公开性”和“全面民主化”。至于谈到要把共产主义作为党的奋斗目标时,戈尔巴乔夫认为共产主义在可预见的未来是不可能实现的,不应该再把共产主义作为奋斗目标。

---

〔1〕《邓小平文选》第1卷,人民出版社1994年版,第263页。

第三，修改党章和纲领，删去了把马克思列宁主义作为党的指导思想的规定，同时也不再把共产主义作为党的奋斗目标。其后果是：搞乱了人们的思想，搞乱了整个苏联共产党，搞乱了整个苏联。使广大党员失去了主心骨，失去了统一的奋斗目标，共产主义理想信念动摇，对党的前途失去信心，大批党员开始退党。

党的指导思想"多元化"带来的另一个直接后果就是历史虚无主义的泛滥，使执政党在广大群众中的形象和地位一落千丈，其致命危害就是造成了部队官兵理想信念发生动摇，军队"非政治化"、"非党化"、"国家化"思潮泛滥，这支由列宁亲手缔造的历经无数战火考验的强大武装，由维护苏维埃政权的铜墙铁壁，沦落为摇摇欲坠的"泥足巨人"。最后，苏联共产党在不断地自我丑化、自我否定中主动让权、解除武装，酿成形成"树倒猢狲散"的可悲局面。

2. 体制严重僵化，国民经济搞糟了

社会主义本来就不是一种先验的凝固的社会制度，也没有一个现成的固定的模式。恩格斯曾经指出："所谓'社会主义社会'不是一种一成不变的东西，而应当和任何其他社会制度一样，把它看成是经常变化和改革的社会。"[1]也就是说，社会主义在实践中应当是一种最有利于解放和发展生产力的体制机制，应当是一套"群众自己创造的生气勃勃"的运作模式，因为社会主义必须建立在高度发达的生产力的基础之上，必须努力满足人民群众不断提高的物质文化生活需要。然而，在经济文化比较落后的国家建立起来的社会主义，要想创造出比资本主义更高的劳动生产率并非易事。

列宁为此曾作出不懈的努力。1921 年初，在以余粮征集制为代表的战时共产主义政策遭遇挫折后，他审时度势，及时果断地实现由战时共产主义向新经济政策的转变，为探索一条适合俄国国情的社会主义道路指明了方向。[2]然而列宁去世以后，斯大林过早地结束了新经济政策，并在国内战胜各种反对派、国际被迫备战应战的过程中建立起政治集权、经济集中、思想集控的"斯大林模式"，这一模式虽然在苏联迅速工业化和后来打败希特勒法西斯的斗争中都曾发挥过重要作用，但却是一种严重扭曲和僵化了的社会主义模式，它的最大的弊端就是把特殊历史条件下形成的道路和模式凝

---

〔1〕《马克思恩格斯选集》第 4 卷，人民出版社 1995 年版，第 693 页。
〔2〕周尚文、叶书宗、王斯德：《苏联兴亡史》，上海人民出版社 2002 年版，第 933 页。

固化、绝对化、普遍化。特别是从20世纪60年代开始苏联经济发展的高速增长开始衰退，经济改革势在必行。[1]由于斯大林晚年日益脱离群众、脱离实际、墨守成规，再加上赫鲁晓夫改革的半途而废，勃列日涅夫的不思改革，最后致使社会主义应该具有的制度优越性日渐丧失，体制机制僵化的弊端积重难返。1986年初，苏共召开了二十七大，原定1986—1990年用于消费和积累的国民收入年均增长3.5%—4.0%，而1986—1988年仅增长2.8%，还低于改革前的速度。[2]国民经济止步不前糟糕透顶，人民对苏共执政的信任感丧失殆尽，大厦倾覆的危局无法挽回。

3. 搞西方多党制，共产党的领导否定了

政治上搞多党制和议会政治是戈尔巴乔夫全盘西化的政治改革的主要内容。以所谓多党制取代共产党的领导，以议会制度取代苏维埃制度，是苏联社会主义制度被葬送的直接政治原因。1988年5、6月召开的苏共第十九次代表会议，标志着苏联政治改革的开始。戈尔巴乔夫提出对苏联政治体制和苏共进行“根本的革新”，并从拒绝接受多党制转向鼓吹实行多党制。1990年2月，苏共中央全会同意实行多党制；1990年3月14日，苏联人民代表大会对宪法第6条作出修改，取消了苏共的领导地位，并从法律上确认了多党制的合法性。从此，苏联的权力重心转向苏联人民代表大会。

多党制的形成，改变了苏共政治改革的方向，打乱了原有的统治秩序，使苏共变成了议会党，苏共从此失去了执政地位。在这个过程中，戈尔巴乔夫作为党的总书记承认并实行西方式多党制，对于苏联党、国家和社会都造成了灾难性的后果。多党制推行后，全苏一下子冒出了500多个政党和60 000多个非政府组织。[3]各种各样的反共党派和团体迅速建立、发展和壮大起来，并运用各种手段，采取种种措施，逼迫、排挤苏共退出政治舞台。[4]“8·19”事变后，在党内外反对派的联合夹击下，戈尔巴乔夫以苏共中央书记处和政治局没有反对和抵制事变为由，主动宣布解散苏共中央，并辞去总书记职务，抛弃了党，放弃了自己作为党的领导人应当承担的历史责任。

4. 党内出现特权阶层，执政合法性丧失了

1921年底，列宁指出“对于领导一个大国向社会主义过渡的工人阶级

〔1〕 周尚文、叶书宗、王斯德：《苏联兴亡史》，上海人民出版社2002年版，第931—932页。

〔2〕 李慎明：《苏联亡党亡国20年祭——俄罗斯人在诉说(上)》，《马克思主义研究》2012年第3期。

〔3〕 钟康模：《苏共亡党的原因和历史教训》，《岭南学刊》2002年第6期。

〔4〕 刘靖北：《苏联政党体制的历史考察》，《当代世界与社会主义》2002年第6期。

先锋队来说，最大最严重的危险之一就是脱离群众”。[1]这句话不幸被言中，苏联亡党亡国的最大原因就在于严重的党内腐败。

苏共党内的严重腐败现象最早可以追溯到斯大林时期。在十月革命胜利后和苏联建国初期，列宁十分重视党群关系，坚决反对给执政党干部以任何特权，经常告诫领导干部要保持艰苦奋斗的精神，不能把职权当作谋取个人利益的手段，警惕和防止自身腐化堕落。但是从 30 年代起，斯大林对领导干部实行高薪制，并给予名目繁多的补助和其他种种特权，如狩猎、别墅、特供商店、特种医疗保健等。部长和普通工人的工资相差 50 倍。高级干部拥有豪华进口轿车，享受着资本主义国家高等公民享受的一切物质待遇，党内腐败现象日益严重。到了赫鲁晓夫、勃列日涅夫时代，腐败现象日趋严重，工资差距高达 100 多倍。许多各级领导的子女纷纷借老子的权力进入领导阶层或能够发财的部门，成为一代新贵。苏联解体前，莫斯科有个权威机构曾对“苏联共产党究竟代表谁?”搞了一个调查。其中认为苏共代表全体人民的只占 7%，认为苏共代表工人的占 4%，而认为他们就是代表党的官僚、代表干部、代表机关工作人员的人，竟然达到 85%![2]

因而有学者认为，“苏联体制的瓦解”“源于其自身的统治精英对个人利益的追逐”，苏共是唯一在自己葬礼上致富的政党。[3]2013 年 1 月 22 日，习近平在十八届中央纪委二次全会上总结前苏联解体的惨痛教训时指出，苏共早年在有 20 万党员时能够夺取政权，在有 200 万党员时能够打败法西斯侵略者，而在有近 2 000 万党员时却丢失了政权、丢失了自己，就是因为苏共已经蜕变为“谁都可以为所欲为、言所欲言”的“乌合之众”。对这样一个失信于民的执政党，老百姓根本就不会再去关心它的死活。所以，当苏共的红旗落地的时候，没有几个人表示关心，表示惊讶，也很少有人对苏共失去执政地位表示惋惜。苏共的失败，归根到底，是它失去了人民的支持和同情。

5. 军队“非党化”，枪杆子丢掉了

军队“非党化”和“非政治化”是戈尔巴乔夫推行全盘西化改革的一个重

---

〔1〕《列宁选集》第三版，第 4 卷，第 589 页。

〔2〕李慎明等：《居安思危——苏共亡党的历史教训(第五集)》，《俄罗斯中亚东欧研究》2007 年第 3 期。

〔3〕大卫·科兹、弗雷德·威尔：《来自上层的革命：苏联体制的终结》，曹荣湘等译，中国人民大学出版社 2002 年版，第 148—149 页。

要组成部分。其要害是否定共产党对军队的领导，取消马列主义对军队的指导，改变无产阶级军队的性质，瓦解无产阶级专政的钢铁长城，从而为资本主义的全面复辟打开通道。

1990年2月苏共中央全会决定取消党的法定领导地位、实行多党制后，军队开始走向"非党化"、"非政治化"。激进派首先提出，在实行多党制的情况下，共产党不能对军队实行一党控制，要求撤销军队党组织、党的政治机关，变党的军队、革命的军队为国家的军队、国民的军队。其次，将批判的矛头指向军队，污蔑卫国战争的胜利不过是"大法西斯打败了小法西斯"，长期以来被视作党和人民事业的忠诚卫士的军队，被丑化成极权制度的帮凶。诋毁军人及其家属、否定军队曾经有过的革命历史成为时髦。1989年第比利斯四月事件后，本来是维护国家统一的军队成为师出无名的不义之师，而煽动民族分裂的暴乱分子反而成为了无辜的受害者。舆论的攻击和思想的混乱使苏军广大官兵的理想信念发生动摇，失去了前行的方向。1988年入伍新兵中有13%的人自称是"非政府组织成员"，1988年军人入党人数下降21%，1989年下降23.3%，退党现象屡见不鲜，逃兵事件时有发生。〔1〕在社会主义条件下，党领导军队与国家领导军队是一致的。军队"非党化""非政治化"，实质上就是剥夺共产党对军队的领导权，解除共产党的武装，使其丧失战斗力。

正是在这个意义上，习近平多次强调"党指挥枪"的极端重要性，他指出，军队"听党指挥是灵魂"，"要铸牢听党指挥这个强军之魂，坚持党对军队绝对领导的根本原则和人民军队的根本宗旨不动摇，确保军队绝对忠诚、绝对纯洁、绝对可靠，一切行动听从党中央和中央军委指挥"，〔2〕从而确保"刀把子"始终牢牢掌握在党和人民手中。〔3〕

综上所述，苏联解体的最沉痛教训是党的高级领导人和干部队伍中的"关键少数"出了问题。首先，作为党的最高领导人的戈尔巴乔夫就不是一个真正的马克思列宁主义者。1999年，他在土耳其安卡拉美国大学的演讲中毫无掩饰地说，"我生活的目的就是消灭对人民实行无法忍受的独裁统治的共产主义"，"我的理想是走社会民主党的道路"，而且他坦言，"只有身居

〔1〕 李慎明等:《苏联亡党亡国反思:"公开性"与指导思想"多元化"》,《红旗文稿》2012年第5期。

〔2〕《习近平谈治国理政》,外文出版社2014年版,第220页。

〔3〕 习近平:《刀把子要牢握在手中》,新华网,2015年1月21日。

最高层职位，才能为此有最大的作为”。其次，党内高级干部中出现一群臭味相投的志同道合者。他说，“我找到了自己为了实现同样目标的伙伴，首先是雅科夫列夫和谢瓦尔德纳泽，他们为击败共产主义立下了大功夫”。[1]曾任苏共中央宣传部长的雅科夫列夫千方百计地运用“数千万份带菌的出版物”，“在千百万人当中煽风点火，毫无顾忌地散布怀疑情绪，破坏对人民的理智，对民族文化、历史和社会主义的信任”。并在6年中实现了欧洲装备最精良的军队用火和剑“未能实现的目标”。[2]显而易见，这样一群从骨子里就对社会主义、共产主义极端仇视的人，怎么能够坚守科学社会主义呢？他们执掌政权的后果是多么可怕！当“关键少数”不再相信马克思列宁主义“老祖宗”，背离科学社会主义基本原则，当执政党内滋生了一批自己的砍旗手、掘墓人、送葬者，哪有不败之理？

第三节　中国在根本问题上不能犯颠覆性的错误

习近平2013年10月在亚太经合组织工商领导人峰会上的讲话中指出：“中国是一个大国，决不能在根本性问题上出现颠覆性错误，一旦出现就无法挽回、无法弥补。”[3]中国决不能在根本性问题上出现颠覆性错误这一重大的战略论断，既体现了习近平的底线思维，又为中国未来的发展指明了前进的方向。

1. 坚持底线思维，抓住根本问题

所谓底线思维，就是根据一定的原则和立场，客观地设定最低目标、立足最低点，争取最大期望值的一种积极的思维方式和方法。古人云：“君子安而不忘危，存而不忘亡，治而不忘乱，是以身安而国家可保也。”就是说，居

---

〔1〕《极为难得的反面教材三篇——戈尔巴乔夫自白：我生活的目的就是消灭共产主义》，《政治学研究》2001年第3期。

〔2〕张捷：《俄罗斯作家的昨天和今天》，中国文联出版社2000年版，第249页。

〔3〕习近平：《深化改革开放，共创美好亚太——在亚太经合组织工商领导人峰会上的演讲》，《习近平谈治国理政》，外文出版社2014年版，第348页。

安必须思危，有备才能无患。这其实就是一种底线思维的智慧和方法。提高底线思维能力，就是要居安思危、增强忧患意识，未雨绸缪、凡事从坏处准备，努力争取最好结果。

底线思维具有以下几个明显特征：

第一，原则性。

底线思维不是降低标准，妥协退让，而是坚守根本立场，在原则面前毫不退让，坚持到底。例如，坚持国家利益最高原则，坚决维护国家核心利益，就是我们的底线，容不得半点含糊和商量。对此，习近平强调指出："我们要坚持走和平发展道路，但决不能放弃我们的正当权益，决不能牺牲国家的核心利益。任何外国不要指望我们会拿自己的核心利益做交易，不要指望我们会吞下损害我国主权、安全、发展利益的苦果。"〔1〕国家的核心利益是决不可让步的，国家利益是我们最底线的利益。

第二，边界性。

底线思维作为人们根据一定的原则和立场客观地设定出来的最低目标和最低点，是针对主体活动的边界约束而提出来的。从理论上说，任何事物及其运动都有其边界，超出该边界，该事物就不成为其自身了。在改革中保持力度、节奏、领域等方面的可控性，这是改革的"操作边界"。

第三，自明性。

底线思维同时是一种自知之明的思维。思维者不仅知道对象，而且知道自己，既知道自己的长处，更知道自己的短处，知道自己的短板和软肋。底线思维就是自明自己的短板、自知自己的家底，并始终从最坏处准备、努力争取最好结果的一种自知而有为的思维。比如：发展中的人的安全、国家安全问题决定全局，人都没了，国都亡了，发展又有什么用？那么，守住"以人民为本"的发展目标就是底线思维。以底线思维查找短板、划定边界，漏洞才可能堵塞，危机才可能避免，底线才可能保住。

第四，积极性。

底线思维同时又是一种主动作为、积极有为的思维。自知之明的目的不是消极无为而是积极作为，查找漏洞，补齐短板，防患于未然。运用底线思维，就是要居安思危、增强忧患意识，宁可把形势想得更复杂一点，把挑战看得更

〔1〕 中共中央宣传部：《习近平总书记系列重要讲话读本(2016 年版)》，学习出版社、人民出版社 2016 年版，第 272 页。

严峻一些，做好应付最坏局面的思想准备。要见微知著、未雨绸缪，增强前瞻意识，把工作预案准备得更充分、更周详，做到心中有数、处变不惊。

第五，精准性。

底线思维同时一定是一种精确思维，这是按照底线对自身在质与量方面的必然要求。它要求主体不仅要原则明确、立场坚定，对底线了然于胸，而且要求主体要牢固树立“早预见、先发现、有准备、能应对”的意识，对各种可能出现的危机建立“预研—预测—预警—预案”一条龙工作机制，始终立足最复杂最困难的局面多手准备，确保各项对策、各种方案保底守底托底，做到理念在先、预防为主、成竹在胸、措施得力、落实到位。只有这样，才能真正地保住底线，才能使底线思维名副其实，富有成效。[1]

2. 警惕两种形式的颠覆性错误

习近平在十八届三中全会上所作的关于《中共中央关于全面深化改革若干重大问题的决定》的说明中，再次阐述“底线思维”，并且强调在改革开放这一决定当代中国命运的根本性问题上，避免犯“颠覆性错误”。从“左”和右思潮的干扰和危害来看，我们一定要警惕和防止两种形式的“颠覆性错误”。

(1) 中国不能重走封闭僵化的老路

我们首先需要警惕和防止的颠覆性错误，是否定改革开放、否定中国特色社会主义的错误认识和极“左”思潮。这种错误思潮从 1978 年党的十一届三中全会以来就时隐时现一直存在，从来没有销声匿迹过。他们无视中国改革开放所取得的巨大成就，有意曲解和放大改革开放以来中国在发展过程中出现的矛盾、困难和问题，指责“现在中国进行的改革是变公有制为私有制的改革，是变社会主义为资本主义的改革，现在所谓的‘中国特色社会主义’，从主要特征来说，实际是走的‘中国特色资本主义’邪路”。他们甚至全面否定邓小平理论、“三个代表”重要思想、科学发展观，否定中国特色社会主义理论体系，认为党的十一届三中全会以来“执行的是一条错误的理论和错误的思想为指导的错误路线”，攻击中国特色社会主义道路是“错误、邪恶之路，资本主义之路”，是“使国家和民族走向毁灭的绝路”。[2]他们主张要彻底改弦更张，“再来一次全面拨乱反正”，“倒回去，再搞几次文革”，其实质就是要彻底颠覆中国共产党十一届三中全会以来的改革开放路线，让

〔1〕 王恒桓：《习近平主席“底线思维”论析》，《学理论》2015 年第 10 期。

〔2〕 宋俭：《警惕两种形式的“颠覆性错误”》，《人民论坛》2014 年第 16 期。

中国重新回到封闭僵化的老路上去。走老路、搞倒退是没有出路的。

(2) 中国不能走改旗易帜的邪路

针对极右思潮的干扰和危害，我们必须警惕和防止“改旗易帜走邪路”的颠覆性错误。所谓“改旗易帜的邪路”，就是指一些人主张放弃中国特色社会主义，选择走资本主义道路或者“民主社会主义”道路。对这一问题的实质，邓小平在1989年一针见血地指出，现在大家都赞成改革，但“某些人所谓的改革，应该换个名字，叫作自由化，即资本主义化。他们‘改革’的中心是资本主义化。我们讲的改革与他们不同，这个问题还要继续争论的”。[1]

这种颠覆性错误的目的是彻底否定“四项基本原则”。他们在经济上鼓吹“私有化”，要求取消公有制主体地位；在政治上要求取消中国共产党的领导，否定中国特色社会主义政治制度；在文化上宣扬西方的普世价值，否定社会主义核心价值体系。从改革开放一开始，这种思潮就存在，而且花样不断翻新，不时抛出新的提法，诸如新自由主义、民主社会主义、普世价值、宪政民主、公民社会等等。近年来又表现为“历史虚无主义”，从纠“左”开始，发展到否定党史、国史、近现代史，甚至五千年中华文明史。无论其形式如何变化，其政治目的都是一样的，无非是要把我国的改革引导到资本主义化的道路上去，最终达到其“城头变幻大王旗”的目的。

3. 增强政治定力和战略定力

恩格斯说：“完成这一解放世界的事业，是现代无产阶级的历史使命。”[2]再美好的事业，最终还是要靠人去实现，解放全人类的事业需要共产党人一代接一代持续不断的接力和努力。同样，坚持和发展中国特色社会主义更加需要我们中国共产党人增强政治定力和战略定力，一任接着一任干，一代接着一代干，一张蓝图干到底。习近平多次强调：“我们正在进行具有许多新的历史特点的伟大斗争。”要想取得这场伟大斗争的胜利，从根本上杜绝颠覆性错误，既要有敢于斗争的战略勇气、革命胆略和善于斗争的科学方略和政治智慧，更要有坚定执著、沉着坚毅的强大政治定力和战略定力。

(1) 增强政治定力与战略定力的目的和意义

定力，原指人们在改造客观世界和主观世界过程中，所表现出来的一种

---

〔1〕《邓小平文选》第3卷，人民出版社1993年版，第297页。

〔2〕恩格斯：《社会主义从空想到科学的发展》，人民出版社2014年版，第81页。

坚强意志、执着信念和道德操守。政治定力反映的是政治信仰、政治立场、政治态度、政治纪律；战略定力反映的是在把握大局、认清宏观走势基础上的宽阔视野、战略睿智以及沉着冷静的行动能力，二者密切相关。一个人如果缺乏政治定力，就会随波逐流，经不起各种风险和诱惑的考验，最终难免误入歧途；如果缺乏战略定力，就会导致思想上的患得患失、行动上的犹豫不决，最终丧失行动能力和错失良机。

习近平结合时代发展和新的实践，从经济、政治、文化、社会和生态文明建设，到治党治国治军、内政和外交等诸多方面，赋予定力以新的内涵，形成了关于政治定力和战略定力的重要思想。2012 年 11 月，习近平在党的十八届一中全会上要求我们必须始终保持对马克思主义的坚定信仰、对共产主义和中国特色社会主义的坚定信念，“以此来增强政治定力和政治敏锐性，以此来提高抵御各种风险和经受住各种考验的能力”。2013 年 1 月 28 日，习近平在主持政治局第三次集体学习时明确：“中国将坚持走和平发展道路，要加强战略思维，增强战略定力。”〔1〕2013 年 12 月 26 日，习近平在纪念毛泽东诞辰 120 周年座谈会上的讲话中强调：“实现我们确立的奋斗目标，我们既要有‘乱云飞渡仍从容’的战略定力，又要有‘不到长城非好汉’的进取精神。”2013 年 12 月 28 日，习近平在深入北京市供热企业看望一线职工时表示：“我们要加大投入，有定力、有耐心地把面临的问题解决好。”2014 年 2 月 17 日，习近平在中央党校省部级主要领导干部学习贯彻十八届三中全会精神专题研讨班开班式上的讲话中提出：“我国国家治理体系需要改进和完善，但怎么改、怎么完善，我们要有主张、有定力。”〔2〕2014 年 5 月在北京大学师生座谈会上指出，“我们要保持战略定力和坚定信念，坚定不移走自己的路，朝着自己的目标前进”。〔3〕这些明确要求和重要思想，是我们增强政治定力与战略定力的行动指南。

(2) 增强政治定力与战略定力的路径与方法

增强政治定力和战略定力是我们面临的形势任务的客观要求。当前，我国正处于全面建成小康社会的关键时期和中华民族伟大复兴的新阶段，

〔1〕 习近平：《在中共中央政治局第三次集体学习时的讲话》，《人民日报》2013 年 1 月 30 日。

〔2〕 习近平：《在省部级主要领导干部学习贯彻十八届三中全会精神全面深化改革专题研讨班上的讲话》，《人民日报》，2014 年 2 月 18 日。

〔3〕 习近平：《青年要自觉践行社会主义核心价值观——在北京大学师生座谈会上的讲话》，《中国青年报》2014 年 5 月 4 日。

国内外环境都在发生广泛而深刻的变化，机遇难得，挑战严峻，前进道路上的困难问题和风险挑战不断增多。从国际上看，和平发展的战略机遇期有利于发展和改革开放，但是，一些国家遏制我们的战略图谋始终没有改变，2008年金融危机以来世界经济持续不景气在深度影响我国。从国内看，我国经济社会发展处在黄金时期，但是，经济发展进入新常态，稳增长、促改革、调结构、惠民生、防风险的任务极其艰巨繁重。从党内看，全面从严治党取得了巨大成就，反腐败取得了压倒性的态势，党的建设开创了新的局面，但是，"四大考验"、"四大危险"更加尖锐地摆在全党面前，推进全面从严治党比以往任何时候都更为艰巨和紧迫。习近平指出："要从纷繁复杂的事物表象中把准改革脉搏，从众说纷纭中开好改革药方，没有很强的战略定力是不行的。"[1]那么，党员干部如何才能提高自己的政治定力和战略定力呢？

第一，通过理论学习坚守定力。

政治上的坚定来自理论上的清醒，只有真正掌握科学理论，才能提高政治定力。2012年9月1日，习近平在中央党校秋季学期开学典礼讲话时指出："理论修养是干部综合素质的核心，理论上的成熟是政治上成熟的基础。理论学习坚守定力涉及面很宽，其中包括：其一，要加强对马克思主义理论的学习，这是领导干部必须普遍掌握的工作制胜的看家本领；其二，要学习党的路线方针政策和国家法律法规，这是党员领导干部开展工作前要做的基本准备；其三，要学习经济、政治、历史、文化、社会、科技、军事、外交等方面的知识，不断提高自身的专业化水平；其四，要正确把握学习方向，即马克思主义所指引的方向；其五，要明确学习的目的在于运用，把学到的理论、知识运用到提高工作本领、提高解决实际问题的能力上。可以说，学习和掌握理论的深度，直接影响甚至决定着一个领导干部的政治敏感程度、思维视野广度和思想境界高度。"[2]

第二，通过投身实践增强定力。

空谈误国，实干兴邦。在改造客观世界的过程中不断推进主观世界的改造，又通过主观世界的改造不断推进改造客观世界，这是中国共产党人增强定力的规律。定力归根到底源于对事物本质及发展规律的把握。一个人只有通

---

〔1〕《习近平关于全面深化改革论述摘编》，中央文献出版社2014年版，第19页。

〔2〕习近平：《谈谈党校学员的学习》，《习近平党校十九讲》，中共中央党校出版社2014年版，第289页。

过不断学习，做到把客观之“理”转化为认识之理，才能真正成为有定力的人。但是，规律是隐蔽的，看不见摸不着。要把握规律，必须把学习与思考紧密结合起来。只有在学习与实践相结合的基础上深入思考，才能真正把握共产党执政规律、社会主义建设规律、人类社会发展规律，才能始终坚定理想信念，才能在纷繁复杂的形势下坚持科学指导思想和正确前进方向。[1]

中国特色社会主义既是伟大的理论创造，更是伟大的实践活动。只有在积极投身中国特色社会主义的伟大实践中，把理论学习与实践活动、把改造客观世界与改造主观世界很好地结合起来，才能把理论转化为牢固确立科学世界观和方法论的思想力量，才能把党对领导干部的党性要求转化为培养高尚品德和发扬优良作风的自觉性，才不为噪音所扰、不为歪风所惑、不为暗流所动，真正练就“金刚不坏之身”，真正做到“临大事而不乱”，“咬定青山不放松”，在纷繁复杂的形势变化中始终坚持中国特色社会主义的正确方向。

第三，通过党性锻炼夯实定力。

锻炼党性就是指，党员干部在面对错综复杂的情况下，言行举止上经得起各方面的严峻考验，要坚定政治方向，站稳政治立场，牢固树立正确的世界观、权力观、事业观，明辨大是大非，始终在思想上、政治上与党中央保持高度一致。习近平强调，世界观是人们关于世界的总体的和根本的看法，决定着人生追求与价值取向，指导和支配着理想信念、思想境界、道德操守与行为准则，具有“总开关”、“总闸门”的作用。权力观是人们关于国家和社会权力的根本观点，事业观主要是人们关于事业发展方向的看法，决定着人们采取什么样的事业态度、彰显什么样的事业精神、追求什么样的事业目标。[2]领导干部想要在党性锻炼中增强政治定力，第一位的就是要在树立马克思主义世界观上下功夫，要坚定共产主义理想和中国特色社会主义信念，以马克思主义为思想基础，不断增强政治敏锐性和鉴别力，在大是大非问题上旗帜鲜明，毫不含糊。

第四，通过新的伟大斗争展示定力。

“疾风知劲草，板荡识诚臣”。革命战争年代，判断一个党员干部是否合

---

〔1〕 周感华：《保持政治定力，增强战略定力》，《贵州日报》2014 年 6 月 19 日。

〔2〕 习近平：《领导干部要树立正确的世界观权力观事业观》，《习近平党校十九讲》，中共中央党校出版社 2014 年版，第 206—207 页。

格，需要经过血与火、生与死的考验。如今，有硝烟的战争少了，但没有硝烟的战争无时无刻不在发生。西方国家把我国的发展壮大视为对其价值观和制度模式的挑战，加紧对我国进行思想文化渗透和意识形态的进攻。国内外各种敌对势力一刻也没有停止对我们党、对社会主义制度、对中国特色社会主义事业的攻击和挑衅。在事关坚持还是否定四项基本原则等大是大非和政治原则问题上，我们必须增强主动性、掌握主动权、打好主动仗。对于那些恶意攻击党的领导、攻击社会主义制度、歪曲党史国史、造谣生事的言论，每一名领导干部都应旗帜鲜明、理直气壮、坚持不懈地展开斗争，并在有理有利有节的舆论斗争中展示自己的政治定力和战略定力。党的十八届六中全会通过的《关于新形势下党内政治生活的若干准则》提出："党员、干部特别是高级干部在大是大非面前不能态度暧昧，不能动摇基本政治立场，不能被错误言论所左右。"这"三个不能"的要求，有着鲜明的现实针对性，为党员、干部特别是高级干部画出了面对大是大非不能为之的红线，既丰富了严肃党内政治生活的内涵，又明确了党员干部增强政治定力和战略定力行为准则。

第八章
完善中国特色社会主义的基本形态

科学社会主义是思想(理论)、实践(运动)、制度的有机统一体。《社会主义从空想到科学的发展》在阐明科学社会主义的理论原理,无产阶级革命进程,未来新社会特征的基础上明确指出:“完成这一解放世界的事业,是现代无产阶级的历史使命。深入考察这一事业的历史条件以及这一事业的性质本身,从而使负有使命完成这一事业的今天的受压迫的阶级认识到自己的行动的条件和性质,这就是无产阶级运动的理论表现即科学社会主义的任务。”[1]这一论断深刻地蕴含了世界社会主义的基本形态与无产阶级的庄严使命的内在联系。在恩格斯写作本书的时代,社会主义已经从一种社会思潮,逐步演化为一种科学理论形态,即科学社会主义。要想使这一“解放世界的事业”梦想成真,还需要“负有使命”的无产阶级行动起来,无产阶级“自己的行动”,表明科学社会主义业已转变为实践形态,形成蔚为壮观的国际共产主义运动。“现代无产阶级的历史使命”,就是在推翻旧制度的革命实践中建立新社会,实现崭新的社会主义制度形态。从这个意义上说,世界社会主义500年是一部社会主义基本形态的进化史,共产党和无产阶级的责任就是认识到自己的历史使命,创造条件,推进这一进程的实现。

第一节　科学社会主义发展的基本形态

“形态”最早是生物学使用的概念,指的是生物体外部的形状。形态学是研究生物机体外形和内部结构及其与功能关系的科学。后来,“形态”这个概念被广泛应用于其他事物,产生了研究各种事物的形态学。一般意义

〔1〕 恩格斯:《社会主义从空想到科学的发展》,人民出版社2014年版,第81页。

上的"形态",指的是事物存在的形状、状态或表现形式。任何事物都有其表现形态。社会主义作为人类历史上一种崭新的社会制度,也必然有其基本形态,而且这种形态会随着时代和实践的发展而以不同的形式表现出来。社会主义 500 年的理论和实践经验证明,无论其表现形式如何变化,社会主义的基本形态都必须符合其内在质的规定性,符合时代特征、各国国情,遵循社会主义发展的客观规律。

1. 科学社会主义的基本形态

科学社会主义是关于无产阶级解放斗争发展规律的科学,即关于无产阶级所进行的斗争的性质、条件以及由此产生的一般目的的科学。从一般意义上,科学社会主义的基本形态表现为理论、运动和制度三种基本形态。社会主义的基本形态,指的就是社会主义所呈现出的基本状态及其表现形式。这种形态本质上由事物本身的性质所决定的,社会主义基本形态具有其鲜明的特征。

(1) 社会主义基本形态具有系统性

社会主义的任何一种基本形态都是诸多要素相互联系的整体。系统论认为,事物的相关性形成了事物的整体性,系统内部结构具有层次等级式的组织化特征,每一系统都是由若干作为要素的子系统所组成的,而子系统又由一定数量的更低层次的系统或要素组成。例如,从世界社会主义 500 年的发展历程来看,社会主义先后表现为思潮、运动和制度等三种基本形态,这是社会主义发展的基本形态。从总体结构上看,社会主义基本形态是一个由经济、政治、文化、社会和生态等五个子结构系统所组成的统一的有机整体。每个具体形态还可以细分研究,例如经济作为一个子结构系统,又包括生产力和生产关系两个互相作用的子系统。生产力和生产关系两个子系统又分别由各自的要素构成。同时,在更宏观的层面上,社会主义的基本形态又和外部各种因素互相联系、互相作用。

(2) 社会主义基本形态具有层级性

这是由系统本身的层次性决定的,社会主义的具体形态可以分为很多层级的。例如,社会主义的制度形态,可以分为根本制度、基本制度、具体制度和体制;从制度内涵上又可分为经济制度形态、政治制度形态、文化制度形态等,这些形态又分为更低级的形态。经济制度形态就包括基本经济制度和分配制度等制度形态。全社会系统各层级的制度形态内部、各层级制度形态之间，相互联系、相互作用，形成了完整的社会主义制度形态。同时，初级阶段社会主义与发达社会主义在形态上又是更高层面的层级性。

(3) 社会主义基本形态具有多样性与可变性

社会主义的实践形态、理论形态、制度形态，不仅表现为经济、政治、文化和社会等具体形态，而且在不同时代、不同国度、不同的文化条件下，都会呈现出丰富的多样性与可变性。随着时间的推移、世界的变迁和实践的深化，形态是不断发展变化的。社会主义基本形态不仅有量的变化，而且在一定条件下还会发生质的转化。例如，列宁将共产主义的第一阶段称为社会主义社会，而将共产主义的高级阶段称为共产主义社会，以后他又使用了"初级形式的社会主义"、"发达的社会主义"、"完备形式的社会主义"等概念，充分展现了社会主义基本形态的可变性，其总趋势是走向不断完善和成熟。

2. 中国特色社会主义的基本形态

中国特色社会主义是科学社会主义在中国发展的新形态，是科学社会主义普遍原理同中国实际相结合的产物。从社会存在方式上看，中国特色社会主义是实践形态、理论形态、制度形态和价值形态的有机统一。

(1) 实践形态：中国特色社会主义道路

这条道路，就是在中国共产党领导下，立足基本国情，以经济建设为中心，坚持四项基本原则，坚持改革开放，解放和发展社会生产力，巩固和完善社会主义制度，建设社会主义市场经济、社会主义民主政治、社会主义先进文化、社会主义和谐社会，建设富强、民主、文明、和谐的社会主义现代化国家。

(2) 理论形态：中国特色社会主义理论体系

这个体系，就是包括邓小平理论、"三个代表"重要思想以及科学发展观等重大战略思想在内的科学理论体系。中国特色社会主义理论体系是不断发展的开放的理论体系。这个理论体系，创造性地提出了一系列新的重大理论观点和战略思想，从而实现了马克思主义中国化的第二次历史性飞跃。

(3) 制度形态：中国特色社会主义社会制度

这个制度，就是包括人民代表大会的根本政治制度；中国共产党领导的多党合作和政治协商制度，民族区域自治制度和基层群众自治制度的基本政治制度；以公有制为主体，多种所有制经济共同发展的基本经济制度；中国特色社会主义法律体系；以及建立在基本政治经济制度上的其他政治制度，经济制度，文化制度，社会制度等内容的制度体系。坚持中国特色社会主义制度，就是要坚持把根本政治制度，基本政治制度，基本经济制度和其他各方面机制体制有机结合起来，坚持把国家民主制度和基层民主制度结合起来，坚持把党的领导、人民当家做主、依法治国有机结合起来。

第二节　中国特色社会主义的道路形态

新中国成立以来，特别是改革开放以来，伴随着历史性难题的破解，中国特色社会主义的实践形态即中国特色社会主义道路也随之形成与发展，这是中国共产党带领中国人民开辟的正确道路。中国人民前进在中国特色社会主义道路上所取得的巨大成功，不仅对中国社会主义现代化具有重大现实意义，而且对世界具有极其重要的时代价值。

1. 中国特色社会主义道路的成功开辟

中国特色社会主义道路是中国共产党在不断推进马克思主义中国化和实现社会主义现代化过程中开辟和发展的，凝聚着中国共产党人和中国人民的智慧、辛劳与汗水。

新中国成立后，以毛泽东为核心的第一代党中央领导集体带领全党全国各族人民，在迅速医治战争创伤、恢复国民经济的基础上，创造性地进行了社会主义改造，并在学习苏联经验的实践中很快察觉到苏联模式的局限，提出以苏为鉴，独立探索适合中国国情的社会主义建设道路，为中国特色社会主义道路开辟提供了富贵经验、理论准备和物质基础。

党的十一届三中全会以后，以邓小平为核心的第二代党中央领导集体彻底否定了“以阶级斗争为纲”的错误理论和实践，重新确立了解放思想、实事求是的思想路线，以巨大的政治勇气和理论勇气，全面推进改革开放，在实践探索中第一次比较系统地初步回答了“什么是社会主义，如何建设社会主义”这个重大理论和实际问题，把对社会主义的认识提高到新的阶段，成功开辟了中国特色社会主义道路。

党的十三届四中全会以后，以江泽民为核心的第三代党中央领导集体，在国内外政治风波、经济风险、重大外交斗争等严峻考验面前，依靠党和人民，依据新的实践确立了社会主义市场经济体制的改革目标，确立了社会主义初级阶段的基本经济制度与分配制度，开创全面改革开放的新局面，全面拓展中国特色社会主义道路。

21 世纪初，以胡锦涛为总书记的党中央，顺应国内外形势发展变化，抓住重要战略机遇期，发扬求真务实、开拓进取精神，强调坚持以人为本、全面协调可持续发展，坚持理论创新和实践创新，完善社会主义市场经济体制，促进社会社会主义和谐社会建设，在全面建设小康社会实践中坚定不移地把中国特色社会主义伟大事业继续推向前进，丰富了中国特色社会主义道路的内涵，开创了中国特色社会主义道路的新局面。

党的十八大以来，以习近平同志为核心的党中央接过了历史的接力棒，"站立在 960 万平方公里的广袤土地上，吮吸着中华民族漫长奋斗积累的文化养分，拥有 13 亿中国人民聚合的磅礴之力"，[1]时刻准备进行具有许多新的历史特点的伟大斗争，坚定不移地走这条道路，与时俱进拓展这条道路，推动中国特色社会主义道路越走越宽广。

实践已经证明，中国特色社会主义道路是实现我国社会主义现代化的必由之路，是创造人民美好生活的幸福之路。这条道路既不是"传统的"，也不是"外来的"，更不是"西化的"，而是我们"独创的"，能够引领中国进步，实现人民福祉。[2]

2. 中国特色社会主义道路的不断拓展

中国共产党对中国特色社会主义实践形态的认识与探索，经历了一个从物质文明建设、精神文明建设"两个文明"建设到经济建设、政治建设、文化建设"三位一体"，又到经济建设、政治建设、文化建设、社会建设"四位一体"，再到现在的经济建设、政治建设、文化建设、社会建设、生态文明建设"五位一体"的不断深化、逐渐完善的过程。

在改革开放初期，邓小平意识到物质文明和精神文明协调协调发展的重要性。他在深刻反思新中国成立之后 30 年经验教训的基础上，根据改革

---

〔1〕 习近平：《在纪念毛泽东同志诞辰 120 周年座谈会上的讲话》，《人民日报》2013 年 12 月 27 日。

〔2〕 中共中央宣传部：《习近平总书记系列重要讲话读本（2016 年版）》，学习出版社、人民出版社 2016 年版，第 26 页。

开放实践中出现的新问题，明确提出要坚持“两个文明”一起抓：我们“不但要有高度的物质文明，而且要有高度的精神文明”。[1]1982年，党的十二大报告中，第一次把“两个文明”一起抓，作为建设社会主义的战略方针提了出来。

党的十三届四中全会后，我党进一步提出在建设社会主义物质文明和精神文明的同时，要建设中国特色的社会主义政治文明。党的十六大报告第一次把政治文明作为社会主义现代化建设的一个基本目标，“发展社会主义民主政治，建设社会主义政治文明，是全面建设小康社会的重要目标”，[2]从而形成了中国特色社会主义经济建设、政治建设和文化建设“三位一体”的布局。在这一时期，我国社会主义实践形态的重大突破，集中表现在把社会主义市场经济体制确立为我国经济体制改革的目标模式，正确解决了关系整个社会主义现代化建设全局的一个重大问题。

党的十六大以来，党中央提出了构建社会主义和谐社会的战略任务，并将其作为加强党的执政能力建设的重要内容。党的十六届四中全会明确指出“要适应我国社会的深刻变化，把和谐社会建设摆在重要位置”，“形成全体人民各尽所能、各得其所而又和谐相处的社会”。[3]党的十七大进一步提出了“建设生态文明”的目标。党的十七届五中全会指出：“把建设资源节约型、环境友好型社会作为加快转变经济发展方式的重要着力点，提高生态文明水平。”[4]从而使中国特色社会主义实践形态扩展为经济建设、政治建设、文化建设、社会建设和生态文明建设五个方面。

党的十八大正式提出建设中国特色社会主义的“总布局是五位一体”。[5]全面推进经济、政治、文化、社会和生态文明建设，是我们党对中国特色社会主义认识不断深化的结果，标志着我们党对中国特色社会主义建设规律和实践形态的认识达到了新的水平。

3. 中国特色社会主义道路的全面推进

中国特色社会主义作为马克思主义中国化的最新成果，其实践形态就是中国共产党在改革开放这场新的伟大革命中，带领全党全国各族人民开

---

〔1〕《邓小平文选》第2卷，人民出版社1994年版，第367页。

〔2〕《江泽民文选》第3卷，人民出版社2006年版，第553页。

〔3〕《中共中央关于加强党的执政能力建设的决定》，人民网2004年9月26日。

〔4〕《中共十七届五中全会公报》，人民网2010年10月19日。

〔5〕《中国共产党第十八次全国代表大会文件汇编》，人民出版社2012年版，第12页。

辟的中国特色社会主义道路。[1]具体来说，就是坚持走社会主义市场经济道路、社会主义民主政治道路、社会主义先进文化道路、社会主义和谐社会道路和社会主义生态文明道路。

(1) 社会主义市场经济是中国特色社会主义道路在经济领域的具体体现

马克思主义经典作家曾经对未来社会主义社会的经济发展将使“社会生产内部的无政府状态”为“有计划的自觉的组织所代替”，[2]它的鲜明特点是排斥商品生产和市场机制。在苏联计划经济时期，推行包容一切的指令性计划，政府要指定800万个价格。[3]随着苏联斯大林模式的不断发展，社会主义与计划经济之间的联系不断固化，并日益趋向模式化。由于受到苏联的影响，社会主义国家普遍将计划经济作为社会主义的一个本质特征。[4]毛泽东指出，“资本主义社会里，国民经济的平衡是通过危机达到的。社会主义社会里，有可能经过计划来实现平衡”。[5]可惜后来实践证明，这种“可能”并没能真正实现。

中国共产党人在这一领域的探索，最大创新就是创立社会主义市场经济体制。我们成功地破除了社会主义等于计划经济、资本主义等于市场经济的传统观念，认识到“计划多一点还是市场多一点，不是社会主义与资本主义的本质区别”，认清了“社会主义要赢得与资本主义相比较的优势，就必须大胆吸收和借鉴人类社会创造的一切文明成果，吸收和借鉴当今世界各国包括资本主义发达国家的一切反映现代社会化生产规律的先进经营方式、管理方法”。[6]随着社会主义市场经济体制的不断发展完善，党的十八届三中全会又将经济体制改革作为全面深化改革的重点，指出下一步改革的“核心问题是处理政府与市场的关系，使市场在资源配置中起决定性作用和更好发挥政府作用”。[7]

---

〔1〕 李君如:《谈中国特色社会主义的实践形态》,《北京日报》2012年10月8日。

〔2〕 恩格斯:《社会主义从空想到科学的发展》,人民出版社2014年版,第79页。

〔3〕 查尔斯·林德布洛姆:《政治与市场:世界的政治—经济制度》,上海人民出版社、上海三联书店1992年版,第144页。

〔4〕《中国特色社会主义纲要(修订本)》,上海人民出版社2015年版,第42页。

〔5〕《毛泽东文集》第8卷,人民出版社1999年版,第118—119页。

〔6〕《邓小平文选》第3卷,人民出版社1993年版,第373页。

〔7〕《中共中央关于全面深化改革若干重大问题的决定》,人民出版社2013年版,第5页。

30多年改革开放的成功实践证明，中国共产党人开创的社会主义市场经济的新路，突破了传统社会主义的经济发展模式，实现了社会主义与市场经济、政府与市场的双重结合，为马克思主义政治经济学增添了新的内容。

(2) 社会主义民主政治是中国特色社会主义道路在政治领域的具体体现

人民民主是社会主义的生命，是当代中国政治的基本价值和显著特色。社会主义要在当今世界立于不败之地，中华民族要实现伟大复兴的梦想，就不仅要创造高度的物质文明、精神文明，而且还要建设高度的政治文明。

实现人民民主历来是中国共产党领导革命和建设的一面旗帜。早在1945年7月，毛泽东就将民主作为中国共产党跳出历史兴亡周期率的一条新路，指出“只有让人民来监督政府，政府才不敢松懈；只有人人起来负责，才不会人亡政息”〔1〕。但是，后来由于种种原因，社会主义民主政治的发展遭遇挫折，我们在民主的实践方面“做得不够，并且犯过错误”，〔2〕特别是十年“文革”使社会主义民主政治建设遭受重大破坏，造成严重后果。

改革开放以来，社会主义要“在政治上创造比资本主义国家的民主更高更切实的民主”，〔3〕重新成为全党全社会的共识。从十六大报告提出的“实现社会主义民主政治的制度化、规范化和程序化”，到十七大报告提出的“人民民主是社会主义生命”，再到十八大报告提出的“发展更加广泛、更加充分、更加健全的人民民主”，并且重申了“党内民主是党的生命”这一科学论断，表明中国共产党人对社会主义民主政治内涵的认识越来越丰富、清晰和深刻。

当前，坚定不移地走中国特色社会主义民主政治道路，核心就是要把坚持党的领导、人民当家作主和依法治国有机统一起来，并且要“以保证人民当家作主为根本，以增强党和国家活力、调动人民积极性为目标”。〔4〕党领导人民进行革命、建设和社会主义改革，都是为了人民的幸福生活，这是人民当家作主和依法治国的落脚点，在社会主义民主政治实践中，将中国特色的协商民主与选举民主结合起来，以多种渠道表达社会各界的利益和意愿，是中国共产党在民主政治实践中的又一创举。

---

〔1〕 黄炎培:《八十年来》，文史资料出版社1982年版，第172页。

〔2〕《邓小平文选》第2卷，人民出版社1994年版，第168页。

〔3〕 同上书，第332页。

〔4〕《习近平谈治国理政》，外文出版社2014年版，第139页。

(3) 社会主义先进文化是中国特色社会主义道路在文化领域的具体体现

文化是民族的血脉，是人民的精神家园。中国特色社会主义文化是一种以马克思主义为指导的、继承中国文化优秀传统和吸收外国文化积极成果的、民族的科学的大众的文化形态。马克思主义指导是社会主义先进文化的本质特征，中国风格和中国气派是社会主义先进文化的鲜明气质，社会主义核心价值观是社会主义先进文化的核心所在。

恩格斯指出，在社会主义社会，“通过社会化生产，不仅可能保证一切社会成员有富足的和一天比一天充裕的物质生活，而且还可能保证他们的体力和智力获得充分的自由的发展和运用”，[1]马克思主义认为，经济基础决定上层建筑，同样上层建筑对经济基础具有反作用。在社会主义社会，经济发展为文化建设提供物质条件，文化建设为经济发展提供精神动力，并保证经济发展的正确方向。中国特色社会主义的发展过程，也是社会主义文化不断取得丰硕成果的过程。

社会主义文化体制的改革是中国特色社会主义体制改革的重要内容，也是推进先进文化发展的强大动力。从1996年《中共中央关于加强社会主义精神建设若干重要问题的决议》强调“改革文化体制是文化事业繁荣发展的根本出路”，到2000年《中共中央关于制定国民经济和社会发展第十个五年计划的建议》第一次提出“文化产业”的概念，再到2004年党的十六届四中全会通过的《关于加强党的执政能力建设的决定》形成“解放和发展文化生产力”的重要命题，中国特色的社会主义文化体制在探索中不断丰富和发展。2005年《中共中央、国务院关于深化文化体制改革的若干意见》和2011年《关于深化文化体制改革推动社会主义文化大发展大繁荣若干重大问题的决定》等两份文件的颁布，标志着我国文化体制改革的全面推进和社会主义文化强国目标的正式提出。

党的十八大以来，党中央高度重视社会主义先进文化建设，为社会主义文化建设确定了“以人民为中心”的价值导向、“把社会效益放在首位、社会效益和经济效益相统一”的工作原则、“激发全民族文化创造活力”的中心环节。[2]2013年12月30日下午，中共中央政治局就提高国家文化软实力进

[1] 恩格斯:《社会主义从空想到科学的发展》，人民出版社2014年版，第78页。
[2] 《中共中央关于全面深化改革若干重大问题的决定》，人民出版社2013年版，第39页。

行了第十二次集体学习，习近平指出，要通过展示中华文化的魅力、传播当代中国价值观念、提高国际话语权等途径提高国家文化软实力，增强做中国人的骨气和底气。[1]

(4) 社会主义和谐社会是中国特色社会主义道路在社会领域的具体体现

构建社会主义和谐社会，是中国共产党人在21世纪初提出的新理念新战略。进入新世纪，社会建设的重大战略思想开始出现在党的文件之中。2002年，党的十六大报告在对未来社会发展目标的阐述中，将"社会更加和谐"作为新增内容，与经济、政治、文化建设的目标并列。党的十六届四中全会作出的《关于加强党的执政能力建设的决定》，将"构建社会主义和谐社会的能力"作为中国共产党需要加强的五大执政能力之一。2006年，党的十六届六中全会作出了《关于构建社会主义和谐社会若干重大问题的决定》，正式确定了经济、政治、文化、社会四大建设的宏观布局，对和谐社会建设作了深入的理论阐释和战略部署。

党的十八大根据中国经济社会发展的实际和现代化建设的奋斗目标，作出2020年建成"全面建成小康社会"的重大决策，以便为中华民族的伟大复兴奠定坚实基础。但是，7 000多万农村贫困人口脱贫却是全面建成小康社会进程中不得不面对的最艰巨的任务。为了实现"十三五"规划的既定目标，党中央"坚持问题导向，聚集突出问题和明显短板，回应人民群众诉求和期盼"，[2]坚持促进社会和谐，坚持走共同富裕道路，提出"精准扶贫"、"精准脱贫"的重要理念，坚决打通全面小康、社会和谐的"最后一公里"。

(5) 社会主义生态文明是中国特色社会主义实践形态在生态领域的具体体现

传统工业社会的生产方式以大量生产、大量消费、大量废弃为主要特征，这种生产方式必然导致资源枯竭、环境污染，因而是不可持续的。为此，恩格斯在《国民经济学批判大纲》中指出："我们这个世纪面临的大转变，即人类与自然的和解以及人类本身的和解。"[3]

---

〔1〕 习近平：《建设社会主义文化强国，着力提高国家文化软实力》，人民网2014年1月1日。

〔2〕 习近平：《关于〈中共中央关于制定国民经济和社会发展第十三个五年规划的建议〉的说明》，《〈中共中央关于制定国民经济和社会发展第十三个五年规划的建议〉辅导读本》，人民出版社2015年版，第63页。

〔3〕《马克思恩格斯文集》第1卷，人民出版社2009年版，第62页。

改革开放30多年来，我国年均经济增长率达到9.8%，几乎是同期世界发达国家的3倍，但由于我们实行的是粗放式的增长方式，靠的是高消耗、高投入，是以付出巨大环境资源代价换取的高增长。随着我国经济快速发展，资源、生态、环境的矛盾日益尖锐，发达国家在上百年工业化过程中分阶段出现的环境问题，在我国30多年里集中出现，呈现“时空压缩”的特点。如果任由目前的生态危机继续下去，不但我国经济建设的成果会大打折扣，而且将增加不稳定因素，激化社会矛盾；不但会殃及子孙后代，而且将直接威胁到当代人的生存。[1]生态文明建设已经成为我国现代化进程中不得不解决的一个重大课题。

党的十八大报告要求“把生态文明建设放在突出地位，融入经济建设、政治建设、文化建设、社会建设各方面和全过程，努力建设美丽中国，实现中华民族永续发展”。[2]习近平指出，我们要“树立尊重自然、顺应自然、保护自然的生态文明理念”，“正确处理好经济发展同生态环境保护的关系”，“形成节约资源、保护环境的空间格局、产业结构、生产方式、生活方式，为子孙后代留下天蓝、地绿、水清的生产生活环境”。[3]这些重要论述，将生态文明建设纳入中国特色社会主义事业总体布局，进一步强调了生态文明建设的重要地位和作用，一方面体现了党对生态文明建设的认识在不断深化，实践在不断深入；另一方面也体现了党对人类社会发展规律和社会主义建设规律的认识越来越深刻，对未来目标和方向的把握越来越明确。

第三节　中国特色社会主义的理论形态

“一个民族要想登上科学的高峰，终究是不能离开理论思维的”。[4]马克思主义作为一种社会科学理论，反映了自然、社会和人的思维发展的一般规律，是极其严谨的完整的科学体系。在马克思主义之前，从来没有哪一种理论如此深入地研究人类历史，解剖人类社会，分析社会矛盾，揭示社会发

〔1〕 李宏伟：《建设生态文明，实现中华民族永续发展》，《前线》2013年第1期。
〔2〕《中国共产党第十次全国代表大会文件汇编》，人民出版社2012年版，第36页。
〔3〕《习近平谈治国理政》，外文出版社2014年版，第209、212页。
〔4〕《马克思恩格斯选集》第4卷，人民出版社1995年版，第285页。

展规律，并指出人类解放的道路。中国特色社会主义是当代中国的马克思主义，是马克思主义中国化理论形态的生动呈现。

1. 马克思主义中国化理论形态的与时俱进

“一切划时代的体系的真正的内容都是由于产生这些体系的那个时期的需要而形成起来的”，[1]任何科学理论体系都是在总结新的实践经验和吸收前人提供的思想材料的基础上形成并发展起来的。马克思主义具有与时俱进的理论品质，自《共产党宣言》发表以来的马克思主义发展史，是一部一脉相承、与时俱进的历史；马克思主义中国化的发展史，同样也是一部科学理论的继承性与发展性有机统一的历史。

中国共产党从建党伊始，就是一个以马克思主义为指导思想的先进政党，并且在不同的历史阶段自觉而及时地把创新理论成果融入马克思主义体系之中。在新民主主义革命时期，我党开启了推动马克思主义中国化理论形态发展的历史进程。毛泽东思想的创立，标志着我党实现了马克思主义中国化第一次历史性飞跃。在改革开放新时期，我党先后创立了邓小平理论、“三个代表”重要思想、科学发展观等创新理论成果，并在此基础上，进一步形成了中国特色社会主义理论体系。标志着我党在新的历史条件下实现了马克思主义中国化的第二次历史性飞跃。特别是习近平新时代中国特色社会主义思想，这是马克思主义中国化理论形态创新的最新成果，为我们在新的历史起点上实现新的奋斗目标提供了科学指南和基本遵循。

2. 中国特色社会主义理论形态的科学整合

马克思列宁主义、毛泽东思想、中国特色社会主义理论体系是一脉相承、与时俱进的科学体系。新时期以来，我们党在改革开放的伟大实践中，持续推进马克思主义中国化进程，及时总结社会主义现代化建设中的成功经验，及时吸纳全党集体智慧和理论界的研究成果，先后创造性地形成了邓小平理论、“三个代表”重要思想、科学发展观等三个各具特色创新理论成果。它们既相对独立，又相辅相成；既与时俱进，又一脉相承。三大理论创新成果，具有和平与发展的共同时代背景，立足社会主义初级阶段的共同国情，具有马克思列宁主义的共同理论基础，具有实事求是的共同思想路线，具有中国特色社会主义的共同理论主题，具有实现民族伟大复兴的共同战略目标，具有实现最广大人民群众根本利益的共同价值追求。

[1] 《马克思恩格斯全集》第3卷，第544页。

“中国特色社会主义理论体系，就是包括邓小平理论、‘三个代表’重要思想以及科学发展观等重大战略思想在内的科学理论体系”，它“凝结了几代中国共产党人带领人民不懈探索实践的智慧和心血，是马克思主义中国化最新成果，是党最可宝贵的政治和精神财富，是全国各族人民团结奋斗的共同思想基础”。[1]“是对马克思列宁主义、毛泽东思想的坚持和发展”。[2]

中国特色社会主义理论体系的建构和整合，不是邓小平理论、“三个代表”重要思想、科学发展观等理论成果的简单叠加，而是全面系统的整合，使之形成严密的科学理论体系，展现出严整的理论形态。从基本内容和框架结构上看，中国特色社会主义理论形态包括以下五个层面：

第一层面，中国特色社会主义的思想路线。其中包括以解放思想、实事求是、与时俱进、求真务实为核心的理论精髓，马克思主义的世界观和方法论，奠定理论体系的哲学基础。

第二层面，中国特色社会主义的理论基础和发展战略。其中包括和平发展的时代观、社会主义本质论、社会主义初级阶段论、社会主义根本任务论、社会主义现代化战略论、社会主义市场经济论、社会主义发展动力论、社会主义根本目的论等内容；集中体现了党的基本理论、基本路线、基本纲领、基本经验、基本要求，以及科学发展、和谐发展等重大发展战略。

第三层面，中国特色社会主义建设事业的总体布局。其中包括中国特色社会主义的经济建设、政治建设、文化建设、社会建设、生态文明建设的规划和部署；促进现代化建设各个环节、各个方面相协调；促进生产关系与生产力、上层建筑与经济基础相协调；坚持统筹兼顾，正确认识和妥善处理中国特色社会主义事业中的重大关系，如统筹城乡发展、区域发展、经济社会发展、人与自然和谐发展、国内发展和对外开放。

第四层面，中国特色社会主义内政与外交的重要保障。其中包括加强现代国防和军队建设；巩固和完善爱国统一战线；按照“和平统一，一国两制”的方针促进祖国统一；顺应和平发展合作的时代潮流，走和平发展道路；奉行独立自主的和平外交政策，促进和谐世界的建设。

第五层面，中国特色社会主义执政党建设新的伟大工程。其中包括以改革创新精神加强全面从严治党，不断提高执政党建设的科学化水平；围绕

〔1〕《中国共产党第十七次全国代表大会文件汇编》，人民出版社 2007 年版，第 11 页。
〔2〕《中国共产党第十八次全国代表大会文件汇编》，人民出版社 2012 年版，第 11 页。

党的思想理论建设、组织建设、作风建设、反腐倡廉建设、制度建设形成执政党建设的总体布局；推进学习型、服务型和创新型马克思主义政党的建设；加强和规范党内政治生活，严明党的纪律和规矩，加强党的执政能力建设和先进性、纯洁性建设，提高党的拒腐防变能力，确保党成为带领人民实现中国梦的坚强领导核心。

3. 21世纪马克思主义中国化的最新成果

中国特色社会主义理论体系的丰富和完善，需要一代又一代中国共产党人带领人民接续奋斗。因为“马克思主义必定随着时代、实践和科学的发展而不断发展，不可能一成不变，社会主义从来都是在开拓中前进的”。[1]

党的十八大以来，习近平和党中央面对党和国家事业发展的新要求，深入思考并回答党在21世纪新的历史条件下怎样更好治国理政这个重大理论和实践课题，形成了“四个全面”战略布局等治国理政的新理念、新思想、新战略，续写了中国特色社会主义的大文章，创立了习近平新时代中国特色社会主义思想，为开辟中国特色社会主义事业新境界提供了重要理论指导和行为指南。

习近平关于坚持和发展中国特色社会主义的重要论述，是新一届中央领导集体对举什么旗帜、走什么道路、坚持什么制度的政治承诺，是21世纪马克思主义中国化的最新成果，奠定了全国人民团结奋斗的共同思想基础。习近平关于全面建成小康社会、实现中华民族伟大复兴中国梦的重要论述，反映了近代以来一代又一代中国人的美好夙愿，进一步揭示了中华民族的历史命运和当代中国的发展走向，成为海内外中华儿女的最大公约数和最大共识。习近平关于全面深化改革、推动科学发展的重要论述，提出了完善和发展中国特色社会主义制度、推进国家治理体系和治理能力现代化的总目标，是对发展经验的深刻总结和发展规律的科学把握，宣示了我们党坚定不移推进改革开放的坚定决心和勇气。习近平关于全面依法治国、建设法治中国的重要论述，提出了建设中国特色社会主义法制体系、建设社会主义法治国家的总目标，预示着我们党治国理念与方式的重大转变。习近平关于改进党的作风、全面从严治党的重要论述，从思想、组织、作风、反腐倡廉和制度建设方面作出规范，为推进党的建设新的伟大工程指明了方向。

这些最新理论成果，立足现实，直面问题，回应了新的时代背景下人们

---

〔1〕《习近平谈治国理政》，外文出版社2014年版，第23页。

的思想疑虑和深层困惑，澄清了认识、统一了思想，预示着中国共产党人在理论创新上的新觉醒，开辟了我们党治国理政的新境界，继续推进了马克思主义与中国实践相结合的新飞跃。

第四节　中国特色社会主义的制度形态

中国特色社会主义制度形态是指中国社会主义经济、政治、文化、社会等制度和体制的设计、安排及其运行模式，是把中国特色社会主义道路和理论体系发展进程中具有规律性、全局性和长远性的重大成果用法律的形式固定下来的归宿和结果，并为中国特色社会主义的进一步发展提供“共同的价值、普遍的规范、稳定的秩序和权威的标准”，[1]为中华民族伟大复兴中国梦的实现提供强有力的根本保障。

1. 中国特色社会主义制度形态的历史演进

在中国建立一个什么样的制度，是近代以来中国人民面临的一个重大历史课题。1840 年鸦片战争以后，中国逐步沦为半殖民地半封建社会。也正是从这个时候起，自强不息的中国人开始了对救亡图存之路的探索，进行了一系列社会改造和制度重建运动，但都未能取得成功。马克思主义传入中国后，中国共产党带领人民历经 28 年的新民主主义革命，推翻了“三座大山”，实现了民族独立和人民解放，建立中华人民共和国。社会主义改造的完成，《中华人民共和国宪法》的实施，人民民主专政国体和人民代表大会制度政体的确立，标志着社会主义制度形态在中国的初步形成。在社会主义全面建设时期，社会主义制度建设既有成功的经验，也有深刻的教训。

党的十一届三中全会开启了以改革完善社会主义制度的新时期。1980 年 8 月 18 日，在中央政治局扩大会议上，邓小平发表的题为《党和国家领导制度的改革》的重要讲话，是指导我国政治体制改革特别是党和国家领导制度改革的纲领性文件。1982 年新宪法的发表，奠定了中国特色社会主义制度形态的法制基础。1989 年《中共中央关于坚持和完善中国共产党领导的

---

〔1〕 黄书进：《坚持完善中国特色社会主义制度的思考》，《南京政治学院学报》2012 年第 4 期。

多党合作和政治协商制度的意见》的出台，进一步完善了中国特色社会主义政党制度。1984 年《关于经济体制改革的决定》和十四届四中全会《关于建立社会主义市场经济体制若干问题的决定》的通过，标志着中国特色社会主义经济制度的确立和逐步完善。进入 21 世纪以来，中国共产党带领全国人民继续探索，在坚持人民民主专政制度的基础上，全国人民代表大会制度进一步发展和完善，中国特色政党制度进一步加强，民族区域自治制度和基层群众自治制度进一步推进，社会主义法律体系基本形成。中国特色社会主义制度形态正在逐步走向成熟。

2. 中国特色社会主义制度形态的建构特色

社会制度是一个具有严密结构的有机整体。根据马克思主义经典作家的论述，社会制度分为三个层次：一是总体社会制度，即社会形态，如资本主义制度、社会主义制度。它决定着该社会形态的社会性质，是制定各种制度的总体依据；二是一个社会中不同领域里的制度，如经济制度、政治制度、文化制度、社会建设制度等，它决定着不同领域内的具体模式和规则；三是建立在经济、政治、文化、社会制度基础上的具体体制。

(1) 中国特色社会主义制度形态的分层建构

中共十八大明确指出："中国特色社会主义制度，就是人民代表大会制度的根本政治制度，中国共产党领导的多党合作和政治协商制度、民族区域自治制度以及基层群众自治制度等基本政治制度，中国特色社会主义法律体系，公有制为主体、多种所有制经济共同发展的基本经济制度，以及建立在这些制度基础上的经济体制、政治体制、文化体制、社会体制等各项具体制度。"[1]由是观之，中国特色社会主义制度形态也同样由三个层次构成。作为社会形态的中国特色社会主义制度处于最内层，是制度系统的核心，也是制度设计的逻辑起点；中国特色社会主义具体体制处于最外层，直接指导实践并接受实践的检验。处于中间层次的中国特色社会主义基本制度，是制度系统最基础的部分，直接反映制度的本质，是由基本经济制度、基本政治制度、基本文化制度、基本社会建设制度和社会主义法律体系构成的。

中国特色社会主义经济制度主要包括三个方面：一是以公有制为主体、多种所有制经济共同发展的社会主义初级阶段基本经济制度；二是以按劳分配为主体、多种分配方式并存的社会主义初级阶段的分配制度；三是建立

〔1〕《中国共产党第十八次全国代表大会文件汇编》，人民出版社 2012 年版，第 11—12 页。

在基本经济制度和分配制度基础之上的各项经济管理制度。中国特色社会主义政治制度包括人民民主专政(国体),人民代表大会制度(政体),中国共产党领导的多党合作和政治协商制度(政党制度),民族区域自治制度(民族制度)和基层群众自治制度。中国特色社会主义基本文化制度主要包括坚持马克思主义在意识形态领域的指导地位、加强思想道德建设、繁荣发展教育事业和哲学社会科学事业等方面的制度和体制。中国特色社会主义社会治理的基本制度主要包括街道、社区治理制度、劳动就业制度、基本医疗卫生制度、社会保障制度、社会管理制度等一系列制度和体制。这些制度既反映了科学社会主义的基本原则,又体现了鲜明的中国特色。中国特色社会主义的具体体制,主要是指建立在基本制度基础上的具体经济体制、政治体制、文化体制、社会体制、生态文明体制、治党治国治军体制、内政外交体制等。

(2) 中国特色社会主义制度形态的鲜明特色

中国特色社会主义制度形态,是中国共产党人领导全国人民,在遵循人类文明发展规律、社会主义建设规律以及中国社会自身发展规律的基础上进行不断实践探索的结果。这一制度形态不仅完全适合中国国情,能够有效保证和推动中国社会的进步与发展,而且具有自己的鲜明特色。

一是理论逻辑和历史逻辑的有机统一。中国特色社会主义制度的建构既符合科学社会主义的理论逻辑,又适应中国社会发展的历史逻辑。中国特色社会主义制度从社会主义初级阶段实际出发,既顾及社会差距的客观性和现实性,把追求效率、提高效率放在重要位置;又顾及社会公平与公正的必然性和目标性,在发展过程中努力实现效率与公平的有机统一。

二是坚持改革和坚定方向的有机统一。如何既坚定不移推进改革、除弊鼎新,又坚定不移维护基本制度、坚持正确方向,是社会主义国家执政党面临的严峻考验。我们党正是因为在领导和推进深化改革中,保持了社会主义基本制度的正确方向,才成功应对了这一考验,取得了改革开放的伟大成功。正是在这种"变革"与"不变"的辩证统一过程中,中国制度彰显出巨大的优越性和凝聚力。

三是自主选择和开放包容的有机统一。中国共产党在领导人民建构中国特色社会主义制度的过程中,始终坚持人民的主体地位,遵从中国人民的根本意愿,既坚持社会主义制度文明的价值取向,绝不盲目照搬别国模式,又在借鉴人类制度文明的优秀成果和继承中华传统优秀制度精髓的过程中不断丰富和完善我国制度体系，中国特色社会主义制度形态也因此呈现出巨大的包容性和生命力。

3. 推进人类对更好社会制度的探索

恩格斯曾说："所谓'社会主义社会'不是一种一成不变的东西，而应当和任何其他社会制度一样，把它看成是经常变化和改革的社会。"[1]经过新中国60多年的发展，中国共产党和中国人民不仅巩固和完善了包括经济、政治、文化、社会、生态等各个领域的一整套相互衔接、相互联系的中国特色社会主义制度体系，充分展现了社会主义制度的优势和蓬勃生机，而且越来越"有信心为人类对更好社会制度的探索提供中国方案"。[2]

(1) 人类对美好社会制度的执著追求

自古以来，人类不乏对公正和谐社会的憧憬，"大同世界"、"理想国"和"乌托邦"都体现了人们对美好社会的探索。"资产阶级的理性王国"曾经号称是人类历史上一次"壮丽的日出"，它的制度设计的目标是让"迷信、非正义、特权和压迫，必将为永恒的真理、永恒的正义、基于自然的平等和不可剥夺的人权所取代"，[3]资产阶级"在历史上曾经起过非常革命的作用"，在不到一百年的时间里"所创造的生产力，比过去一切世代创造的全部生产力还要多，还要大"，"它按照自己的面貌为自己创造出了一个世界"，它"把一切民族甚至最野蛮的民族都卷到文明中来了"。[4]然而实际上，且不说西方资本主义经济危机的反复发作，西方国家在崛起中对人类和平和正义的持续破坏，二战后100多个走上资本主义道路的发展中国家并未解决贫困、落后问题，仅仅就冷战结束后的20多年历史看，资本主义自由民主制度一再遭遇现实的嘲讽。2008年以来全面的资本主义经济危机，进入第三波"民主化浪潮"国家的政治混乱与发展停滞，都用事实说明，西方自由民主制度既无形式之完美，更无内容之真实，既不能保证西方国家经济持续发展、社会和谐稳定，更不可能给非西方国家带来现代化的福音，[5]同鼓吹者的华美诺言比起来，这一系列"自由竞争以及与自由竞争相适应的社会制度和政治制度、资产阶级的经济统治和政治统治"，[6]不过是"一幅令人极度失望的

[1] 《马克思恩格斯文集》第10卷，人民出版社2009年版，第588页。
[2] 习近平：《在庆祝中国共产党成立95周年大会上的讲话》，人民出版社2016年版，第14页。
[3] 恩格斯：《社会主义从空想到科学的发展》，人民出版社2014年版，第37页。
[4] 马克思恩格斯：《共产党宣言》，人民出版社2014年版，第30、31、32、33页。
[5] 杨军：《推进人类对更好社会制度的探索》，《红旗文稿》2016年第14期。
[6] 马克思恩格斯：《共产党宣言》，人民出版社2014年版，第33页。

讽刺画”，[1]它“用公开的、无耻的、直接的、露骨的剥削代替了由宗教幻想和政治幻想掩盖着的剥削”。[2]这样的制度形态经不起“世界历史的审判”。科学社会主义主张超越资本主义自由民主制度，探索和创造人类更好的制度形态。马克思、恩格斯超越18世纪启蒙思想和空想社会主义等其他探索美好社会制度的设想，在遵循人类社会发展客观规律的基础之上，科学预测了未来理想社会的基本特征，指出了实现这一美好社会的依靠力量和现实路径。

(2) 彰显中国特色社会主义制度的优势

中国特色社会主义把科学社会主义的基本原则同当代中国实际结合起来，带领中国人民创立的中国特色社会主义制度体系，是中国共产党和中国人民的伟大创新。中国特色社会主义制度体系具有自身独特的优势，中国特色社会主义制度体系在推动生产力发展、协调社会利益、解决社会矛盾、保持社会有序运行、促进社会文明提升上具有独特的优势已经举世公认。更为重要的是，中国特色社会主义在制度问题上不搞自我神话、自我终结，而是始终坚持面向问题、面向实践，顺应历史潮流，顺应人民期待，在指导中国特色社会主义伟大实践的过程中通过不断调整、改革和创新，充分显示出自我净化、自我完善、自我革新、自我提高的能力，它的优越性已被实践和历史充分证明。正是在这个意义上，习近平指出，“当今世界，要说哪个政党、哪个国家、哪个民族能够自信的话，那中国共产党、中华人民共和国、中华民族是最有理由自信的”。[3]

(3) 提供人类对更好社会制度探索的“中国方案”

为人类不断作出新的更大的贡献，是中国共产党和中国人民早就作出的庄严承诺。中国共产党提出“中国方案”的基础，是完善中国特色社会主义制度，实现国家治理体系和治理能力的现代化。中国特色社会主义是中国共产党带领中国人民创造的非资本主义现代化的独特制度形态，虽是“特色鲜明、富有效率的，但还不是尽善尽美、成熟定型的”。[4]当前，我国还有不少具体制度与经济社会发展的需求不相适应。比如，在扩大人民有序政治参与、保障人民民主权利、发挥人民创造性等方面存在不足。这就要求我

---

〔1〕 恩格斯：《社会主义从空想到科学的发展》，人民出版社2014年版，第41页。

〔2〕 马克思恩格斯：《共产党宣言》，人民出版社2014年版，第30页。

〔3〕 习近平：《在庆祝中国共产党成立95周年大会上的讲话》，人民出版社2016年版，第12页。

〔4〕《习近平谈治国理政》，外文出版社，2014年版，第10页。

们在充满制度自信的同时，不断进行制度自省，不断反思具体制度运行的问题与不足，通过全面深化改革，着力解决我国发展面临的一系列突出矛盾和问题，不断推进中国特色社会主义制度自我完善和发展，[1]到 2020 年，最终形成"系统完备、科学规范、运行有效的制度体系，使各方面制度更加成熟更加定型"。[2]

在此基础之上，中国将积极参与全球治理体系建设，努力为完善全球治理贡献中国智慧，同世界各国人民一道，推动国际秩序和全球治理体系朝着更加公正合理的方向发展。近年来，中国政府致力于探索全球经济治理体系的新模式与新理念，"一带一路"倡议的提出、亚投行的成立、以合作共赢为核心的新型国际关系的构建，从"亚洲命运共同体"到"人类命运共同体"，从利益共同体到责任共同体，从举办 APEC 会议到主办 G20 峰会，中国不断地为完善全球治理贡献"中国智慧"，提供"中国方案"。

---

〔1〕《中共中央关于全面深化改革若干重大问题的决定》，人民出版社 2013 年版，第 3、7 页。

〔2〕《习近平谈治国理政》，外文出版社 2014 年版，第 70 页。

第九章

推进马克思主义中国化、时代化、大众化

广义的科学社会主义与马克思主义是同义语。《社会主义从空想到科学的发展》作为一部通俗易懂、简明扼要地阐述科学社会主义的重要著作，被马克思称为“科学社会主义的入门”[1]之作。当初，为了使《反杜林论》这样“根本不是为了直接在群众中进行宣传而写的”论战性的纯学术著作让更多的工人群众所掌握，恩格斯作了大量的努力和创造性的尝试，从形式和内容上进行修改，使之方便读者学习理解。[2]在1882年出版德文第一版时，恩格斯决定删去一些不必要的外来语，便于工人群众理解科学社会主义；而在第三部分则要加上许多说明，以便让那些经常对社会主义产生“巨大的误解”的“有教养的”读者们正确认识我们的理论。[3]在1891年的德文第四版中，恩格斯在第一章中对圣西门的部分作了补充，在第三章则及时补上了“在这期间已经变得很重要的新的生产形式‘托拉斯’”。[4]一个多世纪来，这部著作在世界各国一代代共产党人和革命群众的学习、宣传和运用中化为永恒的经典。在1892年英文版中，为了引起英国读者对农民问题的关注，他将《马尔克》一文作为附录放在后面。[5]可见，恩格斯在注重科学社会主义通俗化的同时，又注重科学社会主义的时代化和本土化。可以毫不夸张地说，《社会主义从空想到科学的发展》是科学社会主义运动史上，推进马克思主义中国化、时代化、大众化的成功范本和经典之作。它有助于我们深化对马克思主义中国化、时代化和大众化的认识和进一步推进的自觉性，实质上就是站在时代高度、立足中国大地，用马克思主义来解决当代中国的现实问题。同时，又使中国丰富的实践经验上升为理论，并且同中国国情、五千年文明发展史、中华民族优秀文化相结合，以形成具有中国特色、中国风

[1] 恩格斯:《社会主义从空想到科学的发展》，人民出版社2014年版，第5页。
[2] 同上书，第6—7页。
[3] 同上书，第7页。
[4] 同上书，第9—10页。
[5] 同上书，第13页。

格和中国气派的马克思主义理论。

第一节　马克思主义的中国化

马克思主义的中国化，是马克思主义本土化的生动体现。马克思主义本土化就是把马克思主义基本原理同各国实际相结合，创造各具民族特色的具体道路、具体制度、具体政策、具体理论的过程。马克思主义被俄国人运用于俄国，就有马克思主义的俄国化。马克思主义被中国人运用于中国，就有马克思主义的中国化。把马克思主义运用于任何一个国家，都有本土化的问题。马克思主义本土化的运用和发展是以各国的具体实践为依托的。在理论层面是马克思主义基本原理同各国民族文化相结合的过程；在实践层面则是马克思主义同各国具体实践相结合，探寻制定具体的社会主义道路、政策、制度的过程。

1. 使马克思主义在中国具体化

马克思主义中国化，就是将马克思主义的基本原理同中国的具体实际相结合。具体而言，就是要使马克思主义与中国革命、建设和改革开放实践、中国历史、中国文化结合起来，使马克思主义在中国实践中的每一表现中都带有中国的特性，带有新鲜活泼的、为中国老百姓所喜闻乐见的中国作风和中国气派，使其在中国进一步民族化和具体化。

科学理论具有普遍的指导意义，任何科学理论的基本原理与它的实际运用之间都存在着普遍性与特殊性相统一的问题。马克思主义基本原理带有普遍性，它的实际运用却是具体化的。无论马克思主义是普遍性的，还是具体化的，都必须首先把它置于现实的基础之上。[1]

（1）真理总是具体的

马克思主义是放之四海而皆准的科学真理，任何科学的理论都是对一定历史条件下的实践经验的概括和总结，都是具有规律性的认识。马克思主义基本理论对于世界各个国家、各个民族具有普遍的指导意义。但这“指

〔1〕 恩格斯:《社会主义从空想到科学的发展》，人民出版社 2014 年版，第 51 页。

导意义”指的是它提供的是观察问题和处理问题的指导原则，而不可能是提供解决具体问题的现成答案。马克思强调：“正确的理论必须结合具体情况并根据现存条件加以阐明和发挥。”[1]恩格斯指出：“如果不把唯物主义方法当作研究历史的指南，而把它当作现成的公式，按照它来剪裁各种历史事实，那它就会转变为自己的对立物。”[2]列宁进一步阐发了这一观点，他指出，世上没有抽象的真理，真理总是具体的。马克思主义不是一成不变的和神圣不可侵犯的东西，“它只是给一种科学奠定了基础”，“它所提供的只是总的指导原理，而这些原理的应用具体地说，在英国不同于法国，在法国不同于德国，在德国又不同于俄国”。[3]

(2) 实践总是多样的

各国社会主义实践是多样化的，对马克思主义的实际运用要求具体问题具体分析。由于民族的历史的原因，各国的社会主义实践在经济条件、阶级条件、群众基础、发展进程等方面显现出丰富的多样性。科学把握本国的具体实际，是成功运用马克思主义指导本国实践的基础，无产阶级革命领袖都十分强调马克思主义运用的具体性。1869 年 3 月，针对国际工人协会所确定的行动一致问题，马克思指出：“因为同一个国家的工人的各种队伍和不同国家的工人阶级的发展水平必然是极不相同的，所以，实际运动也必然以十分不同的理论形式反映出来。”[4]列宁在批判共产主义运动中的“左派”幼稚病时指出，无产阶级的国际策略中心不能建立在斗争策略准则的千篇一律上，各国在运用共产党人的基本原则时，要“把这些原则在某些细节上正确地加以改变，使之正确地适应于民族的和民族国家的差别，针对这些差别正确地加以运用”。[5]他把这种方法概括为：“马克思主义的精髓，马克思主义的活的灵魂：对具体情况作具体分析。”[6]列宁认为，一切民族都将走向社会主义，这是不可避免的，但是一切民族的走法却不会完全一样，在民主的这种或那种形式上，在无产阶级专政的这种或那种形态上，在社会生活各方面的社会主义改造的速度上，每个民族都会有自己的特点。在中国

[1] 《马克思恩格斯全集》第 27 卷，第 433 页。
[2] 《马克思恩格斯选集》第 4 卷，人民出版社 1995 年版，第 688 页。
[3] 《列宁选集》第 4 卷，人民出版社 1995 年版，第 274—275 页。
[4] 《马克思恩格斯全集》第 32 卷，第 255 页。
[5] 《列宁选集》第 4 卷，人民出版社 1995 年版，第 200 页。
[6] 同上书，第 213 页。

新民主主义革命过程中，毛泽东指出："马克思主义的本本是要学习的，但是必须同我国的实际情况相结合。我们需要本本，但是一定要纠正脱离实际情况的本本主义。"〔1〕

(3) 表现形式总有特性

我们党一贯主张，要"使马克思主义在中国具体化，使之在其每一表现中带着必须有的中国的特性"〔2〕。在新时期，邓小平反复强调："马克思主义必须是同中国实际相结合的马克思主义，社会主义必须是切合中国实际的有中国特色的社会主义。"历史和现实证明，对马克思主义理论的运用必须从各个国家、各个民族的具体实际出发，理论才能发挥它的指导功能，与此相应，马克思主义本土化的理论形式也必然打上鲜明的民族特性。我们党赋予马克思主义的中国特性，正是为了实现马克思主义中国化的理论应用价值。

2. 马克思主义中国化需要融入中华文化的沃土

马克思主义是一个博大精深的科学理论体系，也是各国共产党人的行动指南。马克思主义的本土化使命，必定会面临一个在实践中如何"落地生根"的问题，因为任何理论束之高阁都是没有生命力的。马克思主义一旦"落地生根"，便会在各国的土地上衍生出各具特色的不同表现形式，这就是马克思主义本土化的价值与生命力之所在。

马克思主义在各国的实际应用过程中，必然是具有民族形式的。这里所谓民族形式，主要指其所体现的文化传统和话语体系而言。毋庸置疑，马克思主义体现了欧洲文化传统和特定语言习惯。因此，推进马克思主义的本土化，必须将马克思主义一般原理具体化、民族化。特别是像中国这样经济落后的东方人口大国，历经五千年的中华文化，积淀着中华民族最深层的精神追求，蕴藏着丰富的智慧和养分。马克思主义中国化需要深深融入中华文化的优良传统之中。

马克思主义中国化，就是与中华文化交汇、交融的过程。我们不仅要把马克思主义经典著作译为中文，而且最重要的是要用中国文化传统和语言习惯来表述、阐释马克思主义。使马克思主义在内容和形式上符合中国的文化传统和语言习惯，成为中国大众所喜闻乐见的理论形式。我们不仅要

〔1〕《毛泽东选集》第1卷，人民出版社1991年版，第111—112页。
〔2〕《毛泽东选集》第2卷，人民出版社1991年版，第534页。

将马克思主义一般原理与中国的具体实际相结合，与中国的发展状况和人民群众的素质状况相符合，化马克思主义大道理为人民群众喜闻乐见、易懂易行的“小道理”，而且要将马克思主义与中华民族的价值取向和思维方式融合，与中华民族的思维模式、价值取向、行为方式结合起来，使马克思主义具有中华文化的特质、打上中华民族的烙印，成为人民群众普遍认同和遵循的指导思想、价值理念、精神支柱，让马克思主义在中华大地上扎根、开花和结果。

党的十八大以来，习近平在讲话和著述中，高度重视弘扬中华优秀传统文化，并将其作为治国理政的重要思想文化资源，成为中国特色社会主义道路自信、理论自信、制度自信和文化自信的重要源泉。

3. 不断推进马克思主义中国化的历史进程

在中国共产党内，毛泽东最早提出了马克思主义中国化的命题和任务。1938年10月，毛泽东在中共六届六中全会的政治报告《论新阶段》中指出：“离开中国特点来谈马克思主义，只是抽象的空洞的马克思主义。因此，马克思主义的中国化，使之在每一表现中带着必须有的中国的特性，即是说，按照中国的特点去应用它，成为全党亟待了解并亟待解决的问题。”〔1〕

马克思主义中国化是一个漫长而艰难的历史进程。在一定意义上，中国共产党的历史就是一部探索和推进马克思主义中国化，并在实践中不断丰富和发展马克思主义中国化创新理论成果的历史。

在中国共产党的幼年时期，由于理论准备和实践经验都不足，我们党对于中国的历史和社会状况、中国革命的特点和规律都不甚了解，或者知之不深，还不善于将马克思列宁主义的理论同中国革命的实践相结合，使中国革命走了一些弯路，出现了严重的曲折。遵义会议以后，在以毛泽东为核心的党中央正确领导下，党领导的中国革命事业逐步走上了正轨，马克思主义中国化也开创了新的局面。

在中国共产党领导中国新民主主义革命的过程中，以毛泽东为主要代表的中国共产党人，把马克思列宁主义的基本原理同中国革命的具体实际结合起来，创立了毛泽东思想，第一次实现了马克思主义的中国化。在毛泽东思想指引下，中国共产党领导全国各族人民，取得了新民主主义革命的胜利，建立了人民民主专政的中华人民共和国；顺利地进行了社会主义改造，

〔1〕《中共中央文件选集》第11卷，中共中央党校出版社1986年版，第202页。

确立了社会主义基本制度；发展了社会主义的经济、政治和文化，初步探索了社会主义工业化的道路。

党的十一届三中全会以来，以邓小平为主要代表的中国共产党人，在总结国内外社会主义建设的历史经验特别是改革开放以来的新鲜经验的基础上，初步回答了“什么是社会主义、怎样建设社会主义”这个首要的基本问题，逐步形成了建设中国特色社会主义的路线、方针、政策，开辟了中国特色社会主义道路，创立了邓小平理论，为推进马克思主义中国化作出了杰出的贡献。

党的十三届四中全会以来，以江泽民为主要代表的中国共产党人，根据国内外形势和党的历史方位的新变化，进一步回答了什么是社会主义、怎样建设社会主义和建设什么样的党、怎样建设党的问题，深化了对中国特色社会主义的认识，形成了“三个代表”重要思想，实现了党的指导思想的又一次与时俱进。

党的十六大之后，胡锦涛立足 21 世纪新的历史条件，总结内外发展的经验和教训，适应科学发展、和谐发展、和平发展的新要求，提出了“科学发展观”等重大战略思想，进一步回答了实现什么样的发展、怎样发展这一关系到中国未来前途和命运的重大问题，深化了党对共产党执政规律、社会主义建设规律、人类社会发展规律的认识，继续推进着马克思主义中国化的发展进程。

党的十八大以来，以习近平同志为核心的党中央，思接千载、视通万里，高瞻远瞩、运筹帷幄，科学把握当今世界和当代中国发展大势，提出“四个全面”战略布局，创立了习近平新时代中国特色社会主义思想，实现了马克思主义与今天中国实践相结合的新飞跃，是马克思主义中国化的又一创新成果。正如习近平所说：“中华民族是具有非凡创造力的民族，我们创造了伟大的中华文明，我们也能够继续拓展和走好适合中国国情的发展道路。全国各族人民一定要增强对中国特色社会主义的理论自信、道路自信、制度自信，坚定不移沿着正确的中国道路奋勇前进。”〔1〕

中国共产党在领导中国革命、建设和改革的长期实践中，实现了马克思主义同中国实际相结合的两次历史性飞跃，产生了两大理论成果。第一次飞跃的理论成果是毛泽东思想，是被实践证明了的关于中国革命和建设的

〔1〕《习近平谈治国理政》，外文出版社 2014 年版，第 40 页。

正确的理论原则和经验总结。第二次飞跃的理论成果是中国特色社会主义理论体系，包括邓小平理论、“三个代表”重要思想、科学发展观等重大战略思想。现在，中国共产党带领全国人民站在新的历史起点上，继续发展“21世纪中国的马克思主义”。

第二节　马克思主义的时代化

自1848年2月《共产党宣言》发表至今，马克思主义已经走过了160多年的发展历程。在这一个半多世纪的沧桑岁月中，众多以破解社会难题为己任的思想理论相继登场，有的如昙花一现，有些是各领风骚几十年便退出了历史舞台。而马克思主义诞生以来，尽管各种反马克思主义的势力对它的“围剿”从来没有停止过，但它却始终保持着强大的生命力，依然闪耀着真理的光辉，始终没有离场。其根本原因就在于马克思主义具有开放性和创造性的特点，它永远与自己时代的现实世界紧密结合在一起，在关注和研究自己时代提出的重大课题中发展自身，从而使自己永远不落后于时代。换言之，马克思主义能永葆生命力的秘诀就在于一代又一代的马克思主义者与时俱进自觉地推动马克思主义的时代化。

1. 马克思主义时代化的科学内涵

时代是变动着的历史和变动着的世界，从哲学角度讲，就是变动着的时间和变动着的空间在当前的某一特定时刻。〔1〕马克思主义时代化，就是把马克思主义同当前时代的发展、同当前时代的特征结合起来，使之能够适应时代需要、把握时代脉搏、回答时代课题。〔2〕马克思主义回答时代问题的一个基本原则就是要根据时代特征、历史条件和各国、各民族具体的国情和实际情况运用马克思主义的立场、观点、方法，探索适合自己的道路。马克思主义只有与时代发展同进步、与一国国情相结合、与人民群众共命运，才能焕发出强大的生命力、创造力和感召力。

---

〔1〕 张建:《不断推进马克思主义时代化》,《前沿》2010年第7期。

〔2〕 何毅亭:《推进马克思主义中国化、时代化、大众化》,《人民日报》2009年10月27日。

伟大的实践催生科学的理论，科学的理论指导伟大的事业。马克思主义创始人昭示我们，“一切划时代的体系的真正的内容都是由于产生这些体系的那个时期的需要而形成起来的。所有这些体系都是以本国过去的整个发展为基础的，是以阶级关系的历史形式及其政治的、道德的、哲学的以及其他的后果为基础的”。[1]马克思主义产生于资本主义社会经济发展的一个特定的阶段——机器大工业的社会化生产的新的阶段。马克思主义是无产阶级争取自身解放和整个人类解放的科学理论，是关于无产阶级解放斗争的性质、目的和条件的学说，是由一系列基本理论、基本观点和基本方法构成的完整的科学体系。

20世纪90年代以信息技术为标志的科技革命浪潮蓬勃兴起，世界形势发生了深刻的变化。社会历史进入全球化背景下的社会信息化时代，世界各国联系日益紧密，知识经济迅猛发展，和平与发展成为时代主题。马克思主义在新形势下受到了挑战，重新思考马克思主义理论中的一些问题，回答实践中提出的新问题，是马克思主义时代化的重要任务。站在新世纪新起点上，积极应对马克思主义受到的挑战，根据变化了的实际情况，重新思考马克思主义理论中的一些问题，认识时代新情况，反映时代新特征，回应时代新问题，开拓马克思主义新视野，总结新规律，赋予马克思主义时代新内容，实现马克思主义的时代化，是当前马克思主义者面临的重要任务。

2. 马克思主义时代化呈现动态发展的历时性

理论与实践的统一，不但是具体的，也是历史的。这一“统一”不是一成不变的，而是动态的统一。

首先，理论思维具有时代性。恩格斯在《自然辩证法》中指出，“每一个时代的理论思维，从而我们时代的理论思维，都是一种历史的产物，它在不同的时代具有完全不同的形式，同时具有完全不同的内容”。[2]因此，科学理论不是一种一劳永逸地完成的“永恒真理”，而是“一种历史的科学”。对事实的观察，“我们只能在我们时代的条件下去认识，而且这些条件达到什么程度，我们才能认识到什么程度”。[3]马克思主义是庞大而严整的科学体系，其理论内容包含着多个层次，根据其反映范围的广度和对工人阶级实现

〔1〕《马克思恩格斯全集》第3卷，第544页。
〔2〕《马克思恩格斯选集》第4卷，人民出版社1995年版，第284页。
〔3〕同上书，第337—338页。

历史使命的实践活动的意义，大体可分为三层次：哲学基本原理、基本原理和具体策略原则。哲学基本原理指包括辩证唯物主义和历史唯物主义的科学世界观和方法论，这是具有最广泛的指导意义和最为稳定的部分；基本原理是对某一领域或者某一历史阶段的普遍规律的反映，这些原理要随着实践的发展不断丰富和充实其内容，如“社会主义革命理论”的应用在不同国家不同时期有不同的表现；具体策略原则，主要是他们针对当时工人运动具体实践提出的，时效性较短，如《共产党宣言》第四章关于共产党人对待各种反对党派的态度的论述，马克思和恩格斯在《共产党宣言》1872 年德文版序言中，就指出它们虽然在原则上是正确的，但随着形势的发展“就其实际运用来说今天毕竟已经过时”。[1]

其次，社会生活条件不断变化。实践是理论认识的基础和源泉，而实践又是具体的和历史的，社会实践永无止境，理论发展也永无止境。马克思主义的创立是以一定的历史背景为基础的，其经济基础、阶级基础和群众基础等都是随着实践的发展而不断变化的。列宁在《论马克思主义历史发展中的几个特点》中指出，马克思主义往往被人忽视的那一方面，即“我们的学说不是教条，而是行动的指南”，这个经典性的观点深刻“反映社会生活条件的异常剧烈的变化。这种变化的反映就是深刻的瓦解、混乱、各种各样的动摇，总而言之，就是马克思主义运动的极端严重的内部危机”。如果不坚决地反对这种瓦解，捍卫马克思主义的基础，那么“在社会生活各方面重新估计一切价值，结果引起了对马克思主义的最抽象和最一般的哲学基本原理的修正”。[2]而要有效地反对这种瓦解，不是用“空谈”而是要让广大人民群众真正掌握以马克思主义基本原理为指南来回答实际生活提出的新问题。这说明，马克思主义理论必须反映不断变化的社会生活才有生命力。邓小平指出：“绝不能要求马克思为解决他去世之后上百年、几百年所产生的问题提供现成答案。列宁同样也不能承担为他去世以后五十年、一百年所产生的问题提供现成答案的任务。真正的马克思列宁主义者必须根据现在的情况，认识、继承和发展马克思列宁主义。”[3]这同样说明，时代条件的变化客观上要求不断发展马克思主义理论。

---

〔1〕《马克思恩格斯选集》第 1 卷，人民出版社 1995 年版，第 249 页。

〔2〕《列宁选集》第 2 卷，人民出版社 1995 年版，第 281 页。

〔3〕《邓小平文选》第 3 卷，人民出版社 1993 年版，第 291 页。

3. 在新的历史条件下不断推进马克思主义时代化

马克思主义是一种先进的、开放的思想体系，我们推进马克思主义时代化必须在紧密结合时代特征、准确把握时代主题中获得新认识，必须在吸收人类优秀文明成果过程中获得新发展，必须在把握世界科技最前沿中拓宽新视野，必须在我国改革开放和社会主义建设实践中获得新论断，必须在我国民族文化土壤里获得新活力。

(1) 马克思主义时代化需要顺应时代主题的变化

马克思主义诞生160多年来，始终立足现实基础，把握世界潮流，坚持与时代发展同进步，体现与时俱进的理论品质。马克思主义科学分析时代条件，准确把握世界主题，积极回应现实挑战，从而焕发出强大的生命力、创造力、感召力，成为广大人民群众认识和改造世界的强大思想武器。

20世纪70年代末，邓小平精辟分析和平与发展成为当今世界主题的新形势，深刻阐明争得较长时间和平环境进行国内建设的必要性和可能性，准确把握当今世界是开放的世界、任何国家的发展都离不开世界的时代趋势，为我们一心一意搞社会主义现代化建设、实行对外开放以借鉴和吸收人类社会创造的一切文明成果奠定了科学基础。改革开放30多年来，我国取得了举世瞩目的发展成就，中华民族大踏步赶上时代进步潮流。中国特色社会主义理论体系，正是在和平与发展成为世界主题的历史条件下，在我国改革开放和现代化建设波澜壮阔的伟大实践中，总结我国社会主义建设正反两方面历史经验和改革开放以来新鲜经验，并借鉴其他社会主义国家兴衰成败经验教训的基础上逐步形成和发展起来的。“毛泽东思想、邓小平理论、‘三个代表’重要思想、科学发展观都是在实践基础上的理论创新。我们要继续与时俱进，推进马克思主义不断发展。”[1]坚持马克思主义，坚持社会主义，一定要有发展的观点。因为，“我们的事业越前进、越发展，新情况新问题就会越多，面临的风险和挑战就会越多，面对的不可预料的事情就会越多。”[2]我们必须积极回应这些时代挑战，解决这些时代问题，并在积极推进对重大理论和实际问题的研究和突破中，将时代问题“化”入科学理论之中，同时将最新理论“化”入时代问题之中。

---

〔1〕《习近平在七大会址论党的实践创新和理论创新：永无止境》，人民网，2015年2月15日。

〔2〕《习近平谈治国理政》，外文出版社2014年版，第23页。

（2）马克思主义时代化需要符合世界文明的趋势

当代马克思主义不可能离开人类必须共同面对的世界性课题、离开各国人民创造的优秀文明成果而独立发展。人类本是一个大家庭。一个民族，疆域不论大小，历史无拘长短，只要其告别蒙昧时代、走向文明未来，必然要适应人类文明发展趋势，与世界各民族携起手来，共同推动人类历史的进步。当代世界呈现多元文明并存，文化多样化发展的趋势。每一种文明和文化各具特征，都有自己的价值观和文化取向。正如习近平所说，"阳光有七种颜色，世界也是多彩的。人类在漫长的历史长河中，创造和发展了多姿多彩的文明"，"人类文明因多样才有交流互鉴的价值"。[1]在21世纪，中国与世界的联系从来没有像今天这样紧密，相互之间的影响从来没有像今天这样直接。因此，我们推进马克思主义时代化，必须着眼树立世界眼光，重视从世界与中国的双重维度去观察、思考和解决问题。纵览国际风云，研判时代特征，洞悉发展先机，科学预见未来，深入关注世界文明的发展趋势，认真学习借鉴世界各国包括资本主义国家创造的一切文明成果，善于吸收不同文明中科学、进步的合理成分；深入研究隐藏在世界大发展大变革大调整背后的机遇和挑战；深入研究人类共同面临的发展问题、资源环境问题、安全问题，弄清这些问题的产生原因、表现形式、发展动态、治理对策；深入研究别国政党执政兴衰的经验教训，尤其是科学管党治党的成功经验，使马克思主义在海纳百川、博采众长中不断焕发新的生机和活力。

（3）马克思主义时代化需要站在现代科技的前沿

马克思主义是人类文明发展和现代科技创新的必然产物，同时，马克思主义又对科学技术的发展做出了辩证唯物主义的解释，促进科学技术造福于人类。我们正面对一个以变革、调整、创新为显著特征的时代。现代科学技术进步日新月异，信息技术、生物技术、新材料技术、新能源技术、航空航天技术、海洋技术、量子通信、智能制造和机器人、脑科学、健康保障等领域的新发明、新技术层出不穷。知识生产、知识传播不断加速，知识和人才成为社会发展进步的第一资源，知识经济、创意产业成为重要经济形态，创新能力成为综合国力和国际竞争力的核心因素。特别是高新技术创新和发展，将对一个国家或一个地区的政治、经济和军事等各方面的进步产生重大而深远的影响。

---

〔1〕《习近平谈治国理政》，外文出版社2014年版，第258页。

现代科技革命对当代马克思主义发展具有强大推动作用,它丰富和深化了马克思主义的基本原理,拓宽了马克思主义的研究领域,引入了现代科学研究的新方法。因此,推进马克思主义时代化,我们需要站在现代高新科技的前沿,深刻认识新的科技革命浪潮对人类社会发展的重大作用,敏锐把握科学技术重大突破给经济社会乃至人们思维方式带来的深刻影响,善于运用最新的科学思想和科技素材拓宽马克思主义的视野、丰富马克思主义的内涵。

历史要前进,时代要发展,"马克思主义必定随着时代、实践和科学的发展而不断发展","社会主义从来都是在开拓中前进的"。〔1〕我们必须以宽阔的视野、宽阔的思路、宽阔的胸襟,认识和把握世界与中国发展的大势,丰富和发展中国特色社会主义理论体系,为推动党和国家事业发展提供科学理论指导和强大思想保障。

第三节　马克思主义的大众化

马克思主义大众化的基本功能,就是面向人民大众通俗传播马克思主义。恩格斯写的《社会主义从空想到科学的发展》以通俗化方式进行马克思主义的普及教育,使工人群众了解、理解和运用马克思主义,取得了意想不到的效果。习近平指出:"马克思主义大众化,就是把马克思主义理论用简单质朴的语言讲清楚、用群众喜闻乐见的方式说明白,使之更好地为广大党员和群众所理解、所接受。"〔2〕马克思主义大众化,最重要的目的就是使广大人民群众从理性和感情上接受马克思主义所揭示的社会发展规律、历史进步趋势、人类美好理想及其在马克思主义指导下制定的路线、战略、方针政策的正确性和合理性,使之成为认识和改造世界的强大思想武器。

1. 中国共产党推进马克思主义大众化的优良传统

实现马克思主义大众化不仅仅是把马克思主义引入到中国来,也不光

〔1〕《习近平谈治国理政》,外文出版社 2014 年版,第 23 页。

〔2〕习近平:《关于建设马克思主义学习型政党的几点体会和认识》,《学习时报》2010 年 9 月 19 日。

是使先进的知识分子掌握马克思主义，更重要的目标和效果是使中国化的马克思主义在各个领域、各个角落得到广泛的传播，并使人民群众掌握马克思主义的立场、观点和方法。为了实现这样的目标，中国共产党从诞生开始，就为此做出了不懈的努力，展现了超人的智慧，也积累了许多宝贵的经验。

(1) 革命时期马克思主义大众化的成功经验

俄国十月革命一声炮响，给中国送来了马克思列宁主义。但是，马克思主义究竟是一个什么样的学说和思想？为什么可以作为中国革命的指导思想？在中国共产党建党初期，一大批最早接触马克思主义的先进知识分子和共产党人作出了艰辛的探索和努力。他们一是积极创办宣传马克思主义的报刊，如陈独秀主办的《新青年》杂志等，以通俗易懂的白话文尽量全面地翻译和传播马克思主义的理论著述；二是积极创办进步社团和学习机构，建立宣传马克思主义的主阵地；三是勇敢参与论战，在思维碰撞和思想争辩中闪耀马克思主义的真理光芒，彰显马克思主义的革命性和批判性。

在中央苏区时期，中国共产党人通过广泛建立各种各样的宣传组织，比如工农俱乐部、列宁室、工农夜校等，采用会议、戏剧、墙报、标语等具有鲜明特色、易被掌握，富有吸引力、创新性和实用性的传播方式，实现马克思主义与工农群众的紧密结合。经过这些大众化、接地气的措施，有效发挥了马克思主义的"教育功能"与"动员功能"，灌输了科学理论，提高了民众的思想政治水平，马克思主义在中央苏区逐渐立住了脚跟，且被广大人民群众所掌握，苏区人民的精神面貌得到了实质性的转变，革命事业得到巩固和发展。

在延安时期，马克思主义的中国化、时代化与大众化有机结合，党的指导思想创新获得了重大突破，毛泽东思想载入党的七大党章，成为指引中国新民主主义革命的光辉旗帜。在这一阶段，马克思列宁主义、毛泽东思想的大众化普及工作取得了前所未有的辉煌成就。"创造性的马克思主义"，是延安时期马克思大众化的理论基石；"坚持真理，修正错误"，是延安时期马克思主义大众化的内在要求；"给人民以看得见的物质福利"，是延安时期马克思主义大众化的实践保证；"把人民的文化提高到一个必要的程度"，是延安时期马克思主义大众化的重要抓手；"善于使用一切宣传手段"，是延安时期马克思主义大众化的有效路径。[1]这一时期，党报成为党的宣传鼓动工

〔1〕 马福运：《延安13年：马克思主义大众化的经验探索》，《中国社会科学报》2015年3月2日。

作最有力的喉舌。毛泽东特别强调报纸在宣传过程中的重要作用，要求“中央同志要善于利用报纸，要有一半的时间用在报纸上”。[1]他亲自指导了《解放日报》的整风改革，并成为该报的重要撰稿人。另外，当时还特别注重运用标语、口号、宣传画、演讲、文艺演出等多种群众喜闻乐见的形式传播中国化的马克思主义。毛泽东曾总结说，要在“第一口头讲话，第二贴布告，第三写标语，第四出传单，第五演新剧，第六墙报上做文章”。[2]通过宣传形式的多样化和通俗化，将马克思主义灌输和渗透到广大党员干部和人民群众的心中，成为指导革命运动有力的理论武器。

(2) 社会主义建设时期马克思主义大众化的基本经验

新中国成立后，中国共产党由革命党变成执政党，用马克思列宁主义、毛泽东思想教育人民群众，领导全国人民进行生产资料社会主义改造、开展社会主义现代化建设成为新的历史任务和时代主题。围绕这一主题，我们党在马克思大众化过程中形成了一系列新的做法。一是用社会主义全面建设的实践成果，树立起马克思列宁主义、毛泽东思想的指导性权威，增强它们在人民群众中的说服力、感召力和吸引力。二是建设和完善覆盖全社会的马克思主义教育体系和宣传体系。三是充分发挥社会主义意识形态部门和广大思想理论工作者的重大作用，高度重视有关马克思列宁主义、毛泽东思想通俗著作和文章的撰写、出版和发表。四是针对不同阶层的需求和特点，根据不同的文化程度和工作性质，对理论教育和宣传提出不同的要求，采取不同的方法。五是确立马克思主义在社会主义意识形态领域的指导地位，坚持以马克思主义占领思想文化阵地，同时，坚决地批判各种非马克思主义、反马克思主义的错误思潮和反动思想，及时肃清其负面影响。这些成功的经验和做法，有力地巩固了社会主义制度，推动了社会主义现代化事业的健康发展。可惜，后来在“左”的思想路线的干扰下，马克思主义大众化的工作一度出现了形式主义、教条主义、简单化、庸俗化等不良风气，带来了严重后果和深刻教训。

(3) 改革开放时期马克思主义大众化的创新经验

在改革开放新时期，伴随着党的国家事业的蓬勃发展和分“三步走”实现社会主义现代化强国的目标追求，马克思主义大众化的理论需求更加旺

---

[1] 《毛泽东文集》第3卷，人民出版社1996年版，第11页。

[2] 《毛泽东文集》第1卷，人民出版社1996年版，第271页。

盛。同时，伴随着人们文化程度的提高，公民意识的增强，价值观念的多元，思想状况的差异性明显增强，马克思主义大众化的理论需求趋于多样化。我们党积极推进邓小平理论、“三个代表”重要思想以及科学发展观的学习、宣传和贯彻，主要经验就是科学理论的通俗化与传播媒介的现代化、社会信息化的时代潮流紧密结合。现代媒体、网络平台用先进思想理论武装干部群众的头脑，将中国特色社会主义理论体系转化为大众坚定的理想信念、共同的价值取向，作出了不可磨灭的巨大贡献。改革开放以来，我国陆续推出了一批优秀通俗理论读物及电视理论作品。例如，中宣部推出的大众化系列著作，从《干部群众关心的25个理论问题》、《理论热点面对面》到《划清“四个重大界限”》，从《六个“为什么”》到《七个“怎么看”》，其中一个突出特点，就是不仅说给人们“怎么看”，而且指出“为什么”、教给人们“怎么办”。这是用马克思主义立场观点方法解决实际问题能力的具体体现，是用党的理论创新成果指导实践的内在要求。这些努力，廓清了模糊认识，消除了思想疑虑，宣传普及了党的创新理论，对于统一思想，凝聚力量，推动当代中国马克思主义大众化发挥了重要作用，积累了新鲜经验。

2. 21世纪马克思主义大众化面临的挑战与出路

党的十八大以来，我们党开启了以“四个全面”推进中国特色社会主义伟大事业的新征程，提出了在中国共产党建立一百周年时全面建成小康社会，在中华人民共和国成立一百周年时建成社会主义现代化强国，实现中华民族伟大复兴中国梦的宏伟目标。当前，我国继续推进马克思主义大众化的发展态势总体上是好的，但是，伴随着全球化的推进，国际国内出现了不少新情况新问题，21世纪的马克思主义大众化面临许多新课题新挑战。

(1) 当前马克思主义大众化面临的严峻挑战

第一，社会思潮和思想意识形态日益多元化。

随着我国改革开放事业的深入推进、经济结构的迅速转型，社会结构也在发生着巨大的变化，而这些变化不可避免地折射、反映在人们的头脑当中。一方面，人们的思维活动越来越具有独立性、选择性、多变性和差异性，另一方面，社会思想观念、价值取向也呈现出多样化的特点。在意识形态领域，各种非马克思主义、甚至反马克思主义的思潮和理论也在滋长蔓延，这些思潮和理论影响到了学界、高校，甚至普通民众，就会造成人们情绪上的波动和思想上的困惑。同时，拜金主义、享乐主义、极端个人主义等错误思想也在滋长，对此都是需要我们必须正视和警惕的。

第二，部分干部群众政治意识弱化、理想信念缺失。

多元化的思潮和错误价值观念对部分群众的政治信仰造成冲击，导致部分干部群众信念弱化、信仰缺失。有一些人以批评和嘲讽马克思主义为"时尚"、为噱头；有一些人认为共产主义是虚无缥缈的幻想，理想信念缺失，甚至将自己的未来交给封建迷信，热衷于算命看相、求神拜佛；有的心为物役，信奉金钱至上、名利至上、享乐至上，心里没有任何敬畏，行为没有任何底线。高校青年学生的思想也受到了很大的冲击。究其原因，主要表现在：第一，马克思主义的无用论、过时论，西方文明优越论，所谓的普世价值观念，新自由主义等社会思潮在一部分群众中有一定市场；第二，作为马克思主义大众化主要阵地的高校思想政治课教学刻板化、形式化、空洞化、批判化；第三，作为培训党员领导干部主渠道的党校，在实际工作中还存在着"主业主课不突出"、"教学针对性实效性不强"等问题。〔1〕

第三，新媒体时代的信息失准和管理失范。

所谓新媒体，指的是以网络作为媒介，有别于传统的报纸、杂志、广播、电视等传统媒体形式的新媒体形态。主要表现形式为数字杂志、数字广播、手机信息、网络音视频及网站信息等。新媒体是今天大多数中国普通百姓获取知识、信息，形成对社会认知的主要途径。目前，"中国有6.7亿网民、413万多家网站，网络深度融入经济社会发展、融入人民生活"。〔2〕互联网对个人生活方式的影响进一步深化，从基于信息获取和沟通娱乐需求的个性化应用，发展到与医疗、教育、交通等公用服务深度融合的民生服务。〔3〕新媒体在舆论宣传方面呈现出明显的双刃剑效应，新媒体为了吸引受众注意力，可能会导致黑色、灰色、黄色等负面消息、负面舆论的快速扩展，而这些负面的内容极易造成人们认识的偏差和失范。西方反华势力一直妄图将互联网打造为"扳倒中国"的平台，多年前就有人声称"只要有了互联网，对付中国就有了办法"，"社会主义国家投入西方怀抱，将从互联网开始"。所以说，新媒体时代的到来给我们的主流意识形态建设和马克思主义大众化工作既带来了难得机遇又带来了严峻挑战。

---

〔1〕《中共中央关于加强和改进新形势下党校工作的意见》，《人民日报》2015年12月14日。

〔2〕习近平：《在第二届世界互联网大会开幕式上的讲话》，《人民日报》2015年12月17日。

〔3〕数据来源自中国互联网络信息中心(CNNIC)于2015年7月23日发布的《第36次中国互联网络发展状况统计报告》。

（2）以创新精神持续推进马克思主义大众化

落后就要挨打，贫穷就要挨饿，失语就要挨骂。形象地讲，长期以来，我们党带领人民就是要不断解决“挨打”、“挨饿”、“挨骂”这三大问题。经过几代人不懈奋斗，前两个问题基本得到解决，但“挨骂”问题还没有得到根本解决。争取国内外理论传播的话语权是我们必须解决好的一个重大问题，我们必须以改革创新精神持续推进马克思主义大众化。

第一，高度重视哲学社会科学，发展21世纪马克思主义。

高度重视哲学社会科学，深入研究当代中国的马克思主义，是推进马克思主义大众化的重要前提和坚实基础。支撑马克思主义话语体系的基础，是哲学社会科学体系。没有自己的哲学社会科学体系，就没有话语权。哲学社会科学是人们认识世界、改造世界的重要工具，是推动历史发展和社会进步的重要力量，其发展水平反映了一个民族的思维能力、精神品格、文明素质，体现了一个国家的综合国力和国际竞争力。我们党历来高度重视哲学社会科学。党的十八大以来，党中央继续制定政策、采取措施，大力推动哲学社会科学发展。广大哲学社会科学工作者解放思想、实事求是、与时俱进，坚持以马克思主义为指导，坚持为人民服务、为社会主义服务方向和百花齐放、百家争鸣方针，深入研究和回答我国发展和我们党执政面临的重大理论和实践问题，推出一大批重要学术成果，为坚持和发展中国特色社会主义作出了重大贡献。

历史表明，社会大变革的时代，一定是哲学社会科学大发展的时代。当代中国正经历着我国历史上最为广泛而深刻的社会变革，这是一个需要理论而且一定能够产生理论的时代，这是一个需要思想而且一定能够产生思想的时代。我们不能辜负了这个时代。马克思主义中国化、时代化、大众化取得了重大成果，但还远未结束。我国哲学社会科学的一项重要任务就是继续推进和发展21世纪马克思主义、当代中国马克思主义。一切有理想、有抱负的哲学社会科学工作者都应该立时代之潮头、通古今之变化、发思想之先声，积极为党和人民述学立论、建言献策，担负起历史赋予的光荣使命。

第二，把握时度效，弘扬正能量。

当前，马克思主义大众化的根本任务是要深入开展中国特色社会主义理论体系的宣传教育，把全国各族人民团结和凝聚在中国特色社会主义伟大旗帜之下。要积极培育和践行社会主义核心价值观，全面提高公民道德素质，培育知荣辱、讲正气、作奉献、促和谐的良好风尚。我们正在进行具有许多新的历史特点的伟大斗争，面临的挑战和困难前所未有，必须坚持巩固壮大主流思想舆论。要充分发挥课堂、报刊、网站、出版物等阵地优势，坚持在重大政治原则和大是大非问题上净化“噪音”、“杂音”，弘扬主旋律，传播正能量。关键是要提高马克思主义大众化的质量和水平，把握好时、度、效，增强吸引力和感染力，让群众爱听爱看、产生共鸣，充分发挥思想理论的正面宣传鼓舞人、激励人的作用，激发全社会团结奋进的强大力量。

第三，创新工作方式，提高宣传技巧。

有效而广泛的宣传是推进马克思主义大众化的重要路径和战略举措。宣传思想工作创新，重点要抓好理念创新、手段创新、基层工作创新，努力以思想认识新飞跃打开工作新局面，积极探索有利于破解工作难题的新举措新办法，把创新的重心放在基层一线。[1]“要精心做好对外宣传工作，创新对外宣传方式，着力打造融通中外的新概念新范畴新表述，讲好中国故事，传播好中国声音。”[2]在全面对外开放的条件下做宣传思想工作，一项重要任务是引导人们更加全面客观地认识当代中国、看待外部世界。宣传阐释中国特色，要讲清楚每个国家和民族的历史传统、文化积淀、基本国情不同，其发展道路必然有着自己的特色；讲清楚中华文化积淀着中华民族最深沉的精神追求，是中华民族生生不息、发展壮大的丰厚滋养；讲清楚中华优秀传统文化是中华民族的突出优势，是我们最深厚的文化软实力；讲清楚中国特色社会主义植根于中华文化沃土、反映中国人民意愿、适应中国和时代发展进步要求，有着深厚历史渊源和广泛现实基础。要把握时度效，坚持辩证法，引导广大群众多看主流，不受支流支配；多看光明面，不受阴暗点影响；多看本质，不受表面现象迷惑。对我国传统文化，对国外的东西，要坚持古为今用、洋为中用，去粗取精、去伪存真，经过科学的扬弃后使之为我所用。

第四，克服本领恐慌，占领重要阵地。

马克思主义大众化是社会主义意识形态建设的一个系统工程，需要有责任意识、阵地意识。在新形势下推进马克思主义大众化要根据形势发展需要，将网上舆论工作作为宣传工作的重中之重来抓。要解决好“本领恐慌”问题，真正成为运用现代传媒新手段新方法的行家里手。要深入开展网

〔1〕《习近平谈治国理政》，外文出版社 2014 年版，第 155 页。
〔2〕同上书，第 156 页。

上舆论斗争，严密防范和抑制网上攻击渗透行为，组织力量对错误思想观点进行批驳。要增强阵地意识，对网上红色地带，要巩固和拓展，不断扩大其社会影响。对黑色地带，要勇于进入，钻进铁扇公主肚子里斗，逐步推动其改变颜色。对灰色地带，要大规模开展工作，加快使其转化为红色地带，防止其向黑色地带蜕变。

推进马克思主义大众化，要坚持全党动手，人人守土有责。习近平在全国宣传思想工作会议上强调，“我们必须把意识形态工作的领导权、管理权和话语权牢牢掌握在手中，任何时候都不能旁落。”要树立“大宣传”的工作理念，动员各条战线各个部门一起来做，把宣传思想工作同各个领域的行政管理、行业管理、社会管理更加紧密地结合起来。要占领“道义”制高点，把握领导权，各级党委要负起政治责任和领导责任；要占领“阵地”制高点，掌握管理权，宣传思想部门工作要强起来，真正成为让人信服的行家里手；要占领舆论制高点，掌握话语权，党校、干部学院、社会科学院、高校、理论学习中心组等都要把马克思主义作为必修课，成为马克思主义学习、研究、宣传的重要阵地。〔1〕

马克思主义的发展历程、中国化马克思主义的发展历程都告诉我们：社会实践是不断发展的，我们的思想认识也必须不断前进，不断根据实践要求进行创新。当前，最重要的就是准确把握改革发展所呈现出的一系列新的阶段性特征，立足我国改革开放和社会主义现代化建设的伟大实践，以我们正在做的事情为中心，着眼于马克思主义理论的实际运用，着眼于对实际问题的理性思考，着眼于新的实践和新的发展，深入研究和回答重大理论和现实问题，不断把党带领人民创造的成功经验上升为理论，在理论与实践的双重探索中不断推进马克思主义中国化、时代化、大众化的历史进程，从而保证我们党始终走在时代前列。

〔1〕《习近平谈治国理政》，外文出版社2014年版，第154、156页。

附录
传奇人生和伟人风范

弗里德里希·恩格斯(Friedrich Von Engels，1820 年 11 月 28 日至 1895 年 8 月 5 日)。德国思想家、哲学家、革命家、教育家，马克思主义创始人之一。马克思的亲密战友，是国际无产阶级运动的伟大领袖和革命导师。恩格斯的一生充满传奇色彩，是全世界无产阶级和人民大众最敬仰的世纪伟人。马克思曾说过“恩格斯是当代社会主义最杰出的代表人物之一”。[1]列宁也曾说过：“恩格斯是共产主义的创始人之一”。[2]恩格斯的思想理论和浩瀚著述，至今仍然闪耀着真理的光辉，指引我们前进的方向。

第一节 传奇人生

1820 年 11 月 28 日，恩格斯诞生于普鲁士王国莱茵省的巴门市(今乌培塔尔市)。父亲是工厂主，虔诚的基督徒，带有普鲁士贵族血统。母亲心地善良，遵守礼教，喜爱文学和历史。1837 年，被父亲命令从中学辍学，到营业所学习和从事他厌恶的经商活动。恩格斯坚持博览群书，勤奋好学，自学成才。从 1842 年底到 1844 年，恩格斯开始全面地从唯心主义转向唯物主义、从革命民主主义转向共产主义，开始广泛地接触英国和德国的工人运动领袖。特别是 1844 年夏天，恩格斯结束在曼彻斯特的经商活动返回德国，在途中到巴黎拜访了马克思，由此开始了他们牢不可破的友谊和共同创立无产阶级科学理论的伟大事业。

---

〔1〕《马克思恩格斯选集》第 3 卷，人民出版社 1995 年版，第 687 页。
〔2〕《列宁专题文集·论马克思主义》，人民出版社 2009 年版，第 321 页。

1. 背叛家庭　心系工人

恩格斯少年时就学于巴门市立学校，他喜欢读书，求知欲望高，1834 年转入爱北斐特理科中学。他是学校出类拔萃的学生，为追求真理而进行着坚强的学习和斗争。当他还是中学生的时候，就憎恶专制制度和官吏的专横。1837 年 9 月，其父决定把头脑灵活的恩格斯培养成一个商业家，以便成为他的继承人，坚持要他辍学经商。于是恩格斯中学还没有毕业，就不得不到不来梅一家商号去当办事员。但他并没有自暴自弃，他利用业余时间学到的各种科学理论知识不亚于同时代最优秀的大学生。1839 年 9 月，恩格斯在给妹妹的信中说“我现在懂得 25 种语言”。在商行里引起他注意的不是争利于市的生意经，而是社会问题。商业活动使他广泛地接触社会，逐步地认识社会。他憎恨资产阶级，同情工人大众。从事商业并没有妨碍恩格斯对科学和政治的研究。当时德国正面临民族统一和民主革命的任务，恩格斯被民主主义的政治思想所吸引，同青年德意志运动发生联系。1839 年春，他在《德意志电讯》发表了人生道路上的第一篇政论文——《乌培河谷来信》，揭露封建专制制度和宗教虔诚主义的黑暗，倾注了对劳动人民的同情。1841 年 9 月至 1842 年 10 月，恩格斯在柏林服兵役，旁听柏林大学的哲学讲座，对哲学的钻研，使他进步更快了。当时在德国哲学界占统治地位的是黑格尔学说，于是恩格斯也成了黑格尔的信徒，参加了青年黑格尔派的活动。在此期间，他先后发表了《谢林论黑格尔》、《谢林和启示》以及《谢林——基督教的哲学家》等小册子，尖锐批判了宣扬“天启哲学”的唯心主义哲学家谢林，他还著文揭露以德皇威廉四世为代表的德国封建专制制度，成为一个坚定的革命民主主义者。1841 年费尔巴哈的《基督教的本质》一书发表后，他很快接受了费尔巴哈的唯物主义思想。在对黑格尔哲学的批判中，保留了黑格尔关于永恒的发展过程的思想，抛弃了那种偏执的唯心主义观点，逐步走向辩证唯物主义。

1842 年 11 月，恩格斯迁到“世界工厂”，英国纺织工业名城、宪章运动的中心——曼彻斯特，在他父亲与人合办的一家商号“欧门-恩格斯”纺织公司当办事员。直至 1844 年 8 月，在这里，他抛弃了社交活动和宴会，抛弃了资产阶级的葡萄牙红葡萄酒和香槟酒，把自己的空闲时间几乎都用来和普通的工人交往，对此他感到高兴和骄傲。他常常到工人栖身的肮脏的住宅区去，亲眼看见工人贫穷困苦的情景。他还阅读了他所能找到的在他以前论述英国工人阶级状况的一切著作，仔细研究了他所能看到的一切官方文件。他根据多年亲眼观察和可靠材料，进行深入研究的成果就是1845年《英国工人阶级状况》一书的出版。这部著作论述了工人阶级在资本主义制度下的社会地位，斗争历程和历史使命。与此同时，恩格斯同英国工人运动的活动家发生联系，参加了宪章派活动，结识了正义者同盟的活动家，并深入研究历史、哲学、政治经济学和社会主义理论，开始在英国社会主义出版物上发表文章，成为社会主义者。1844年2月，马克思、恩格斯在《德法年鉴》第1—2期合刊上各自发表两篇文章，表明马克思、恩格斯已经完成了从唯心主义向唯物主义、从革命民主主义向科学共产主义的转变。

2. 巴黎会见　联手创新

1844年夏天，恩格斯结束在曼彻斯特的经商活动返回德国，在回国途中到"新世界的首府"巴黎拜访马克思。马克思在雷让斯咖啡馆会见恩格斯，并邀请恩格斯到他家中继续交谈。随着交谈的不断加深，他们发现彼此在很多问题上都是不谋而合的。恩格斯在给马克思的信中说："我还从来没有一次像在你家里度过的十天那样感到心情愉快，感到自己真正是人。"〔1〕后来，恩格斯又回忆说："当我1844年夏天在巴黎拜访马克思时，我们在一切理论领域中都显出意见完全一致，从此就开始了我们共同的工作。"〔2〕1845年恩格斯与马克思合写了《神圣家族》，同年11月到次年5月又合写《德意志意识形态》，1846年春，恩格斯和马克思在布鲁塞尔创建共产主义通讯委员会。同年秋天，赴巴黎开展活动，争取教育正义者同盟的成员，使之摆脱"真正的社会主义"的影响。1847年1月，恩格斯和马克思一起加入正义者同盟。6月，伦敦举行了共产主义者同盟第一次代表大会，创立了第一个无产阶级革命政党。同年12月，"同盟""二大"委托马克思和恩格斯把他们所制定的社会主义基本原理阐述出来。这样就产生了1848年出版的马克思和恩格斯合著的《共产党宣言》。这本书的发表标志着科学社会主义的诞生。

3. 投身革命　总结经验

1848年，欧洲革命首先在法国爆发，然后蔓延到西欧其他国家，于是马克思和恩格斯先后从布鲁塞尔来到巴黎，他们在巴黎为德国革命拟定共产党人的政治纲领，同时组织三四百名德国工人陆续返回祖国参加革命斗争，

〔1〕《马克思恩格斯全集》第27卷，人民出版社1992年版，第299页。
〔2〕《马克思恩格斯全集》第21卷，人民出版社1965年版，第247页。

随后他们也回到德国，主编《新莱茵报》，动员无产阶级和广大人民群众坚决向反动派展开革命斗争。1849 年 5 月，《新莱茵报》被迫停刊后，恩格斯去德国南部起义者占领的巴登地区拿起武装参加战斗，坐过 24 小时的监狱，当过维利希的副官，参加了人民武装起义，为自由而战。在起义失败后，恩格斯经历了艰苦的流亡生活，并立即对革命失败的经验教训进行了深刻的反思和总结。

1850 年为了援助陷于极端贫困的马克思一家，恩格斯迁居曼彻斯特，又到“欧门-恩格斯公司”再度经商。他在曼彻斯特的生活，不得不以双重的身份过着一种“两重的生活”。一方面，恩格斯从办事员到襄理再到股东，与资产阶级上层人物接触和交往，是“欧洲最有教养的人”。他后来被称为“棉花大王”，在曼彻斯特资产者的圈子里颇有名气。另一方面，恩格斯同马克思保持了频繁的通信联系，共同研讨国际工人运动的理论和策略，探讨各个领域里的学术问题，继续共同创立科学社会主义。1857 年资本主义经济危机出现以后，工人运动再次启动，标志性事件就是 1864 年第一国际的成立。1870 年 9 月，恩格斯结束了二十年经商生活，从曼彻斯特迁居伦敦，与马克思一起参加国际工人协会的领导工作。

1871 年 5 月，法国巴黎公社在反动阶级的镇压之下失败了。马克思在《法兰西内战》中对巴黎公社曾经作过极其深刻而出色的分析。巴黎公社失败之后，在巴枯宁分子使第一国际分裂之后，第一国际已无法在欧洲继续存在。在 1872 年海牙国际代表大会以后，马克思把国际总委员会移至纽约。第一国际完成了自己的历史使命，随之而来的是世界各国工人运动空前大发展的时代，即工人运动向广度发展，以各个民族国家为基地建立群众性的社会主义工人政党的时代。其后，马克思、恩格斯始终关注法国、德国、英国、俄国等国的革命形势，想方设法推进国际无产阶级解放事业发展。恩格斯进行了广泛的理论研究，尤其对军事学、语言学和自然辩证法作了深入的探讨。他从 1873 年开始对自然辩证法进行研究，写了许多札记和片断。这些手稿在恩格斯逝世后被编成《自然辩证法》一书出版。恩格斯留下的军事方面的著作有很多，有些生前没有发表过，有些则生前即时发表，其中出色预言某些战争进程和结局的文章有相当的影响。他提出的有关战争、军队、军事学术和军事史的学说，为无产阶级军事科学奠定了基础。马克思的女儿们称他为“将军”。

4. 老当益壮　大海永生

马克思逝世后，恩格斯独自肩负起指导国际工人运动、整理和出版（或再版）马克思遗著、捍卫和发展马克思主义理论、培养各国年轻的社会主义活动家和理论家的重任。1885 年 7 月，《资本论》第二卷出版。1889 年 7 月，在恩格斯的指导和推动下，国际社会主义工人代表大会（即第二国际）在巴黎召开。1894 年 12 月，《资本论》第三卷出版。

1895 年 8 月 5 日，恩格斯因患癌症逝世。遵照他的遗嘱，只有 80 多人参加了追悼会。但他们代表着千千万万人，代表着整个世界。他的骨灰罐沉入伊斯特勃恩海滨，长眠于大海。尽管没有墓地供人瞻仰，世界人民还是在各地建立了展览馆、纪念碑纪念恩格斯。恩格斯在家乡德国鲁尔区伍珀塔尔市的故居得到了精心的保护和维修，被政府列为德国中小学生的教育基地，展览恩格斯的生平事迹。故居旁的大街也改名为"弗里德里希·恩格斯大街"。世界各地的人们络绎不绝，慕名而来，怀着崇敬的心情缅怀恩格斯光辉的一生。

就在恩格斯逝世前两周，列宁来到巴黎，请求法拉格夫妇介绍他前去拜会恩格斯，由于恩格斯病情恶化，列宁未能达成自己的心愿。1895 年 9 月 7 日，列宁在悼念恩格斯的文章中，概述了恩格斯的光辉一生，高度评价了恩格斯同马克思一起创立马克思主义理论和为无产阶级解放事业而斗争的不朽功绩，赞颂了恩格斯作为严峻的战士和严正的思想家所具有的崇高品格以及他同马克思的伟大友谊，并感慨万千地引诗致敬："一盏多么明亮的智慧之灯熄灭了，一颗多么伟大的心停止跳动了！"〔1〕鉴于恩格斯在科学社会主义创立与发展中的杰出贡献，列宁称他为"科学社会主义之父"。

第二节　共创新论

自从 1844 年 8 月在巴黎，命运之神使卡尔·马克思和弗里德里希·恩格斯相遇之后，这两位朋友的毕生工作，就成了他们的共同事业。恩格斯同

〔1〕《列宁选集》第 1 卷，人民出版社 1995 年版，第 88 页。

马克思并肩作战，亲密合作，一起创立了广义的科学社会主义，即马克思主义，实现了人类认识史上划时代的伟大变革，为无产阶级解放事业作出了不朽的功绩。恩格斯在创立科学社会主义方面的杰出贡献，主要表现为以下几个方面：

1. 崇尚辩证法：与马克思合作创立和发展新世界观

马克思、恩格斯在青年时代都是青年黑格尔派的成员，黑格尔哲学对他们的影响非常大。他们痴迷黑格尔的一个重要原因是黑格尔哲学恢复了辩证法这一最高的思维形式。辩证法，是最完备、最深刻、最无片面性的关于发展的学说。马克思、恩格斯正是从辩证法起步，才创立了马克思主义哲学；正是依托德国哲学，才有科学社会主义的诞生。恩格斯在讲到科学社会主义的理论前提时公开宣称："我们不仅继承了圣西门、傅立叶和欧文，而且继承了康德、费希特和黑格尔。"〔1〕他还强调指出："如果不是先有德国哲学，特别是黑格尔哲学，那么德国科学社会主义，即过去从来没有过的唯一的科学社会主义，就决不可能创立。"〔2〕

恩格斯与马克思共同创立辩证唯物主义和历史唯物主义的新世界观，集中体现在他们合作撰写的三部著作上。

1845 年初问世的《神圣家族》是恩格斯与马克思的第一部合著。在这部著作中，他们在批判青年黑格尔派的唯心主义历史观的同时，不仅对黑格尔辩证法作了正反两方面的具体分析与评价，而且对历史唯物主义的重要原理，包括生产方式在社会发展中的决定性作用，人民群众的历史作用等作了基本的阐发。另外还继《〈黑格尔法哲学批判〉导言》后对无产阶级历史使命再次作了详细的论述。这部著作离唯物史观的创立只有一步之遥。

1845 年 11 月至 1846 年 5 月撰写的《德意志意识形态》是恩格斯与马克思的第二部合著。在这部著作中，他们清算了从前的哲学信仰，首先完整地、详细地阐发了唯物史观的基本原理，论述了自然存在的先在性、现实的人的前提性、社会存在对社会意识的决定性作用，生产力与交往关系（即生产关系）的相互作用，经济基础与上层建筑的辩证关系等。这部著作虽未能在马克思、恩格斯在世时出版，但它的历史地位非常重要，它是唯物史观创立的标志。

---

〔1〕《马克思恩格斯选集》第 3 卷，人民出版社 1995 年版，第 692 页。
〔2〕《马克思恩格斯选集》第 2 卷，人民出版社 1995 年版，第 635 页。

1848 年 2 月出版的《共产党宣言》是恩格斯与马克思的第三部合著。在这部著作中，他们进一步阐述了唯物史观的基本原理，强调自从土地公有的原始氏族社会解体以来，人类的全部历史都是阶级斗争的历史。由此，他们深入论证了无产阶级的历史使命，提出只有通过共产主义革命，使整个社会一劳永逸地摆脱一切剥削、压迫以及阶级差别与阶级斗争，无产阶级才能使自己从资产阶级的奴役下解放出来，进而建立一个以"每个人的自由发展"为"一切人的自由发展"的条件的"联合体"。这部震撼世界的宣言书是关于科学共产主义的第一个纲领性文献，标志着马克思主义新世界观的公开问世。

虽然恩格斯的哲学造诣比不上马克思，但是，如果没有恩格斯的著作，马克思主义的哲学体系也不会是今天这个样子。

2. 促成《资本论》：支持马克思实现政治经济学的真正革命

恩格斯的"天才大纲"使马克思下决心去研究政治经济学。恩格斯参与了马克思主义政治经济学的创立，他全力支持马克思写作《资本论》，是从批判资产阶级经济学开始的。1844 年 2 月，恩格斯在马克思和卢格两人合编的《德法杂志》上发表的《国民经济学批判大纲》（简称《大纲》），批判地研究资产阶级政治经济学剖析资本主义社会的经济关系，揭示了资本主义私有制的内在矛盾。这一代表作，是恩格斯的第一本经济学著作。《大纲》在发表之初，就受到了马克思的高度重视。当马克思后来成为政治经济学大师时，仍称这篇著作是"批判经济学范畴的天才的大纲"。[1]

恩格斯的《大纲》是马克思主义政治经济学的最初萌芽。马克思对这篇大纲认真研读，并作了详细的要点摘录，可以说它成了马克思毕生矢志研究政治经济学的出发点。马克思在《资本论》中多次引用了这篇《大纲》。正如列宁所说：这篇大纲"从社会主义观点观察了现代经济制度的基本现象，认为那些现象是私有制统治的必然结果。马克思同恩格斯的交往，显然促使了马克思下决心去研究政治经济学，即马克思的著作在其中造成了整整一个革命的那门科学"。[2]

恩格斯从物质上精神上全力支持马克思写作《资本论》。马克思从 19 世纪 50 年代就开始进行政治经济学研究，直至他 1883 年去世，撰写《资本

〔1〕《马克思恩格斯选集》第 2 卷，人民出版社 1995 年版，第 33 页。
〔2〕《列宁选集》第 1 卷，人民出版社 1995 年版，第 93 页。

论》成为他的主要工作。在此过程中，恩格斯从物质、精神和理论上给予了马克思巨大的支持。恩格斯向物质生活窘困的马克思一家提供了长期的经济支持与援助，马克思才能够全身心投入到《资本论》的创作中。1867 年 4 月《资本论》终于脱稿了，马克思准备亲自去德国将手稿交给出版商。可是，此时他却由于上衣和表在当铺里而出不了门。他是在接到恩格斯寄来的旅费后，才离开泰晤士河岸到达汉堡，与出版商愉快地谈妥了一切有关书的出版问题。

恩格斯长期处在实践的第一线，熟悉了解英国工人阶级状况，他在"欧门-恩格斯公司"经商 20 余年，对资本主义有详细而具体的认识。马克思在创作《资本论》的过程中，恩格斯利用自身观察资本主义的条件和对经济活动丰富的实践经验，向马克思提供了大量宝贵的第一手材料和有价值的意见。恩格斯还具有杰出的语言天赋，可以阅读运用十多种不同的语言文字获得各方面的信息和资料。这些因素使得恩格斯在把握现实社会的脉搏和研究资本主义生产方式方面更直接、更敏锐。恩格斯在观察和研究资本主义生产方式与基本矛盾方面，积累了相当丰厚的基础，也为马克思主义政治经济学的创立作出了重大理论贡献。在《资本论》全书的草稿完成之后，恩格斯促成马克思在其余各卷未能脱稿之前，先把第一卷出版，在校对《资本论》第一卷清样时，恩格斯对其结构及其内容提出了修改意见和建议，在校完《资本论》第一卷清样后，马克思给恩格斯写信说："没有你为我做的牺牲，我是决不可能完成这三卷书的巨大工作的。我满怀感激的心情拥抱你！"〔1〕1867 年 9 月 14 日《资本论》第一卷出版后，恩格斯又发表了九篇风格迥异的《资本论》书评以及《卡·马克思"资本论"第一卷提纲》。马克思去世以后，事实上也只有恩格斯能够识别和整理马克思手稿、出版他的《资本论》后两卷遗作。

3. 超越乌托邦：实现社会主义从空想到科学的发展

恩格斯不仅参与了马克思主义哲学、政治经济学的创立工作，作出了不可磨灭的卓著贡献，而且在创建科学社会主义方面具有独特的建树。

科学社会主义的创立，是在当时历史条件下对各种社会主义思潮特别是 19 世纪初的空想社会主义的批判和超越中实现的。1516 年英国人托马斯·莫尔写了《乌托邦》，标志着空想社会主义的诞生。此后，空想社会主义

〔1〕《马克思恩格斯全集》第 31 卷，1972 年版，第 329 页。

思潮在近代欧洲流传了300多年。恩格斯在对空想社会主义和空想共产主义学说作总结性批判和评论的同时，继承了空想社会主义的合理成分，使之成为科学社会主义的直接思想来源。

恩格斯在批判空想社会主义中积极探索科学社会主义。1842年，恩格斯一到曼彻斯特就通过批判空想社会主义，认识和寻找科学的社会主义。1843年，恩格斯写了《大陆上社会改革运动的进展》一文，第一次对空想社会主义与共产主义作出全面评述，成为研究科学社会主义同空想社会主义之间批判与继承关系的最完整的文献之一。在该文中，他第一次使用了"共产主义"的概念，明确地表达了"共产主义并不是英国或其他什么国家的特殊情况造成的结果，而是以现代文明社会的一般情况为前提所必然得出的结论"。[1]并指出共产主义赖以建立的经济基础，是集体所有制，即社会公有制。恩格斯当时把自己所主张的共产主义学说称为"科学共产主义"，以便与法、德两国流行的空想社会主义和空想共产主义思潮区分开来。恩格斯在1844年2月发表的《国民经济学批判大纲》从经济学上论证共产主义的必然性，它"已经表达了科学社会主义的某些一般原则"。[2]1845年3月，恩格斯写的《英国工人阶级状况》一书中有一部分内容专门对英国空想社会主义代表人物欧文的思想作了较为全面的评论。从此他对空想社会主义体系的基本缺陷有了清楚的认识。恩格斯第一个指出，无产阶级不只是一个受苦的阶级，正是它所处的那种低贱的经济地位，无可遏止地推动它前进，迫使它去争取本身的最终解放。而战斗中的无产阶级是能够自己帮助自己的。工人阶级的政治运动必然会使工人认识到，除了社会主义，他们没有别的出路。另一方面，社会主义只有成为工人阶级的政治斗争的目标时，才能赢得胜利。"现在，这些思想已为全体能思考的和正在进行斗争的无产阶级所领会，但在当时却完全是新的。叙述这些思想的著作写得很动人，通篇都是描述英国无产阶级穷苦状况的最确实最惊人的情景。这部著作是对资本主义和资产阶级的极严厉的控诉。它给人的印象是很深的。从此，到处都有人援引恩格斯的这部著作，认为它是对现代无产阶级状况的最好描述"。[3]

---

〔1〕《马克思恩格斯全集》第1卷，人民出版社1956年版，第575页。

〔2〕《马克思恩格斯选集》第3卷，人民出版社1995年版，第687页。

〔3〕《列宁选集》第1卷，人民出版社1995年版，第92页。

恩格斯在战胜各种冒牌社会主义中，与马克思共同创立了过去从来没有过的唯一的科学社会主义。1847年6月初，正义者同盟在伦敦举行第一次代表大会。恩格斯为大会草拟的，并由大会决定分发给各支部讨论与修改的《共产主义信条草案》，为同盟的改组奠定了科学的理论基础。《共产主义信条草案》是恩格斯运用无产阶级新世界观拟定的第一个工人政党的纲领草案，它阐述了科学社会主义的一些基本原理。同年10月22日，在共产主义同盟巴黎区支部讨论纲领草案的会上，恩格斯对莫泽斯·赫斯写作的一篇修正稿中的问题逐个进行了分析和批评，使它遭到否决。恩格斯受委托草拟了新的草案，这就是为正式制定共产主义者同盟的纲领作了直接准备的《共产主义原理》（简称《原理》）。

恩格斯在《原理》中从理论上阐述了科学社会主义的基本原理，主要内容有：第一，关于共产主义的定义。《原理》开宗明义地指出："共产主义是关于无产阶级解放的条件的学说。"〔1〕第二，关于无产阶级革命的道路和策略思想。《原理》认为："共产主义革命将不仅仅是一个国家的革命，而是将在一切文明国家里，至少在英国、美国、法国、德国等国同时发生革命。"那么，能不能用和平的办法废除私有制？《原理》指出，"但愿如此"。"几乎所有文明国家的无产阶级的发展都受到暴力压制，因而是共产主义者的敌人用尽一切力量引起革命。"〔2〕共产主义者提出废除私有制作为自己的主要要求是完全正确的。但是，无产阶级革命"只能逐步改造现社会，只有创造了所必需的大量生产资料之后，才能废除私有制"。〔3〕第三，关于无产阶级专政的萌芽思想。《原理》指出，"首先无产阶级革命将建立民主的国家制度，从而直接或间接地建立无产阶级的政治统治"。〔4〕第四，关于未来的社会制度，《原理》描绘了关于共产主义社会的宏伟蓝图：由社会全体成员组成的共同联合体来共同地和有计划地尽量利用生产力；把生产发展到能够满足所有人的需要的规模；结束牺牲一些人的利益来满足另一些人的需要的状况；彻底消灭阶级和阶级对立；通过消除旧的分工、通过产业教育、变换工种，所有人共同享受大家创造出来的福利；通过城乡的融合，使社会全体成员的才能得到全面的发展。〔5〕恩格斯在世时，虽然《原理》并未公开发表，但是，马

〔1〕《马克思恩格斯选集》第1卷，人民出版社1995年版，第230页。
〔2〕〔3〕〔4〕 同上书，第239页。
〔5〕 同上书，第243页。

克思和恩格斯在起草《宣言》的过程中，充分地吸收和利用了《原理》中提出的科学社会主义原理。

马克思、恩格斯受共产主义者同盟第二次代表大会委托，于1848年2月出版的《共产党宣言》(简称《宣言》)是科学社会主义创立的标志。《宣言》第一次对科学社会主义的基本原理作了全面、系统的阐述，并指明了实现这一伟大学说的基本道路和策略思想、领导力量和依靠力量。《宣言》严厉驳斥了资产阶级及其辩护士们对共产主义的种种责难和诽谤，无情地抨击各种牌号的社会主义，彻底划清了科学社会主义同空想社会主义的界限。

《宣言》对科学社会主义基本原理作了全面阐述。第一，科学地论证了共产主义的必然性。“资产阶级不仅锻造了置自身于死地的武器；它还产生了将要运用这一武器的人——现代的工人，即无产者。”“资产阶级的灭亡和无产阶级的胜利是同样不可避免的”。第二，明确地指出了无产阶级革命的根本性质、基本道路和主要任务。“无产阶级的运动是绝大多数人的、为绝大多数人谋利益的独立的运动”。“无产阶级用暴力推翻资产阶级而建立自己的统治”。“共产主义革命就是同传统的所有制关系实行最彻底的决裂……同传统的观念实行最彻底的决裂”。无产阶级将利用自己的政治统治，一步一步地夺取资产阶级的全部资本，并“尽可能快地增加生产力的总量”。第三，精辟地阐明了共产党的先进性质，奋斗目标，策略思想。在实践方面，共产党人是最坚决地始终起推动作用的部分，在理论方面，共产党人了解无产阶级运动的条件、进程和一般结果。共产党人的最近目的是，使无产阶级形成为阶级，推翻资产阶级的统治，由无产阶级夺取政权；共产党人的最终目的是消灭剥削、消灭阶级，建成“每个人的自由发展是一切人的自由发展的条件”的联合体，即共产主义社会。共产党人“在当前的运动中同时代表运动的未来”；共产党人到处都努力争取世界的民主政党之间的团结和协议。〔1〕

在马克思主义发展史上，恩格斯首先使用“科学社会主义”的名称。1873年1月，恩格斯在《论住宅问题》的第三篇，即《再论蒲鲁东和住宅问题》中，使用了“德国科学社会主义”这一名称。〔2〕当社会主义实现了从空想到科学的发展以后，恩格斯强调：“现在首先要做的是对这门科学的一切细节和联系作进一步的探讨。”〔3〕

---

〔1〕 马克思恩格斯：《共产党宣言》，人民出版社1997年版，第34、40、39、48、50、61页。

〔2〕 《马克思恩格斯选集》第3卷，人民出版社1995年版，第200页。

〔3〕 同上书，第366页。

19世纪70年代初，在工人运动中滋长起来的小资产阶级思想，无不标榜为“社会主义”。然而，它们是完全失去积极进步意义的走向反面的空想社会主义观点的翻版。为了与这些新的空想社会主义学说——小资产阶级社会主义相区别，就成为采用“科学社会主义”名称的直接原因。正如马克思在1875年所说：“科学社会主义也只是为了与空想社会主义相对立时才使用”。[1]恩格斯不仅第一次把自己的学说称为“科学社会主义”，而且还精辟地概括了科学社会主义的基本特征及其与小资产阶级社会主义的主要区别，明确是不是代表无产阶级利益是区分社会主义是“科学”还是“空想”的重要标志。科学社会主义之所以代表无产阶级的利益，首先表现在它“总是把阶级政治，把无产阶级组织成为独立政党作为首要条件，把无产阶级专政当作斗争的最近目的”。[2]这为无产阶级及其政党如何掌握和运用科学社会主义指明了正确的方向。

1874年7月，恩格斯在《德国农民战争》第二版序言的补充中指出，他们创立科学社会主义是“过去从来没有过的唯一的科学社会主义”。[3]科学社会主义正是在科学的世界观和战斗的工人运动丰富的经验的基础上，吸收空想社会主义的真理性的内容，克服其虚幻空想的错误，从而科学地阐明了工人运动的物质条件、现实手段和斗争目的，成为无产阶级的科学理论。这就是说，科学社会主义不但是彻底革命的而且是真正科学的。只有认真地研究它，才能透彻深刻地把握它。所以，恩格斯要求工人阶级政党及其领袖们：“时时刻刻地注意到：社会主义自从成为科学以来，就要求人们把它当作科学看待，就是说，要求人们去研究它”。[4]

4. 建构新体系：在“积极的批判”中全面阐述马克思主义

人们总是说，没有马克思，就不会有马克思主义。同样道理，没有恩格斯，也就没有我们见到的这个马克思主义。当年，由于杜林全面攻击与否定马克思主义的思想体系，并且自认为自己已经创造了一个与科学共产主义相对立的包括哲学、政治经济学、自然科学和社会主义的广泛体系，所以，恩格斯在批判杜林体系的斗争中得以进一步全面系统地阐述了科学社会主义固有的理论体系。恩格斯在《反杜林论》的二版序言中指出：“本书所批判的

---

〔1〕《马克思恩格斯选集》第3卷，人民出版社1995年版，第290页。
〔2〕同上书，第201页。
〔3〕《马克思恩格斯选集》第2卷，人民出版社1995年版，第635页。
〔4〕同上书，第636页。

杜林先生的'体系'涉及非常广泛的理论领域，这使我不能不跟着他到处跑，并以自己的见解去反驳他的见解。因此消极的批判成了积极的批判；论战转变成对马克思和我所主张的辩证方法和共产主义世界观的比较连贯的阐述，而这一阐述包括了相当多的领域”。[1]恩格斯在构建马克思主义理论体系方面具有独到的贡献。恩格斯的《反杜林论》是对马克思主义创立起的三十多年发展过程及其理论创新成果的科学总结。它第一次集中地系统地阐明了他和马克思创立的马克思主义的三个基本组成部分及其相互关系，成为一部马克思主义的百科全书。梅林把这部著作称誉为“仅次于《资本论》的最卓越而重要的一部科学社会主义著作”。

第一层面：恩格斯系统阐述了马克思主义三个基本组成部分的主要内容。

第一，在批判杜林唯心主义、形而上学的世界观的过程中，系统阐述了马克思主义哲学的基本原理。

恩格斯在批判杜林的从原则出发的先验论中，科学地论证了辩证唯物主义的基本原理，在马克思主义哲学史上，第一次给唯物辩证法以一个科学的界定：“辩证法不过是关于自然、人类社会和思维的运动和发展的普遍规律的科学。”[2]他在批判杜林的唯心主义历史观中，阐明了马克思主义的道德观和平等观。在阶级社会里，道德是有阶级性的，不存在超阶级的道德。“现代社会的三个阶级即封建贵族、资产阶级和无产阶级都各有自己的特殊的道德”；[3]不同历史时代和不同阶级有不同内容的平等要求，“无产阶级平等要求的实际内容都是消灭阶级的要求。任何超出这个范围的平等要求，都必然要流于荒谬”。他还在批判杜林的自由观中，指出自由是历史发展的产物，也是相对的，绝对的自由是根本不存在的。[4]

第二，在批判杜林庸俗政治经济学的过程中，论证和发展了马克思主义政治经济学。

恩格斯在批判杜林庸俗政治经济学的“分配决定论”中，分析了生产、交换与分配之间的辩证关系。“分配并不仅仅是生产和交换的消极的产物；它反过来也影响生产和交换”。[5]这说明生产和交换决定着分配，分配对生产

---

〔1〕《马克思恩格斯选集》第3卷，人民出版社1995年版，第347页。

〔2〕同上书，第484页。

〔3〕同上书，第434页。

〔4〕同上书，第448页。

〔5〕同上书，第491页。

和交换也具有能动的反作用。他在批判杜林庸俗政治经济学的基础“暴力论”中指出,“私有财产在历史上的出现,决不是掠夺和暴力的结果”,“私有财产的形成,到处都是由于生产关系和交换关系发生变化,都是为了提高生产和促进交流——因而都是由于经济的原因,在这里,暴力根本没有起任何作用”。[1]又指出经济是社会制度、政治压迫的基础,政治暴力是为一定的经济利益服务的。还指出暴力在社会发展中可以朝两个方向起作用,革命暴力对经济发展起推动和加速作用;反革命暴力对经济发展起阻碍和延缓作用,而它自己也将在经济发展的压力下陷于崩溃。

第三,在批判杜林小资产阶级假社会主义过程中,系统阐述了科学社会主义理论。

恩格斯在批判杜林全盘否定空想社会主义中,科学评价了对三大空想社会主义学说,指出它是科学社会主义的重要思想来源。科学揭示了社会主义是历史发展合乎规律的必然结果,通过对资本主义基本矛盾在阶级关系上和经济过程中的两种形式运动、变化的深入分析,揭示了资本主义经济危机发生的不可避免性,进而必然导致资本主义制度的根本性变革。科学预测了未来社会的性质和特征:社会占有全部生产资料,生产力将得到空前发展;社会占有了生产资料,商品生产就将被消除;社会内部的无政府状态将为有计划的自觉的组织所代替;阶级对立和阶级差别将被消灭,国家将自行消亡;社会成员的体力和智力将获得充分的自由的发展和运用。总之,在未来社会中,人们将第一次成为自觉的历史创造者。人民群众能够自觉地进行创造历史的活动,成为自然和社会的真正主人,“这是人类从必然王国进入自由王国的飞跃”。“完成这一解放世界的事业,是现代无产阶级的历史使命”。[2]恩格斯在这里对未来社会的设想是贯通马克思在《哥达纲领批判》中所说的共产主义社会第一阶级和共产主义社会高级阶级的动态过程。

第二层面:恩格斯深刻揭示了马克思主义三个组成部分的内在联系。

第一,在马克思主义的科学理论体系中,辩证唯物主义和历史唯物主义是马克思主义世界观和方法论基础。

恩格斯指出:“唯物主义历史观及其在现代的无产阶级和资产阶级之间的阶级斗争上的特别应用,只有借助于辩证法才有可能。”[3]唯物史观就是

[1] 《马克思恩格斯选集》第3卷,人民出版社1995年版,第505页。
[2] 同上书,第631—634页。
[3] 同上书,第691—692页。

马克思和恩格斯运用唯物辩证法考察社会历史的结果。马克思主义政治经济学和科学社会主义的创立，都是以辩证唯物主义为根本方法，以历史唯物主义为根本基础。恩格斯指出，“这种德国的经济学在本质上是建立在唯物主义历史观的基础上的”。〔1〕马克思和恩格斯运用唯物史观关于社会基本矛盾和阶级斗争的理论，研究资本主义社会的矛盾运动，深刻地揭露了资本主义生产方式的秘密，发现了剩余价值。恩格斯又指出，唯物史观的发现，使社会主义从空想变为科学，唯物史观使社会主义不再被看作某个天才人物头脑的偶然发现，也不是永恒理性的表现，而是被看成是两个历史地产生的阶级，即无产阶级和资产阶级的阶级斗争的必然产物。

第二，在马克思主义科学理论体系中，政治经济学是一个极为重要的，不可分割的部分。

唯物史观的创立也离不开马克思和恩格斯对政治经济学的研究，正如恩格斯所说，德国无产阶级政党的“全部理论内容来自对政治经济学的研究，它一出现，科学的、独立的、德国的经济学也就产生了”。〔2〕马克思主义哲学和马克思主义政治经济学在马克思主义形成和发展过程中是相互促进、相互作用的。恩格斯又说，剩余价值“这个问题的解决是马克思著作的划时代的功绩，它使社会主义者早先像资产阶级经济学者一样在深沉的黑暗中摸索的经济领域，得到了明亮的阳光的照耀。科学的社会主义就是从此开始，以此为中心发展起来的”。〔3〕剩余价值学说的发现，使社会主义从空想变为科学。恩格斯分析了资本主义社会的基本矛盾，即生产社会化和资本主义私有占有之间的矛盾，指出这一矛盾必然表现为个别工厂中的生产的组织性和整个社会的生产的无政府状态之间的对立，以及由此产生的周期性的经济危机、表现为无产阶级和资产阶级之间的矛盾日益尖锐化，最终必然导致无产阶级起来革命，夺取政权，变资本主义私有制为社会主义公有制，逐步实现由必然王国向自由王国的飞跃。

第三，在马克思主义的科学理论体系中，科学社会主义是核心内容。在一定意义上，马克思主义也就是科学社会主义。

---

〔1〕《马克思恩格斯选集》第2卷，人民出版社1995年版，第37—38页。

〔2〕同上书，第37页。

〔3〕《马克思恩格斯选集》第3卷，人民出版社1995年版，第548页。

科学社会主义以马克思主义哲学、政治经济学为理论基础，又是哲学、政治经济学的落脚点，是马克思主义的“一个核心问题”。[1]科学社会主义是马克思主义哲学和政治经济学的理论终结，正如恩格斯所说：“现代唯物主义，它和过去相比，是以科学社会主义为其理论终结的。”[2]马克思、恩格斯创立革命的哲学和政治经济学，就是为了给科学社会主义作理论论证的。没有科学社会主义，就不能体现它们的实际目的和革命战斗作用。科学社会主义是马克思主义的主要问题和实质所在。科学社会主义关于无产阶级革命和无产阶级专政的学说，是马克思主义的核心问题，它集中体现了马克思主义学说的革命精神和实质。无产阶级唯有坚持无产阶级革命和无产阶级专政，才能最终实现社会主义、共产主义，才能最终完成自己的历史使命。科学社会主义是无产阶级解放运动的旗帜，科学社会主义与无产阶级革命斗争的联系最直接、最密切，是无产阶级政党的理论、纲领、战略和策略基础，是活的行动中的马克思主义。

《反杜林论》，全面系统地构建了以马克思主义哲学、政治经济学和科学社会主义为主干内容的科学理论体系。当然，马克思主义理论体系并不局限于这三大组成部分，它还包括了法学、军事学、民族学、语言学、伦理学、人类学、社会学、教育学等众多领域和丰富内容。

第三节 晚年贡献

马克思去世之后，恩格斯是整个文明世界中最卓越的学者和现代无产阶级的导师。他一方面独自一人承担着指导国际无产阶级革命运动的重任，积极支持筹备建立第二国际，推动欧美各国建立社会主义工人政党。另一方面，从事大量艰巨的理论研究工作，特别是全身心地投入整理和出版马克思遗著，承担了出版《资本论》第二卷和第三卷的浩瀚工程。同时，还在批判机会主义的斗争中写出了许多不朽的著作。

---

〔1〕《马克思恩格斯选集》第3卷，人民出版社1995年版，第348页。
〔2〕《马克思恩格斯全集》第20卷，人民出版社1971年版，第673页。

“恩格斯晚年”主要是指1883年马克思逝世至1895年恩格斯逝世这12年。恩格斯晚年在花了整整七年整理出版马克思的遗著《资本论》第二卷、第三卷的同时，仍然以惊人的智慧和充沛的精力写下了许多不朽名著。如《家庭、私有制和国家的起源》(1884)、《路德维希·费尔巴哈和德国古典哲学的终结》(1886)、《1891年社会民主党纲领草案批判》(1891)、《德法农民问题》(1894)等。他还为出版马克思和他自己的早期著作写序言、导言，作注释，如《法兰西内战》再版序言(1891)、《英国工人阶级状况》序言(1892)、《论俄国的社会问题》跋(1894)、《卡尔·马克思〈1848—1850年的法兰西阶级斗争〉一书导言》(1895)以及与战友、同志、青年、家人写了大量的书信。这些论著、序言和书信，忠实地反映了恩格斯晚年立足于当时客观形势的新动向和新变化，分析研究了所出现的新情况和新问题，在经济、政治、意识形态和社会等方面提出了许多具有真知灼见的新见解和新判断。特别是围绕马克思主义哲学、政治经济学和科学社会主义提出了一系列新思想、新观点，极大地丰富和发展了马克思主义理论体系。

1. 捍卫唯物史观，补充和阐发马克思主义哲学

马克思主义哲学是关于自然、社会和思维发展一般规律的学说，它坚持唯物论和辩证法的统一，坚持唯物主义自然观和历史观的统一，是科学的世界观和方法论。恩格斯晚年始终把捍卫和发展马克思主义哲学放在首要地位作为自己的毕生追求。恩格斯晚年专门补充和系统阐发唯物主义历史观，为发展马克思主义哲学做出了重大贡献。

第一，从人类社会文明发展史的维度，全面阐述马克思主义哲学。

1884年，恩格斯利用美国学者路易斯·摩尔根《古代社会》一书提供的研究成果，根据考古学、民族学、人类学的发展积累的材料，在充分吸收和发挥马克思研读有关古代社会史著作时所表述的思想基础上，撰写了《家庭、私有制和国家的起源》。他以历史唯物主义为分析工具，科学阐明了人类社会两种生产的理论；深刻揭示了家庭、私有制、阶级、国家的起源和本质；人类从蒙昧、野蛮到文明时代的发展过程，预见到人类社会走向共产主义的历史必然性。

第二，从哲学革命变革的维度，详尽地阐述了马克思主义哲学基本原理。

1886年，恩格斯发表了《路德维希·费尔巴哈和德国古典哲学的终结》，全面梳理了马克思主义哲学发展史与马克思主义哲学所实现的革命变

革，第一次全面系统地论述了马克思主义哲学与德国古典哲学的关系，第一次明确概括并阐述了哲学基本问题，详尽地阐述了辩证唯物主义和历史唯物主义的基本原理，揭示了社会历史发展规律的客观性；研究和发现社会历史规律的途径和准则。特别是恩格斯在关于生产方式的矛盾运动是社会历史发展的最终原因，政治上层建筑和意识形态等上层建筑都是由经济基础决定的；阶级斗争是阶级社会特别是资本主义社会发展的直接动力等方面内容，作出了比以往更加全面而深刻的阐发。

第三，从论战和批判的维度，捍卫和发展历史唯物主义。

马克思主义在世界工人运动中广泛传播并逐渐占据了主导地位，欧美各国社会主义政党建立后也普遍需要马克思主义的科学理论指导。在这一时期，出现了资产阶级学者和机会主义对唯物史观的歪曲和攻击，把唯物史观歪曲为“经济决定论”、“机械论”、“社会静力学”，否定上层建筑、意识形态对经济基础的反作用。于是，全面系统地阐述马克思主义哲学的基本原理就成了重要而紧迫的任务。恩格斯为了批判当时流行的新康德主义、新黑格尔主义和折衷主义，划清马克思主义哲学与资产阶级哲学的界限，用马克思主义世界观武装各国工人阶级及其政党，在 1890 年到 1894 年间写下了大量书信。恩格斯在致约·布洛赫、康·施米特、费·梅林、瓦·博尔吉乌斯等一批通信中，全面论述了经济基础和上层建筑的辩证关系；上层建筑诸因素的反作用与相互作用及其性质；意识形态的相对独立性及意义；提出了历史运动是无数单个意志的合力的结果，形成了“历史合力论”的卓越思想。通过严肃批驳对马克思主义哲学的歪曲和庸俗化，深入地阐明了马克思主义哲学的重要原理，有效捍卫和发展了历史唯物主义。

第四，从揭示客观规律的维度，强调唯物史观在无产阶级革命和解放斗争中的地位与作用。

1883 年 3 月 17 日，恩格斯《在马克思墓前的讲话》中指出：“正像达尔文发现有机界的发展规律一样，马克思发现了人类历史的发展规律，即历来为繁芜丛杂的意识形态所掩盖着的一个简单事实：人们首先必须吃、喝、住、穿，然后才能从事政治、科学、艺术、宗教等等；所以，直接的物质的生活资料的生产，从而一个民族或一个时代的一定的经济发展阶段，便构成基础，人们的国家设施、法的观点、艺术以至宗教观念，就是从这个基础上发展起来的，因而，也必须由这个基础来解释，而不是像过去那样做得相反”。1883 年

6月28日，恩格斯紧接着在《共产党宣言》1883年德文版序言中指出："每一历史时代的经济生产以及必然由此产生的社会结构，是该时代政治的和精神的历史的基础；因此（从原始土地公有制解体以来）全部历史都是阶级斗争的历史，即社会发展各个阶段上被剥削阶级和剥削阶级之间、被统治阶级和统治阶级之间斗争的历史；而这个斗争现在已经达到这样一个阶段，即被剥削被压迫的阶级（无产阶级），如果不同时使整个社会永远摆脱剥削、压迫和阶级斗争，就不再能使自己从剥削它压迫它的那个阶级（资产阶级）下解放出来，——这个基本思想完全是属于马克思一个人的。"这一科学表述大体包括三层意思，其一，从社会基本矛盾运动的视阈中，揭示了人类社会发展的普遍规律；其二，从阶级社会与阶级斗争的角度，揭示了阶级斗争的历史规律；其三，从解放全人类与解放无产阶级的辩证关系中，揭示无产阶级解放与社会革命的必然规律。从规律层面，帮助无产阶级坚定共产主义必然胜利的理想与信念，为国际共产主义运动，指明了前进方向与发展趋势。

2. 观察思考资本主义发展新现象，丰富和发展了马克思主义政治经济学

1883年3月14日，全世界最伟大的心脏停止了跳动。马克思去世以后，恩格斯晚年整整花了十二年时间，全力以赴地整理和出版了最后两卷《资本论》。考察和思考资本主义发展新现象，驳斥和批判资产阶级庸俗经济学家对马克思的诽谤，丰富和发展了马克思主义政治经济学。

第一，整理出版后两卷《资本论》，捍卫马克思的经济理论。

当时，恩格斯为了保证《资本论》第二、三卷的出版，果断地放下了《自然辩证法》等写作任务。甚至带病口述《资本论》第二卷。他通常是先把手稿通读一遍，然后口述，由秘书记录下来，接着就是艰苦的整理工作。因为，马克思的字迹过于潦草，直到目前仍然需要有人受专门训练来辨认他的字迹。在《资本论》第三卷的序中，恩格斯说："第三卷只有一个初稿，而且极不完全。……在许多地方，笔记和叙述非常清楚地显露出，作者由于工作过度而得的病发作了，并且逐渐加重；这种情况起先使他独自进行工作越来越困难，最后竟时常使他的工作完全无法进行。……主要的困难在第五篇。那里讨论的也是全卷最复杂的问题。正当马克思写这一篇时，上面提到的重病又一次发作了。因此，这一篇不但没有现成的草稿，甚至没有可以提供轮廓，以便加以充实的纲要，只不过是开了一个头，不少地方只是一堆未经整

理的笔记、评述和摘录的资料。”可惜的是，本来要作为《资本论》第四卷出版的《剩余价值理论》没有能够完成，这个工作后来由卡尔考茨基完成，但是他对马克思的原作进行了大量删改。

国内外学者们普遍认为，在编辑出版《资本论》后两卷的过程中，恩格斯作了许多重要的增补，驳斥了资产阶级庸俗经济学家对马克思的诽谤，捍卫了马克思的经济理论，特别是对剩余价值的来源、价值规律的客观性、价值向生产价格的转化、平均利润率的形成等原理作了进一步论证，坚持和丰富了马克思的劳动价值理论。主要表现在通过撰写《交易所》一文的提纲而对《资本论》第三卷第 27 章的增补、《1891 年社会民主党纲领草案批判》中对资本主义正在转化为垄断资本主义的论述等。[1]在马克思的《资本论》里，凝结着恩格斯的劳动，闪烁着他的智慧。

从 1886 年至 1892 年，恩格斯为《英国工人阶级状况》写了四篇序言。它启示后人，一定要密切关注和研究资本主义发展的新现象并予以科学分析，决不能忘记《共产党宣言》中的一句名言："共产党人一分钟也不忽略教育工人尽可能明确地意识到资产阶级和无产阶级的敌对的对立。"[2]

第二，实地考察北美资本主义，比较欧美资本主义的联系与区别。

为推动世界工人运动的发展，晚年恩格斯不仅足迹遍及欧洲，而且还亲自到北美洲实地考察一番。早在 1852 年 1 月，恩格斯给在美国的战友魏德迈写信时，谈起他要去美国旅行的打算，可是一直未能如愿。过了 36 年后，恩格斯的这个夙愿终于实现了。1888 年 8 月 8 日，恩格斯和老友、化学家肖莱马、马克思的女儿爱琳娜及其丈夫艾威林乘坐"柏林"号轮船从英国利物浦港出发，开始横渡大西洋的美国之行。8 月 17 日，恩格斯一行到达纽约。恩格斯会见了美国工人运动领袖，游览了纽约、波士顿，观赏了尼亚加拉大瀑布。然后，到达加拿大的蒙特利尔，途中参观了加拿大的多伦多、侯普港和金斯顿，再从蒙特利尔回到美国的普拉茨堡。

这次美国之旅历时 50 多天，给恩格斯留下了深刻印象。恩格斯不仅关注美国和加拿大的工业、商业、农业、银行以及国外投资等领域，而且在《英国工人阶级状况》一书的序言、《美国旅行印象》、《美国和加拿大旅行札记》和《恩格斯致劳拉·拉法格》等著作和书信中，从多个视角对欧美资本主义

〔1〕 严书翰:《恩格斯晚年对马克思主义的发展与创新》,《求是》2002 年第 11 期。

〔2〕 《马克思恩格斯选集》第 1 卷，人民出版社 1995 年版，第 306 页。

发展中的新现象进行了深入观察和研究,形象而深刻地分析了这些新现象和新问题,发展了马克思的经济理论。尤其是对美国这个新的资本主义国家的真实面貌和发展趋势的观察和把握具有重要价值。[1]

第三,关注垄断资本主义新态势,预见爆发世界大战的可能性。

恩格斯在晚年立足于新时代去阐释资本主义发展的新情况和解决新问题。19世纪末期垄断资本开始出现,恩格斯敏锐地抓住了这一时代的新问题:"由股份公司经营的资本主义生产,已经不再是私人生产,而是由许多人联合负责的生产。如果我们从股份公司进而来看那支配着垄断着整个工业部门的托拉斯,那么,那里不仅没有了私人生产,而且也没有了无计划性。"恩格斯晚年对《社会主义从空想到科学的发展》的一个重要补充,就是关于变得日益重要的新的生产形式"托拉斯"。恩格斯对马克思《资本论》第二、三卷作的许多增补和注释,大都涉及新时代出现的新情况。[2]

1886年9月13—14日,恩格斯在《致奥古斯特·倍倍尔》中敏锐地预见到了第一次世界大战爆发的可能性及其后果。他写道:"不管怎样,奥地利和俄国在巴尔干半岛上的矛盾十分尖锐,爆发战争的可能性超过了保持和平的可能性。而战争一旦爆发,那就不可能是局部战争。至于结局如何,即谁将成为胜利者,这是不能预言的。"在世界大战中,这些大国将怎样互相结合或互相对抗,这也是难以预料的。"总之,将出现一种混乱局面,肯定无疑的结果只有一个:规模空前的大屠杀,整个欧洲空前未有的衰竭,最后是整个旧制度的崩溃"。"最有利的结局将是俄国革命,但是它只有在俄国军队遭到十分惨重的失败之后才能发生。""对我们来说最有利的是以和平方式或武力方式把俄国逼走,那时革命就会在那里爆发"。[3]恩格斯晚年面对世界大战日益迫近的形势,明确提出维护世界和平、反对战争的鲜明立场;论述了世界大战引发革命或者各国革命阻止世界大战的关系。在具体分析各种制约战争爆发因素的基础上,指明了消除战争危机、争取世界和平的途径与策略;对面临世界大战危机中的法国革命、俄国革命作出大胆预测,对无产阶级维护世界和平与推进解放斗争具有重要指导意义。

---

〔1〕 杨金海:《马克思恩格斯晚年对资本主义的新认识》,《党建杂志》2002年第3期。

〔2〕 陶文昭:《马克思主义时代化发展的第一范例——以恩格斯晚年对马克思主义的坚持和发展为例》,《毛泽东邓小平理论研究》2012年第7期。

〔3〕《马克思恩格斯全集》第36卷,人民出版社1974年版,第513、514、516页。

3. 面对时代新变化，坚持和发展科学社会主义

恩格斯晚年对社会主义问题的新认识，集中体现在关于发达资本主义国家无产阶级"革命策略"的思想与东方落后国家跨越资本主义制度"卡夫丁峡谷"的设想。尽管国内外思想界围绕这两个问题的研讨存有争议，但是，晚年恩格斯与时俱进、勇于探索和创新精神令人肃然起敬。

第一，贯通两个"不可避免"与两个"决不会"背后的实事求是精神。

在《共产党宣言》等早期著作中，马克思、恩格斯强调了两个"不可避免"的原理："资产阶级的灭亡和无产阶级的胜利是同样不可避免的"。时隔十一年，1859 年马克思在《〈政治经济学批判〉序言》中明确补充了两个"决不会"的思想："无论哪种社会形态，在它所能容纳的全部生产力发挥出来以前，是决不会灭亡的；而新的更高的生产关系，在它的物质存在条件在旧社会的胎胞里成熟以前，是决不会出现的。"[1]恩格斯在 1880 年发表的《社会主义从空想到科学的发展》中，把两者融为一体，完整表达。一方面恩格斯基于资本主义基本矛盾的深刻分析，指明资本主义生产方式起初排挤工人，现在排挤资本家了；无产阶级将取得国家政权，并且首先把生产资料变为国家财产。这就是资产阶级的灭亡和无产阶级的胜利是同样不可避免的思想。另一方面，恩格斯又以实践经验来证明："这种占有只有在实现它的实际条件已经具备的时候，才能成为可能，才能成为历史的必然性。"[2]这实质上就是"两个决不会"思想的体现。其背后的玄机和奥秘，就是革命导师与时俱进、实事求是的精神。

1895 年恩格斯在《卡尔·马克思〈1848 年至 1850 年的法兰西阶级斗争〉一书导言》中坦诚地指出："历史表明我们也曾经错了，暴露出我们当时的看法只是一个幻想。""1848 年的斗争方法，今天在一切方面都已经过时了。"[3]恩格斯晚年关于 1848 年革命运动的条件和进程看法问题的深刻反思，意在表明当时欧洲大陆经济发展的状况远没有成熟到可以铲除资本主义生产的程度，要以一次简单的突然袭击来实现社会改造，是多么不可能的事情。"我们以及所有和我们有同样想法的人，都是不对的。"[4]无产阶级大军为达到最终的奋斗目标，"远不能以一次重大的打击取得胜利，而不得

---

〔1〕《马克思恩格斯选集》第 2 卷，人民出版社 1995 年版，第 33 页。

〔2〕《马克思恩格斯选集》第 3 卷，人民出版社 1995 年版，第 755 页。

〔3〕《马克思恩格斯选集》第 4 卷，人民出版社 1995 年版，第 510 页。

〔4〕同上书，第 512 页。

不慢慢向前推进，在严酷顽强的斗争中夺取一个一个的阵地”。[1]恩格斯以坦诚自我批评教育和启示后人，充分认识社会主义革命的长期性、复杂性、曲折性和规律性。

第二，形成暴力革命与和平过渡两种策略，有效利用选举权绝不能放弃革命权。

马克思、恩格斯早年都主张无产阶级走暴力革命道路夺取政权，但在西方议会制比较完善的条件下，他们也灵活地设想工人革命可以采取“和平手段”取得政权。马克思在1872年《关于海牙代表大会》中指出：“工人总有一天必须夺取政权，以便建立一个新的劳动组织；但是，我们从来没有断言，为了达到这一目的，到处都应该采取同样的手段。我们知道，必须考虑到各国的制度、风俗和传统；我们也不否认，有些国家，像美国、英国，……工人可能用和平手段达到自己的目的。”恩格斯晚年在坚持暴力革命主张的前提下，进一步提出“利用选举权夺取政权”的大胆设想。1895年3月6日，恩格斯在临终前五个月，为马克思著作《1848年至1895年的法兰西阶级斗争》的新版本撰写了长篇导言。恩格斯深刻总结了1848年以来世界资本主义的新变化和欧洲工人运动的新经验，针对普选权和议会民主在众多欧洲国家得到空前发展的新情况，明确指出，历史“完全改变了无产阶级借以进行斗争的条件。1848年的斗争方法，今天在一切方面都已经过时了”。现在选举权已经“由历来是欺骗的手段变为解放的手段”。有效利用普选权，作为无产阶级的崭新的斗争方式就会开始发挥作用。“德国人作出的利用选举权夺取我们所能夺得一切阵地的榜样，到处都有人效法”，法国、比利时、瑞士、意大利、丹麦、奥地利等国社会主义者在议会以至市镇委员会中都取得了成就。“我们的主要任务就是不停地促使这种力量增长到超出现行统治制度的控制能力，不让这支日益增强的突击队在前哨战中被消灭掉，而且要把它好好地保存到决战的那一天。”[2]

按照马克思、恩格斯的设想，暴力手段与和平手段是无产阶级夺取政权时可以采用的两种方式，不同国家国情不同无产阶级革命的方式也不同，如果有可能和平获得政权，对无产阶级和劳动人民是有利的，一定要抓住这个机会。当然，即使在这个时候，也要做好暴力革命的充分准备。各国党要因

〔1〕《马克思恩格斯选集》第4卷，人民出版社1995年版，第513页。

〔2〕同上书，第510、516—517、523页。

时制宜、因地制宜，机动灵活地采取两种策略。恩格斯自己对于革命策略的论述是辩证的，有分寸的。恩格斯指出，工人政党走和平道路，必须以对方也在法律范围内活动为前提。[1]“没有一个国家的任何一个政党会走得这么远，竟然放弃拿起武器对抗不法行为这一权利”。[2]恩格斯严肃地批评机会主义者的要害问题：“为了眼前暂时的利益而忘记根本大计，只图一时的成就而不顾后果，为了运动的现在而牺牲运动的未来，这种做法可能也是出于‘真诚的’动机。但这是机会主义，始终是机会主义。”[3]恩格斯 72 岁高龄时在参加第二国际的代表大会上，要求无产阶级在解放斗争中对议会主义道路、政治改良不可有过高的估计，必要时还是要靠暴力革命。恩格斯晚年还根据 19 世纪 90 年代欧美一些国家新的实践经验，提出以“民主共和国”作为无产阶级专政的一种特殊形式的新设想。也就是说，无产阶级在国体上打碎旧的国家机器的同时，在政体上可以批判地继承资产阶级国家的政权组织形式。

第三，分析从资本主义到社会主义的过渡，深入探讨未来社会的发展趋势

关于从资本主义到社会主义的过渡时期问题，恩格斯在《〈马克思：雇佣劳动与资本〉1891 年单行本导言》中指出，这是“一个短暂的，有些艰苦的，但无论如何在道义上很有益的过渡时期”。[4]这一过渡时期主要是在大生产前提下逐步实行生产资料所有制的变革，“只要在群众中有足够的拥护者，大工业以及大庄园这种形式的大农业是可以很快地实现公有制的，其余也将或快或慢地随之实现。而有了大生产，我们就能左右一切”。[5]

恩格斯发展了马克思关于通过经济的道路引导农民走向社会主义的思想。1892 年 11 月，恩格斯在《法德农民问题》中指出，在无产阶级夺取政权以后，“我们对于小农的任务，首先是把他们的私人生产和私人占有变成合作社的生产和占有，但不是采用暴力，而是通过示范和为此提供社会帮助”。[6]这就是说，让农民通过事实认识到走合作的道路最符合于他们的利

---

〔1〕 陶文昭：《马克思主义时代化发展的第一范例——以恩格斯晚年对马克思主义的坚持和发展为例》，《毛泽东邓小平理论研究》2012 年第 7 期。

〔2〕 《马克思恩格斯全集》第 39 卷，人民出版社 1974 年版，第 401 页。

〔3〕 《马克思恩格斯文集》第 4 卷，人民出版社 2009 年版，第 414 页。

〔4〕 《马克思恩格斯选集》第 1 卷，人民出版社 1995 年版，第 349 页。

〔5〕 《马克思恩格斯全集》第 37 卷，第 444 页。

〔6〕 《马克思恩格斯选集》第 4 卷，人民出版社 1995 年版，第 498—499 页。

益，从而自觉自愿地接受社会主义。恩格斯还预见到这种合作就由低级形式转变为高级形式的必然性。

恩格斯预测了社会主义社会是经常变革的社会。1890 年 8 月 21 日恩格斯在致奥泊尼克的信中明确提出，“所谓‘社会主义’社会不是一种一成不变的东西，而应当和其他社会制度一样，把它看成是经常变化和改革的社会”。[1]所以，“我们是不断发展论者，我们不打算把什么最终规律强加给人类。关于未来社会组织方面的详细情况的预定看法吗？您在我们这里连它们的影子也找不到”。[2]这一深湛的论断彻底克服了关于未来社会是所谓绝对正义和公平的社会的种种空想观点，它要求人们考察和对待社会主义必须避免形而上学观点，坚持彻底的发展论即唯物辩证法观点。这一核心观点，既深刻地揭示了未来社会主义社会发展的普遍规律和基本特点，又为现存社会主义国家改革开放和建设本国特色社会主义提供了重要理论依据和行动指南。

恩格斯阐释了未来社会解决人与自然、人同本身的矛盾的正确途径。他针对资本主义生产方式和社会发展中所出现的人与人、人与社会、人与自然种种异化和对立问题，明确提出：“我们这个世纪面临的大变革，即人类同自然的和解以及人类本身的和解。”[3]“人同自然的和解”，就是指生态文明的建设；“人同本身的和解”，就是指和谐社会的建设。马克思、恩格斯一生追求的共产主义事业，就是要消除资本主义社会的这些冲突，实现“两个和解”：人与自然和人与人、人与社会的关系走向高度和谐与统一，最终实现全人类的解放。晚年恩格斯在《劳动在从猿到人的转变中的作用》一文中阐发了马克思主义自然观，其内容包括对劳动在人与自然分化过程中的作用的详细考察、对人与自然和谐统一关系的精辟论述和对人与自然矛盾解决的途径的系统阐释。恩格斯认为，一旦进入共产主义社会，人们第一次成为自然界的自觉的和真正的主人，因为他们已经成为自身的社会结合的主人了。人类最终实现从必然王国到自由王国的飞跃。

第四，关心俄、中等国的革命，丰富与发展了马克思的“东方社会理论”。

恩格斯晚年对马克思提出的俄国等东方落后国家可以“跨越资本主义

---

〔1〕《马克思恩格斯选集》第 4 卷，人民出版社 1995 年版，第 693 页。

〔2〕《马克思恩格斯全集》第 22 卷，人民出版社 1965 年版，第 628—629 页。

〔3〕《马克思恩格斯全集》第 1 卷，人民出版社 1956 年版，第 603 页。

制度卡夫丁峡谷”的设想，从人类社会五大社会形态发展规律的认识高度进行了补充与完善。他认为，像俄国这样的国家在一定条件下可以缩短向社会主义社会发展的过程。人类社会是一个“多线”发展的进程，不同国家和地区的发展道路往往会表现出超常规的特殊性。

恩格斯认为，俄国可以“跨越资本主义制度卡夫丁峡谷”。1875 年 4 月，恩格斯发表的《论俄国的社会问题》一文，是他在对俄国 1861 年以后农村社会发展的新文献进行深入研究的基础上写成的。这是恩格斯论述俄国社会发展和俄国革命前景问题的重要文献。他用历史唯物主义观点驳斥了俄国民粹派不顾历史发展的客观条件，鼓吹俄国可以借助农村公社直接过渡到社会主义的主张。他指出，俄国的公社所有制随着俄国资本主义的发展正在趋于解体。要使这一社会形式不经过资本主义阶段而实现向高级形式的过渡，必须具备一定的社会历史条件。那就是：“西欧在这种公有制彻底解体之前就胜利地完成无产阶级革命并给俄国农民提供实现这种过渡的必要条件，特别是提供在整个农业制度中实行必然与此相联系的变革所必需的物质条件”。〔1〕

1894 年 1 月，恩格斯在把《论俄国的社会问题》一文收入《人民国家报》国际问题论文集（1871—1875）出版时，专门撰写了《〈论俄国的社会问题〉跋》。这是恩格斯论述俄国农村公社和俄国革命前景的重要著作。在这篇跋中，恩格斯分析了俄国的经济社会的新发展，再次批判了那种不顾客观社会历史条件，把农村公社当作直接过渡到社会主义社会的手段的看法，他指出：“较低的经济发展阶段解决只有高得多的发展阶段才产生了的和才能产生的问题和冲突，这在历史上是不可能的。”〔2〕他认为，那些刚刚进入资本主义的国家，可以利用公社土地所有制的残余，缩短向社会主义社会发展的过程，并避免西欧所遭受的由资本主义制度带来的苦难，而在这方面不可缺少的条件是西欧资本主义国家的无产阶级革命取得成功并对这些国家给予积极支持。“这不仅适用于俄国，而且适用于处在资本主义以前的阶段的一切国家”。〔3〕他分析了当时俄国的情况，指出“俄国越来越快地转变为资本主义工业国，很大一部分农民越来越快地无产阶级化，旧的共产主义公社也

〔1〕《马克思恩格斯文集》第 3 卷，人民出版社 2009 年版，第 399 页。
〔2〕《马克思恩格斯文集》第 4 卷，人民出版社 2009 年版，第 458 页。
〔3〕同上书，第 459 页。

越来越快地崩溃”；[1]在这种条件下，俄国革命的首要任务是推翻沙皇专制制度。“俄国革命还会给西方的工人运动以新的推动，为它创造新的更好的斗争条件，从而加速现代工业无产阶级的胜利；没有这种胜利，目前的俄国无论是在公社的基础上，还是在资本主义的基础上，都不可能达到社会主义的改造”。[2]

当时，恩格斯期待俄国革命的发生。他在1888年1月4日致若昂·纳杰日杰的信中指出：“在目前，要是俄国发生革命，它就会使欧洲免遭全面战争的灾难，并成为全世界社会革命的开端。”[3]

恩格斯预言，中国必将崛起成为开启东方世界新纪元的曙光。当英、法等殖民主义国家对中国发动两次鸦片战争，沙皇俄国趁火打劫的时候，马克思、恩格斯关注中国长达数十年之久，他们以全新的视角观察和思考这个东方落后大国的前途与命运，对人民寄予深切的同情。据中央编译局统计，自19世纪40年代至90年代，马克思、恩格斯在各种著作和书信中有关中国的论述共有800多处，专论中国的文章有18篇。恩格斯在1857年5月发表的《波斯与中国》一文就是其中之一。该文认为，英国能征服波斯，但是“中国人发起全民战争”定会创造奇迹。他在文末表示深信“过不了多少年，我们就会亲眼看到世界上最古老帝国的垂死挣扎，看到整个亚洲新纪元的曙光”。[4]1934年7月，在红军开始伟大“长征”的前夕，中国共产党苏区中央局机关报《斗争》第68期上刊载了该文的中文版，对当时的工农红军进行艰苦卓绝的革命具有极为重要的意义。

恩格斯晚年还十分关注中日甲午战争。1894年中日甲午战争爆发时，恩格斯站在世界革命和国际主义的高度，给这场战争以及时的评论。他在1894年9月23日的致考茨基信中说，中日战争意味着古老中国的终结，意味着它的整个经济基础全盘的但却是逐渐的革命化。[5]在中日甲午战争之后，恩格斯曾经预言：“古老中国整个传统的经济体系将完全崩溃。”同年11月10日，恩格斯在致左尔格的信中又指出：在中国进行的中日甲午战争给古老的中国以致命的打击。“闭关自守已经不可能了，即使是为了军事防御

〔1〕《马克思恩格斯文集》第4卷，人民出版社2009年版，第466页。

〔2〕同上书，第466—467页。

〔3〕《马克思恩格斯文集》第10卷，人民出版社2009年版，第568页。

〔4〕《马克思恩格斯文集》第2卷，人民出版社2009年版，第628页。

〔5〕《马克思恩格斯全集》第39卷，人民出版社1974年版，第288页。

的目的,也必须敷设铁路,使用蒸汽机和电力以及创办大工业”。“资本主义征服中国的同时,也将促使欧洲和美洲资本主义的崩溃”。〔1〕这些论述对经济文化落后国家高度重视生产力发展,吸收和借鉴发达国家的文明成果,加快自身经济建设具有重要的指导意义。

第四节 人格魅力

读马克思主义的经典原著,要做到读其书、明其理、悟其魂、识其人。特别要注重学习经典文本中蕴含的马克思主义的立场、观点和方法,还要敬仰革命导师的高尚品德,学习伟人的革命风范和人格魅力,坚定理想信念,提高自身修养。

1. 坚定的共产主义理想和信念

马克思、恩格斯共同论证了科学社会主义的基本原理,提出了共产主义的奋斗目标,确立了共产主义的坚定信仰。恩格斯晚年仍然始终不渝地坚定共产主义必胜信念。1893 年 6 月,恩格斯在接受英国《每日纪事报》记者采访时明确指出:“我们的纲领是纯粹社会主义的。我们的第一个要求是:一切生产资料和生产工具归社会公有。”〔2〕1894 年 1 月,意大利社会党人朱·卡内帕请求恩格斯为即将创刊的《新纪元》周刊提供一段题词,言简意赅地表述未来社会主义新纪元的基本思想。而恩格斯认为,《共产党宣言》中所指出说的“代替那存在着阶级和阶级对立的资产阶级旧社会的,将是这样一个联合体,在那里,每个人的自由发展是一切人的自由发展的条件”这句话是最恰当不过的了。〔3〕恩格斯在晚年积极引导全世界无产阶级在马克思主义旗帜下联合起来,1889 年在法国大革命 100 周年的时候,他领导成立了第二国际。1893 年,72 岁高龄的恩格斯亲自出席了在苏黎世召开的第二国际第三次代表大会,他在会上用英、法、德三种语言带头高呼:国际无产

〔1〕《马克思恩格斯全集》第 39 卷,人民出版社 1974 年版,第 297 页。

〔2〕《马克思恩格斯全集》第 22 卷,人民出版社 1965 年版,第 633 页。

〔3〕芮鸿岩:《重回恩格斯晚年科学社会主义思想》,《扬州大学学报(人文社会科学版)》2010 年第 6 期。

阶级万岁!

2. 二十年"幽囚"彰显深厚友谊

1848年欧洲革命失败后,马克思、恩格斯号召他们的拥护者进行系统和全面的理论学习。但是,马克思、恩格斯找不到发表和出版书籍的机会。物质上的困难使马克思及其家属深为苦恼,生活来源问题尖锐地摆在恩格斯面前。他的父母利用这个机会,要他离开伦敦,去曼彻斯特的"欧门-恩格斯"公司营业所重操商业。恩格斯同意回到他熟悉的曼彻斯特营业所,再次做他最不喜欢做的"该死的生意"。马克思称之为"埃及的幽囚"的生活。[1]

从1850年到1870年间,恩格斯为资助马克思家庭生活和《资本论》创作,前后总共寄去了3 121英镑。1863年马克思一家到了一贫如洗的地步,马克思当初打算把大女儿、二女儿停学,找个地方去做工,然后他与燕妮、小女儿搬到贫民窟去生活。恩格斯得到这个消息后,连忙发电报劝止。恩格斯迅速筹集到一笔钱款寄给马克思,使其渡过难关。所以,马克思在信中写道:"亲爱的恩格斯,你寄来的一百英镑我收到了,我简直没法表达我们全家人对你的感激之情。"被恩格斯资助的还有马克思的女儿,她们结婚以后也受到恩格斯的资助。

1851年8月马克思被邀请担任《纽约每日论坛报》驻英国通讯员之后,要为该报写稿,马克思当时忙于经济研究工作,所以请恩格斯帮忙。从1851年8月至1862年3月,以马克思的名义在《纽约每日论坛报》上发表的论文中,大约有120篇左右是由恩格斯撰写的,稿费直接寄给马克思,以补贴其生活。正是这种无私帮助,使马克思得以渡过最为艰难的二十年,写下了伟大著作《资本论》。列宁说过,贫困简直要置马克思和他的一家于死地。如果不是恩格斯经常在经济上援助,马克思不但不能完成《资本论》,而且定会死于贫困。马克思与恩格斯的友谊"超过了古人关于人类友谊的一切最动人的传说"。[2]

3. 啃酸果、坐板凳、喝冷酒的批判精神

恩格斯素来有吃大苦、耐大劳、顾大局、挑重担,敢于担当的奉献精神。他写《反杜林论》这部著作决不是什么"内心冲动"的结果,恰恰相反。从1873年起,恩格斯就开始从哲学角度研究自然科学的问题,并着手撰写《自

[1] 《马克思恩格斯全集》第32卷,人民出版社1974年版,第311页。
[2] 《列宁专题文集·论马克思主义》,人民出版社2009年版,第58页。

然辩证法》一书。正当他积极从事创作的时候，1875 年 2 月、4 月和 10 月，德国社会民主党领袖威·李卜克内西接连致信恩格斯，直接建议他在《人民国家报》上反击杜林。1876 年 5 月 16 日，他接到李卜克内西的来信，信中附有约·莫斯特一份吹捧杜林的稿件。李卜克内西列数杜林对党内的严重危害，并以莫斯特的稿件向恩格斯证明批驳杜林的必要性和紧迫性。正如恩格斯在《〈反杜林论〉三版序言》中所说："三年前，当杜林先生作为社会主义的行家兼改革家突然向当代挑战的时候，我在德国的友人再三向我请求，要我在当时的社会民主党中央机关报《人民国家报》上批判性地阐明这一新的社会主义理论。""虽然如此，我还是在过了一年才下决心放下其他工作，着手来啃这一个酸果。这是一只一上口就不得不把它啃完的果子；它不仅很酸，而且很大。"[1]当时，恩格斯为了保证马克思对《资本论》第二卷和第三卷的修改，毅然中断了《自然辩证法》的研究写作，承担了批判杜林的艰巨任务，使得他"不得不坐硬板凳、喝冷酒，忽然把一切都搁下来去收拾无聊的杜林"。花了两年多时间写成的《反杜林论》，第一次集中地系统地阐明了马克思、恩格斯创立的马克思主义。《反杜林论》是一部社会主义的百科全书，这部著作被誉为仅次于《资本论》的最卓越最重要的一部科学社会主义的著作。

4. 甘当"第二小提琴手"

马克思 1883 年去世以后，恩格斯代替马克思担任了第一小提琴手，继续完成马克思没有完成的事业。一些人曾经鼓动他把马克思主义的创始人改为恩格斯或加上恩格斯。恩格斯批评了这种倾向。1884 年 10 月，恩格斯在给一位老朋友的信中指出，我"是拉第二小提琴，而且我想我做得还不错。我很高兴我有像马克思这样出色的第一小提琴手"。[2]

马克思、恩格斯共同创造的理论之所以用马克思一个人的名字命名，恩格斯对此有过专门的说明。1886 年，他在《路德维希·费尔巴哈和德国古典哲学的终结》中指出，从黑格尔学派的解体过程中还产生了另一个派别，唯一的真正结出果实的派别。这个派别主要是同马克思的名字联系在一起的。"请允许我在这里作一点个人的说明。近来人们不止一次地提到我参加了制定这一理论的工作，因此，我在这里不得不说几句话，把这个问题澄

〔1〕《马克思恩格斯选集》第 3 卷，人民出版社 1995 年版，第 343、344 页。
〔2〕《马克思恩格斯文集》第 10 卷，人民出版社 2009 年版，第 525 页。

清。我不能否认，我和马克思共同工作40年，在这以前和这期间，我在一定程度上独立地参加了这一理论的创立，特别是对这一理论的阐发。但是，绝大部分基本指导思想（特别是在经济和历史领域内），尤其是对这些指导思想的最后的明确的表述，都是属于马克思的。我所提供的，马克思没有我也能够做到，至多有几个专门的领域除外。至于马克思所做到的，我却做不到。马克思比我们大家都站得高些，看得远些，观察得多些和快些。马克思是天才，我们至多是能手。没有马克思，我们的理论远不会是现在这个样子。所以，这个理论用他的名字命名是理所当然的。"[1]

5. 与时俱进，富于创新

恩格斯晚年老当益壮，始终站在时代潮流前列，推进马克思主义时代化。他不仅发表了《家庭、私有制和国家的起源》等一系列重要著作，而且根据时代变迁和社会变革出现的新情况新变化，通过为马克思和他早年原著作序的方式对其思想进行评述和发挥，为国际工人解放运动提供行动指南。"在诸多序言中，最后的、也是最著名的并引起广为关注的当然还是《卡·马克思〈1848年至1850年的法兰西阶级斗争〉一书导言》。恩格斯认为马克思主义必须时代化。所谓时代化，就是随着时代的变化而变化。"[2]他始终坚持，"我们的理论是发展着的理论，而不是必须背得烂熟并机械地加以重复的教条"。"马克思的整个世界观不是教义，而是方法。它提供的不是现成的教条，而是进一步研究的出发点和供这种研究使用的方法"。[3]

19世纪70、80年代是资本主义和平发展时期。以电力的发现和运用为标志的第二次科学技术革命，促进了生产力的迅猛发展。与此同时，资本主义生产方式的内在矛盾也在不断激化，出现了规模巨大并带有垄断性质的大公司和经济组织。恩格斯敏锐地看到了资本主义生产方式正孕育着重大的转变。他老当益壮、与时俱进，提出了一系列新的理论观点。

恩格斯认为，竞争走向垄断。在受保护的工业部门中成立新的垄断组织，这表明资本主义"竞争已经为垄断所代替"。[4]但是，卡特尔、托拉斯等垄断组织的出现，并没有改变资本主义生产社会化与生产资料私人占有的

〔1〕《马克思恩格斯选集》第4卷，人民出版社1995年版，第242页。

〔2〕陶文昭：《马克思主义时代化发展的第一范例——以恩格斯晚年对马克思主义的坚持和发展为例》，《毛泽东邓小平理论研究》2012年第7期。

〔3〕《马克思恩格斯全集》第39卷，人民出版社1974年版，第417页。

〔4〕《马克思恩格斯文集》第7卷，人民出版社2009年版，第497页。

矛盾，真正能对社会生产进行合理调节的只能是社会主义制度。恩格斯关于资本主义垄断的新观点，为列宁创立帝国主义论开辟了道路。

恩格斯认为，垄断导致战争。发达资本主义国家的资本输出和瓜分殖民地必然会导致战争。垄断既促进了生产以更快的速度增强，又造成了经营性的生产过剩，而且还造成对国外市场的掠夺。随着欧洲列强的扩张和瓜分世界领土的斗争的加剧，各主要资本主义国家的统治集团加强扩军备战，准备用军事战争来配合工业的战争。"这会是一场具有空前规模和空前剧烈的世界战争"。〔1〕这一超前的科学预言被第一次世界大战所证实。

恩格斯认为，战争引起革命。这种世界战争的结果必然引起工人阶级革命的爆发，并最终导致资本主义制度的灭亡。他预言，如果战争爆发，其结局"必定要或者是导致社会主义的迅速胜利"。〔2〕无产阶级政党必须坚决反对这场由大国的侵略野心驱使的战争，并把反对战争、维护和平与争取社会主义的斗争结合起来。

恩格斯曾经告慰后人："一个民族想要站在科学的最高峰，就一刻也不能没有理论思维。"〔3〕他的《社会主义从空想到科学的发展》是以这段话来收尾的："完成这一解放世界的事业，是现代无产阶级的历史使命。深入考察这一事业的历史条件以及这一事业的性质本身，从而使负有使命完成这一事业的今天受压迫的阶级认识到自己的行动的条件和性质，这就是无产阶级运动的理论表现即科学社会主义的任务。"〔4〕中国共产党人要坚持和发展中国特色的科学社会主义，就必须创造性地学习贯彻恩格斯关于科学社会主义的立场、观点和方法。光阴荏苒，如今伟人恩格斯早已长逝，可他为解放世界伟大事业作出的卓越贡献深深地铭记在世人心目中，他的高贵品质、深邃思想和伟人风范永世长存。

---

〔1〕《马克思恩格斯全集》第21卷，人民出版社1965年版，第401页。
〔2〕《马克思恩格斯全集》第22卷，人民出版社1965年版，第298页。
〔3〕《马克思恩格斯选集》第3卷，人民出版社1995年版，第467页。
〔4〕同上书，第760页。

后 记

1516年，英国人托马斯·莫尔发表的《关于最完美的国家制度和乌托邦新岛的既有益又有趣的金书》(简称《乌托邦》)，被人们公认为社会主义的开山之作。《乌托邦》的问世，标志着空想社会主义思潮的诞生。1848年，《共产党宣言》的发表实现了社会主义从空想到科学发展的历史性飞跃。恩格斯作为“现代社会主义最杰出的代表人物之一”，曾经写下了《社会主义从空想到科学的发展》的经典名著，全面系统地总结了超越乌托邦的重大意义和成功经验，引领了世界社会主义的蓬勃发展和时代潮流。

实践证明，社会主义从空想发展到科学以后，在现实生活中还会出现“空想论”的回潮，我们必须提防“空想论”失误。置于当代现实基础之上的中国特色社会主义是科学社会主义而不是别的什么主义。在当代中国，坚持和发展中国特色社会主义就是坚持和发展科学社会主义。中国共产党人和中国人民完全有信心为人类对更好社会制度的探索提供中国方案。

本著作是袁秉达、卢肖文、时青昊、卜新兵共同研究恩格斯《社会主义从空想到科学的发展》的理论成果。我们在书名中凸出“解读与启示”，力图彰显马克思主义经典原著研究新范式。一方面，“钻进去”追本溯源，原原本本把握经典的立场、观点、方法；另一方面，“跳出来”，立足当代，深入研究世界社会主义500年发展的经验和教训，注重深刻阐发习近平治国理政的最新成果，贯通科学社会主义与中国特色社会主义的内在联系。

2015年，袁秉达在上海市局级领导干部“马列经典读书班”上开设了长达6个多小时的新课：《科学社会主义的当代启示——恩格斯〈社会主义从空想到科学的发展〉导读》，奠定了本著作的主题主线、逻辑框架、基本内容和鲜明风格。2016 年，适逢世界社会主义诞生 500 周年之际，四位作者志同道合撰写此书。袁秉达时青昊、卜新兵、卢肖文分别撰写了上、下篇和附录。最后，由袁秉达对全书进行统编和定稿。

中共上海市委党校科学社会主义教研部老主任周纪良教授提出建设性意见并作了补充。袁新华、刘泾、李宗建、程熙等教师积极提供素材和建议。上海人民出版社鲍静、吕桂萍对本著作编辑、出版作出重大贡献，在此一并表示感谢。

作　者

2016 年 12 月 30 日

图书在版编目(CIP)数据

超越乌托邦:《社会主义从空想到科学的发展》解读与启示/袁秉达等著.—上海:上海人民出版社,2016
ISBN 978-7-208-13548-2

Ⅰ.①超… Ⅱ.①袁… Ⅲ.①恩格斯著作研究-科学社会主义理论 Ⅳ.①A811.24

中国版本图书馆 CIP 数据核字(2016)第 001287 号

责任编辑 吕桂萍
封面设计 零创意文化

超越乌托邦
——《社会主义从空想到科学的发展》解读与启示
袁秉达 卢肖文 时青昊 卜新兵 著

出 版 上海人民出版社
(200001 上海福建中路 193 号)
发 行 上海人民出版社发行中心
印 刷 上海商务联西印刷有限公司
开 本 720×1000 1/16
印 张 16
插 页 2
字 数 248,000
版 次 2017 年 7 月第 1 版
印 次 2019 年 9 月第 3 次印刷
ISBN 978-7-208-13548-2/D·2803
定 价 48.00 元